深圳创新密码

重新定义科技园区

邱文 ◎ 著

清华大学出版社
北京

图书在版编目（CIP）数据

深圳创新密码：重新定义科技园区 / 邱文著 . — 北京：清华大学出版社，2021.5（2022.10重印）
ISBN 978-7-302-57994-6

Ⅰ . ①深…　　Ⅱ . ①邱…　　Ⅲ . ①高技术园区 – 发展 – 研究 – 深圳　　Ⅳ . ① F127.653

中国版本图书馆 CIP 数据核字（2021）第 069046 号

责任编辑：周　菁
封面设计：史宪罡
责任校对：王荣静
责任印制：曹婉颖

出版发行：清华大学出版社
　　　　　网　　址：http://www.tup.com.cn, http://www.wqbook.com
　　　　　地　　址：北京清华大学学研大厦 A 座　　　　邮　编：100084
　　　　　社总机：010-83470000　　　　　　　　　　邮　购：010-62786544
　　　　　投稿与读者服务：010-62776969，c-service@tup.tsinghua.edu.cn
　　　　　质量反馈：010-62772015，zhiliang@tup.tsinghua.edu.cn
印 装 者：小森印刷霸州有限公司
经　　销：全国新华书店
开　　本：165mm×230mm　　印　张：20.25　　字　数：247 千字
版　　次：2021 年 6 月第 1 版　　印　次：2022 年 10 月第 8 次印刷
定　　价：68.00 元

产品编号：092667-01

推荐序一

伊甸园还有许多"金苹果"

田　涛

华为公司高级顾问

华为管理研究系列著作核心编著者

（一）

2013 年 12 月，我应邀去台湾参访，在几所大学讲演并和媒体互动。在台大讲演结束时，接受《电子时报》陈慧玲主笔采访后共进午餐，一同餐叙的是台湾科技大佬黄安捷先生。席间，黄先生邀请我参观位于新竹科技园的智邦集团，他是这家科技企业的创始人之一，并任董事长。台湾在 20 世纪 80 年代后，许多有成就的科技企业都创立于新竹科技园，同时，许多科技企业的创建者曾经留学于美国并就职于美国，尤其在信息技术和生物技术领域。黄先生和台积电的创始人张忠谋先生等知名的科技企业家都是留美博士，在他们的前后左右，也都有一大批的留美博士、硕士。新竹科技园更像一个缩小版的硅谷。

在智邦集团参观时，黄董事长告诉我，他在 20 世纪

90 年代初多次去深圳，与华为高管比较熟悉，经常一起交流。那时的华为年销售额差不多 10 亿元人民币，智邦的销售额在 1 亿美元左右。2013 年，智邦的销售额达到了 10 多亿美元，华为的销售收入则飙升到了 2390 亿元人民币。华为与智邦，一个创立于 1987 年，一个创建于 1988 年。黄董事长感慨之余，也对华为有着浓厚的探究兴趣。我向他奉上了我的台湾版关于华为研究的新书——《活下去，是最大的动力》。

2009 年，在旧金山湾区考察期间，我拜访了在斯坦福大学商学院就学的好友、投资家周树华君。在胡佛研究院大楼前的绿色草坪上，我们席地而坐。他告诉我，他的毕业论文是关于华为管理的研究，而他的导师和同学也普遍对华为抱有神秘感，大家在课堂上展开过热烈的辩论。我告诉他，研究华为一定不能忽略研究深圳，深圳是孕育华为的"子宫"，也是华为的"助产妇"。

这里要特别提到一位前辈黄朝翰教授，他是新加坡国立大学东亚研究所前所长，著名的中国政策研究专家。2015 年 5 月的一个中午，在位于新加坡工业园的一座高尔夫球场的会所室外，黄教授、Henry Chan 博士和我共进午餐，黄教授从多个角度与我探讨了关于华为、关于深圳的诸多成功因素与可能的挑战，并表达出对新加坡未来发展前景的隐忧。黄老颇具洞见地指出："上海浦东开发区偏于金融，新加坡工业园偏于加工业，而深圳的科技园区突出的是科技创新，更像硅谷，未来潜力更大。"但黄教授也不无遗憾地指出："可惜关于深圳科技园区的资讯太少，更没有一本系统的著述。"

几天后，在与新加坡国立大学商学院的几位老师餐叙时，我的老师、著名的商法专家梁慧思教授问我："中国哪座城市更像硅谷？"我即刻答曰："深圳。"这是黄朝翰教授给予我的启发，我也高度认同这一观点。我当场建言，商学院的中国商务研究中心（本人是中国商务研究中心顾问）可以成立一个课题组，进行深圳与硅谷的比较研究，大家一致赞同。兹后，几位老师也多次赴深圳对华为、万科等企业考察，可惜种种缘由，项目最终搁浅。

华为是中国改革开放的一张名片，深圳更是。深圳的科技园区则是深圳奇迹的一张名片，也是中国对外开放、对内改革的一张最靓丽的名片。然而，正像黄朝翰教授所言，必须有权威专家向关注深圳的人们系统、客观地解读这张名片：深圳崛起的深层逻辑究竟是什么？深圳科技园区崛起的深层逻辑究竟是什么？解析清楚了这两层逻辑，也许顺带解析明白了华为成长的外在逻辑（内在逻辑是华为的理念与制度创新）。

辛丑年春节，热热闹闹的节庆期间，我一边和小孙子田大福海阔天空地神侃银河系、太空人、机器人、孙悟空、蜘蛛侠、唐老鸭和米老鼠，美丽的香江和迷人的深圳湾……一边在每天一杯香气四溢的咖啡（节日期间，我5岁的小孙子每天上午10点为我煮一杯美式咖啡）激荡下，断断续续花了十多个小时，细细读完了邱文先生的书稿《深圳创新密码——重新定义科技园区》（以下简称《重新定义科技园区》），脑海中浮出的第一个念头是："可惜黄老过世了，这本书稿应该奉送给黄朝翰教授"，我相信这是他所期待的关于深圳、关于深圳科技园区、关于华为等世界领先科技企业以及关于深圳成千上万家中小科技型企业成长逻辑的系统解码，堪称扛鼎之作。

邱文先生是深圳科技产业创新历史的亲历者，同时作为深圳湾科技发展有限公司的董事长，更是深圳湾科技园区开发运营的重要操盘手之一。我与邱文先生虽有一面之缘，但印象并不深。通读了他的《重新定义科技园区》，方感到他不仅是一位优秀的国企管理者，而且也是一位功底深厚的研究者，他的大作既有"局内人"的丰富实践，亦有跳出"局内人"的理性洞察和宽阔视野。本书既是关于深圳科技园区的系统陈述，也有关于全球科技园区的比较分析，同时，更让人眼前一亮的是他关于科技园区未来发展模式的重新定义。

下面，我想对邱文先生的《重新定义科技园区》一书作点信马由缰的解读，一孔之见，再加点胡椒面式的自由想象力。

（二）

《圣经·创世纪》中构想了一座时间静止、空间均衡、万物和谐永生的伊甸园，上帝捏的"泥人儿"亚当和"亚当的肋骨"夏娃就在此园中栖息、玩耍、巡园，无悲无喜，无求无欲，生命貌似无比静好。然而，造物者上帝是讨厌寡淡与庸常的，拒绝单调与静止的。

凡创造者无不是喜欢热烈而热闹的反叛者，上帝无疑是最伟大的自我反叛者，他总是用自己的右手翻云覆雨，用自己的左手颠乾倒坤，他一边构建秩序，一边又在打破秩序。他在伊甸园中创设了静谧之序，却又种植了一片"欲望之树"——苹果树。金苹果在午后的灿烂骄阳下鲜翠欲滴，一条"美丽而狡猾"的蛇隆重出场了，作为人类史上最早的"掮客"，去诱惑夏娃和亚当偷吃禁果。通过蛇，上帝在人类的头脑中置入了欲望（苹果），同时也嵌入了想象力、奋斗精神，以及无限的丰富性和无边的多样性。

人类发现与发明、创造与创新的壮阔史诗就在"苹果"与"蛇"的合谋下铺展开了。

打开邱文先生的《重新定义科技园区》书稿的那天早晨，我刚刚再读完《圣经·创世纪》，头脑中两束火花便电光石闪地撞击在了一起：科技园区，不就是"创世纪"故事中的伊甸园吗？

什么是世界一流的科技园？首先它是一个城市的创新活力区，是一个荷尔蒙分泌最为旺盛的青春园区，是以"青年亚当"和"青年夏娃"为主体的世界，也就是说它是一个城市平均生理年龄最轻、平均心理年龄最活跃、思想的单纯度最高的地儿。

其次，它是一个无限开放的生态系统，它密密麻麻的"树枝"上，挂满了充满欲望和希望的"金苹果"，吸引着五湖四海的"亚当""夏娃"们蜂拥而来，并使他和她、他们的激情觉醒，智慧觉醒，创造力最大化觉醒，"今天一定要比过去好，如果它还不够好，就应该想办法让它更好"。

再次，资源的高度集聚和资源的高效配置让"美丽和狡猾的蛇"——世界上最一流的金融、投资、法律、会计等中介资源集聚和配置一起，为欲望之花的绽放、创新精神的张扬而助力。

当然，毫无疑义的是，每一位渴望摘取"金苹果"的天才、智者、创业家、投资家、咨询家们，在他们收获胜利的道路上，又无不历尽了艰辛和磨难，就像上帝让欲望满满的亚当做"面朝黄土背朝天"的流泪撒种者一样，"一分耕耘"才能换一分收获，甚至勤恳耕耘依然收获寥寥。悖论主义的"上帝"既是目的论者，也是过程论者。

（三）

经济学家道格拉斯·诺斯（Duglass North）说：人都有好奇心，也有创新的欲望，关键是"什么决定着历史上发明活动的速度和方向"。

硅谷是当今世界上"最强大脑"的"集散地"，这个占地700多平方千米的"苹果园"聚合了全球不同肤色、不同国籍、不同宗教背景的一批最聪明且最年轻的脑袋，其中包括10万左右的华人，它的人口的智力密度无疑是最高的。然而与"最强大脑"相匹配的是最强奋斗——科学家、工程师们每天 10 多个小时跨时区工作。凌晨一两点,办公室灯火通明,停车场车停的满满的,办公室中不乏五颜六色的睡垫,而咖啡也许是硅谷销量最大的饮品。我经常不无偏颇地讲:一个城市有无咖啡馆、有多少咖啡馆、咖啡厅中有没有口味纯正的美式咖啡(我是典型的美式咖啡控),代表着一个城市的开放度、创新度和现代化程度。

硅谷也许是咖啡馆密度最高的科技园区,而在深圳,几乎是千步一茶馆或咖啡馆。当然这仅仅是深圳与硅谷最表象的相似处,而最重要的相同点则是:包容与接纳。硅谷依托于一所洋溢着自由精神的大学,创造了一片肥沃的"黑土地",让全世界的"歪瓜裂枣"、天才与异端人才在这里播种生根、开花结果,居然使得一批类似仙童半导体的创新公司病毒式地自由裂变、指数级地自由分蘖,几十年间各路英雄或枭雄"你方唱罢我登场",尽情尽性地挥洒想象力与创造力,从而以巨大的技术革命奇迹改变了美国和人类的沟通方式、生活方式、工作方式,乃至于学习方式和思维方式,并进而向宇宙进军。

"硅谷之火"正在深圳熊熊燃烧。在深圳 1997 平方千米的热土上,托起的是中国乃至世界范围最年轻的一座移民城市,也是中国智力密度最高的城市。这是中国最开放的城市,没有之一;这是中国最包容的城市,没有之一;这是中国市场化程度最高的城市,没有之一;这是中国最少官本位、最少等级门第、最少历史积淀也最少历史包袱、最少条条框框的城市,没有之一;在许多著名企业家和大多数深圳人眼中,这也是中国法制化环境最好的城市,没有之一。

2020 年 10 月,在和深圳市政协委员们的一次读书交流活动中,有委员问我,可否用一句话提炼一下华为奇迹的核心因素?我答道:"深圳 +

任正非！"华为如果不是诞生并成长于深圳，任正非的企业家精神恐怕很难得到尽情释放，华为也不可能有今天。很简单，华为一路走来的34年，充满了从理念到制度层面的冒险与实验，深圳给了它宽阔的实验空间，而深圳本身就是一个既有顶层设计，又有诸多盲打盲试的文化与制度"实验室"。原蛇口工业区管委会主任袁庚早在1985年就说过，"蛇口是中国的改革试管"。事实上，整个深圳是中国的改革试管。

与硅谷相同，深圳也是中国和世界的城市版图上最为斑斓多彩的文化"调色板"，最跳跃的青春色，最多元的赤橙黄绿青蓝紫，多面相的肤色与多层面的教育与文化背景，杂拌的"世界语"与多地域的方言，竹丝管弦与击瓮扣缶，"命运交响曲"与"高山流水"，高富帅与草根英雄……无不在这块调色板上主动融合或被动融入，也无不在这座现代文明的大熔炉中冶炼为一体，这才是深圳的魅力所在、力量所在、创造力所在，以及未来所在。

"什么决定着历史上发明活动的方向与速度"？理念，制度，人。而根本上还是理念与制度所承载的文化。人，不过是文化舞台上的演员而已。搭什么样的舞台，才会有什么样的舞者上场，才会让各色角儿有施展才艺的天地。硅谷的剧场无边无框，深圳的舞台足够宽松宽容与宽厚，而且还会更为宽阔，因此已引得无数英雄竞折腰，且还将引来千万英雄展宏愿。

（四）

空客首席执行官托马斯·恩德斯认为深圳是中国的硅谷，这也印证和呼应了黄朝翰教授的观点。空中客车（中国）创新中心在选址时，他带队在中国各大城市旅行了一大圈，到了深圳之后，他认为不需要再旅行下去了，他想要的都在深圳。他表示，在深圳成立创新中心，代表着一种开放式创新的合作伙伴关系。这是邱文先生《重新定义科技园区》的一段描述。

深圳与硅谷都像巨大的引力磁场，无边界地在世界范围吸纳人才要素和技术要素，资本要素和管理要素，成为全球最佳的创新"伊甸园"，而二者相同的另一点则是：在"伊甸园"中又有"园中套园"的各具特色的"伊甸园"，动态聚合了智力密度更高的一群精英、科技含量更高的一批创新型企业和研发机构。正像一位华为人所言，"你不是在园区，就是在去园区的路上"，科技园区占据了许许多多科研人、许许多多科技企业的奋斗者90.6%的生命（22÷24小时）。这也许是硅谷和深圳共有的创新密码。

深圳特区是总设计师邓小平于1979年的春天在中国的南海边画的一个"圈"，而5年后的1984年，中国科学院副院长周光召刚从美国考察归来，就向深圳市领导建议：在深圳设立科技园区。1985年，中国科学院与深圳市携手创办的深圳科技工业园正式启动。三十多年来，深圳各类科技园区星罗棋布，"大珠小珠落玉盘"，园区诞生和孵化了一批具有世界影响力的新型科技企业。2019年，深圳研发投入占GDP的比重高达4.9%，与发达经济体相比也是处于最前列；PCT国际专利申请1.75万件，占全国1/3；截至2019年末，深圳国家级高新技术企业已经超过17 000家，科技型中小企业5万家。

值得关注的是，深圳90%的创新型企业是本土企业，90%的研发人员在企业，90%的科研投入来自于企业，90%的专利申请来自于企业，90%的研发机构建在企业，90%以上的重大科技项目发明专利来源于龙头企业。深圳也因此集聚了中国1/3的创投机构，是名符其实的创投之城。

同样值得关注的是，这若干个90%也都大比例地发轫和开枝散叶于深圳的各类科技园区，尤其是2011年应运诞生的深圳湾科技园区，它崛起于深圳高新技术园区的深厚基业之上，又成为了深圳具有代表性的科技园区。

深圳湾科技园区占地仅 0.6 平方千米，但入驻的创新企业已超过 1000 家，既包括华为、腾讯、字节跳动、空客、三星、西门子、埃森哲等世界顶级企业的创新机构和以顺丰为代表的 52 家上市公司，也包括众多极具特色的技术创新中小企业，产业涵盖信息软件、人工智能、数字经济、智能制造等多领域重点前沿产业，备受关注的"中国鲲鹏产业源头创新中心"就落户在这座园区，由华为和深圳湾科技公司联合运营。

深圳湾科技园区规划的蓝图并不仅此。"满园春色关不住""万类霜天竞自由"。邱文先生在他的大作中向读者、向世界呈现出的是一个被重新定义了的雄心勃发、价值再造、充满创新魔力的科技园区新模式。未来的深圳湾科技园区希望以无限开放的姿态，吸引各行各业的优质生态合作伙伴，并与各类科技园区共同构建具有中国创新特色的产业资源平台，一起来诠释深圳的先行示范和高质量发展，以及中国未来的科技产业创新模式。

40 年前，一个沿海边陲的小渔村被赋予了一份沉重而伟大的承担："杀出一条血路"。40 年后，"血路"杀出来了，一座人类开放史、改革史、商业史、创新史上的城市奇迹诞生了。人们完全有理由相信，未来的深圳还将不断创造奇迹，伊甸园还有许多的"金苹果"，而创造新奇迹、摘取更多"金苹果"的伟大的采摘者们，也许就在深圳湾科技园区。

2021 辛丑年春节，于海口观澜湖

推荐序二

黄群慧

中国社会科学院经济研究所所长、研究员

中国社会科学院大学经济学院院长、教授

2020 年是深圳经济特区成立 40 周年，深圳在短短的 40 年的时间从一个小渔村发展为现代化的大都市，这可以与人类创造的任何发展奇迹相媲美。作为这样一个发展奇迹，是值得从很多视角来解读、研究和阐释的，摆在读者面前的这本书则试图从科技园区角度研究深圳发展中最为关键的创新问题，解密深圳创新发展的密码，这在众多关于深圳发展问题研究的文献中独具一格、颇有新意。

中国步入了全面建设社会主义现代化国家新征程的新发展阶段，党的十九届五中全会提出坚持创新作为现代化建设全局的核心地位，并把科技自立自强作为国家发展的战略支撑，将创新摆在各项"十四五"规划各项任务的首位。在具体规划方面，首先要求坚持创新驱动发展、全面塑造发展新优势，进一步要求加快发展现代产业体系、推动经济体系优化升级。显然，科技创新与基于科技创新的产业发展无疑是我国未来建设现代化事业的重中之重。而深圳作为快速崛起的全球创新重镇，在这方面颇具样本意义，值得深入研究。这就使得本书的研究就十分重要。

改革开放 40 年以来，深圳经过了三个创新发展阶段，一是 1980—1992 年，以"三来一补"外贸加工企业为主的产业结构为深圳市产业兴起奠定了初步基础；二是 1993—2003 年，政府充分发挥"有形之手"引领产业转型发展，本土企业充分利用市场的"无形之手"，率先在全国乃至全球布局高新技术市场战略，率先建立起以市场为导向、产业化为目的、企业为主体、产学研紧密结合的区域性自主创新体系；三是 2004 年至今，深圳的自主创新步入成熟期与收获期，已经具备相当的国际市场应对能力和经验。高新技术产业进一步发展，诞生了一批诸如华为、中兴、腾讯等世界级的顶尖科技创新企业，同时带动了整个珠江三角洲地区经济发展。深圳最终成功实现了从传统制造业为主导向高新技术产业为主导的转变，突破了国内区域创新发展长期实行的主流模式——科技成果转化模式，打破了创新发展的资源瓶颈，形成了以市场和社会需求为导向，创新活动与产业发展、社会进步、民生改善相融合的自主创新发展模式。

与北京、上海等国内创新中心相比，深圳创新发展模式的突出特点，是着重营造市场竞争环境，促进企业创新主体响应市场与社会的最新需求，开展自主创新；同时完善市场治理和社会治理机制，促使企业创新成果尽快转化为整个城市乃至辐射周边区域的产业、民生和社会发展动力。深圳成功实现了"六个 90%"：90% 的创新型企业为本土企业、90% 的研发人员在企业、90% 的研发投入来自企业、90% 的专利来自企业、90% 的研发投入来源于企业、90% 以上的重大科技项目由龙头企业牵头承担。虽然深圳这种创新发展模式突出了企业创新主体的地位，但并不意味着政府无所作为。实际上是"政府放手但不放责"，放手是指把创新的选择权、话语权交给市场、交给企业；不放责是指加强政府的引导与服务功能，为企业创新营造一个良好的制度、社会和文化环境。这种创新治理方式有效地激发了创新的活力和潜力，深圳开放、公平竞争的市场环境，吸引了创新人才及资源不断聚集，促进区域创新能力不断提升。

那么，深圳的政府与市场在促进企业创新方面的有效结合点在哪里呢？或者说政府既要尊重企业的创新主体地位，又要引导和促进市场创新行为的政策着力点、抓手在哪里呢？本书给出了一个很好的答案——在于科技园区建设。本书以深圳湾科技园区的发展历程为主要线索，系统论述了深圳湾科技园区如何创新管理模式、构建完善的产业创新发展生态的，最终形成了"北有中关村，南有深圳湾"的中国科技园区建设标杆。本书作者邱文先生是深圳湾科技园区的经营管理公司——深圳湾科技发展有限公司董事长。作者以自身经历及园区案例告诉读者，深圳湾科技园区的管理模式是如何实现政府与市场在企业创新方面的有效结合。但是，本书绝不仅仅是一本企业家结合实践的普通案例研究，而更多的是作者基于自身实践的理论思考。作者认为：深圳湾科技园区的成功意味科技园区要以打造产业生态为根本任务，也就是说要以产业生态模式替代产业地产模式，这是科技园区行业在当前普遍的困惑与瓶颈之中要走出全新道路的必然选择。具体而言，要构建园区产业资源平台支持中国科技产业创新发展，帮助企业应对目前复杂的国际经济环境，实现产业资源的整合和配置优化，同时园区平台构建全新运营商业模式，实现自身由产业地产向现代服务业转型的目标。也就是说，科技园区应该成为最好的资源平台和创新平台，园区建设的关键是积极探索构建科技园区产业创新生态。这意味着，本书虽然不是学者的研究专著，但对问题思考研究之深，并不逊色于研究性学术著作，其对科技园区的重新界定和对深圳创新密码的解读，具有重要的普遍指导意义。

全面建设社会主义现代化国家新征程的号角已经吹响，深圳要建成建设中国特色社会主义先行示范区，成为我国建设社会主义现代化强国的城市范例。深圳还需要在创新发展的道路上大踏步前行，那么未来对深圳创新发展问题的研究也无止境。

是为序！

2021 年 2 月 6 日于北京

推荐序三

陈　宪

上海交通大学安泰经济与管理学院教授

总理经济形势座谈会特邀专家

我是这部书稿最早的读者之一。与其说我在写"序"，不如说在写读后感。

大约五年前，邱文先生任职深圳湾科技发展有限公司董事长后不久，我就拜访过他。话题自然是有关深圳的创业创新。我还记得，当时我们就讨论过一个问题：创新生态和产业生态是什么关系？邱文通过自己的实践和思考，在书中系统地阐述了这个问题。我是在 2017 年 7 月参加李克强总理经济形势专家企业家座谈会，接受总理布置的"作业"，撰写《基于硅谷与深圳湾比较的创新生态系统研究报告》时，在文献中找到一个"创新生态系统"的框图（见图 1）。在创新生态中，框图中间是创新企业，即 0—1 的企业；在产业生态中，则是 1—10 或更多的企业，框图中的网链结构（涵盖产业链、产品链即配套链、供应链和服务链等）和相关主体基本是一样的。邱文在书中的答案大致也是这个意思。

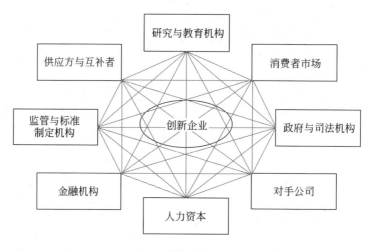

图 1　创新生态系统

资料来源:《创新经济学手册(第一卷)》,上海,上海交通大学出版社,2017。

科技园区是创新生态、产业生态、产业集群和产业链的载体。近几十年来,产业发展、城市发展,甚至社会发展的故事,可以从这里开始。

一、科技园区溯源

最早的科技园区是和创新体系联系在一起的。它首先产生于美国斯坦福大学开创的硅谷发展模式,即大学—科研—产业三位一体的模式。这一模式归功于被称为"硅谷先驱"的弗里德里克·特曼教授。他在 20 世纪 20 年代担任斯坦福大学副校长期间,致力于将大学的科研与企业结合起来,注重科学的实效性。高技术公司在高质量的科技大学周围兴起是普遍现象,但并不是拥有大学实验室就可以创造高技术企业,而是要有一套机制和中间机构,能进行面向市场的应用研究。特曼促成了斯坦福工业园的建立和发展。这是世界上第一个科技园区，特曼称它为"斯坦福的秘密武器"，建立的目的并不是为了赢利。它当年仅以象征性的价格出租给初创公司，是专门为高技术企业服务的。这种低廉的土地租金吸引了不少刚刚创业尚缺乏资金来源的中小企业，如瓦里安、惠普等电子公司，因此，它逐渐成为斯坦福大学科技人才和硅谷创新企业之间密切合作的中介，渐渐形成了学研产一体化的发展模式。斯坦福大学在20世纪五六十年代硅谷的创新行为和新兴产业发展中起到了核心作用。

中国的科技园区是改革开放的产物，它源于工业园区。我以亲身经历说明，改革开放前，即便在中国最大的工业城市上海，也是不存在园区的。我1970年去江西插队之前，家住地处虹桥路的交大新村，这里属徐汇区，上海的中心城区。就在这个地方，有造纸厂，如果吹南风，居民就会闻到腐臭味；走"老街"去徐家汇，我们要经过两家针织厂；在不远处的凯旋路上，就有上钢某厂。改革开放以后，多个因素的综合作用，这些工厂陆续搬迁到园区去了。上海最早的工业园区就在城乡接合部，如漕河泾、莘庄等地。可以这么说，在中国，工业园区的成长与80年代后的工业化进程同步，进而演化出与科技园区共生的园区模式。这是主流的模式。还有就是从科技创新（孵化器、加速器）起步的科技园区，如地处上海的"零号湾：创新创业集聚区"。这是狭义的科技园区。

深圳的情形不太一样，它是一座始建于20世纪80年代初的城市，工业园区在深圳的成长，和其他城市不太一样，但就工业园区向科技园区转型，深圳则更具代表性。邱文在书中写道："中国科技园区实际上是一个独特的存在。西方主要发达国家并没有完整的科技园区体系，至少没有产业生态模式、产业生态体系的科技园区。"在现有的科技园区模式中，深圳湾园区模式区别于政府园区平台模式和市场化模式，又是独特存在的典型代表。至于深圳科技园区的发展阶段和演化逻辑，以及生态系统和盈利模式，书中都有详尽论述。

在这一百年的时间里，科技园区对人类社会做出了巨大贡献。在创新创业、创新集群、产业生态和城市化等方面，科技园区的作用是不可替代的。近年来，中国经济的发展态势，特别是中国经济在全球地位的提升，进一步显示了科技园区做出的特殊贡献。研究表明，这方面的贡献主要是通过科技园区对现代产业体系和全产业链的贡献表现出来的。尽管缺乏权威性的科技园区专项统计数据，这里用几个全国的数据和事实，可以说明这一点。我国是世界上唯一拥有联合国产业分类目录中所有工业门类的国家；中国制造业增加值占全球比重已达到 30% 左右，连续 11 年保持世界第一制造大国地位；战略性新兴产业和高技术制造业增加值增长连续多年保持在 10% 以上；研究与开发（R&D）经费的年增长率也连年超过 10%，占 GDP 的比重持续提高。

二、深圳孕育了独特的科技园区

这本书的主标题是"深圳创新密码"，副标题是"重新定义科技园区"。其内涵是，深圳湾科技园区在深圳，它集中了深圳创新的过去和未来，经验和教训。所以，研究科技园区，尤其是深圳湾科技园区，要从深圳说起。

近十年来，因为各种机缘巧合，我比较多地关注深圳。2020 年是深圳特区成立 40 周年。40 年，对于一个城市的发展来说，是一段不算长的时间，尤其对一个从村镇起步的城市亦是如此。然而，就在这 40 年，深圳一跃成为中国四个一线城市之一，其经济总量位居中国城市的第三位，并在 2017 年超过了香港。今天的深圳，正朝着建设中国特色社会主义先行示范区的目标前行。

人们不免好奇，在这 40 年，深圳到底依凭什么，形成了不同于其他城市的独特优势，进而产生了强劲的驱动力？仅仅说因为它是一个特区，有体制优势，恐怕不足以服人，特区不是它一个；说它有区位优势，毗邻香港，面向珠三角腹地，有着天然良港、宜人气候和环境，但这些是有利于发展的充分条件，具备这些条件的城市也不止深圳一个。国人说，"天时、地利、人和"，是一个人，一个组织，一个城市，抑或一个国家成功发展的"三要素"。体制优势是"天时"，即 1978 年改革开放和 1980 年设立特区；区位优势是"地利"，上述条件确实难得。但是，没有"人和"，一切都是白搭。深圳的"人和"指什么？是怎样形成的？

深圳的"人和"就是它的文化优势。在一个只有村镇建制的地方搞特区，最需要的就是人，而它的特殊体制和优越区位，使一批冒险家、失意者涌入了这里。移民和他们身上特有的自力更生精神在这里汇聚，形成了不可多得的创新文化。他们来到的这个地方，地处珠三角，是岭南文化的亚文化——广府文化的地域。广府文化是务实、低调的文化。试想，移民带来的创新文化叠加区位特有的务实文化，会形成什么样的结果？多年的观察和调研告诉我们，这个结果就是深圳涌动着的创业创新活力，就是完善包容的创新生态，就是占比高居中国城市榜首的战略性新兴产业的产出。所以，体制优势和区位优势的有机合成，在深圳生发了独特的、难以被复制的文化优势。文化优势深刻地影响着经济活动的投入要素和机制，塑造着社会生活中个人与组织的行为，其作用有着传递性和可延续性。深圳就是在独特的文化优势的作用下，其制度、产业、民生和社会治理等诸方面，都彰显特色和竞争力。

我所说的深圳的三个优势是宏观层面的。邱文是推动深圳科技创新和科技产业的实践者,他在书中专节探讨"深圳发展的核心优势"。他认为,深圳优势可以概括为三点:科技产业创新优势,产业配套优势和市场化优势。显然,他进入了中观、微观层面,和我是不同的视角。这六个方面的优势,可能还有其他优势,共同打造了科技园区这个创业创新,发展新兴产业的平台和载体。深圳湾科技园区就是其中的杰出代表。

三、园区与城市

邱文在"前言"中的一句话:"华为在智慧城市业务展望中强调,城市除了马路,就是园区",将园区与城市紧紧地拉到了一起。在现今产城融合,尤其是产城人融合的意义上,园区和城市确实是融为一体的。而且,在中国城市发展和城市化进程中,科技园区扮演着不可或缺的角色,起到了特殊重要的作用。

人们总是先从形态上观察一座座城市的变化。中国的城市越来越现代化,这是不争的事实。在这其中,有着园区的巨大功劳。首先,企业绝大多数进了园区,为城市空间格局调整提供了可能;然后,园区成为现代化城市的重要组成部分,各种产业功能区的形成,为城市现代化的样貌创造了基础性条件。然而,在中国城市化的今天,人们更关心的,是人的城市化,其实质是农民工的市民化。这里,关键的问题是户籍、住房和公共服务。园区当然不能解决全部的问题,但和政府、社会各界一起,在推动农民工居者有其屋和基本公共服务均等化等方面,已经并将继续做出更大的努力。

深入一步看城市,其经济社会发展与好产业、好大学息息相关。科技园区为城市带来产业发展,尤其是好产业的发展,集中表现为战略性新兴产业占比的上升。2020 年,深圳市战略性新兴产业增加值 10 272.72 亿元,同比增长 3.1%，占地区生产总值比重达到 37.1%，高于全国平均水平 3 倍左右，居中国一线城市之首，就是最实在不过的证据。然而，在人力资本成为第一要素的今天，好大学是好产业的重要支撑和引领。深圳在过去一段时间确实没有好大学，现在情况有所改善，但仍然与其经济社会发展不相适应。但一如前面所说，深圳是一座移民的城市，移民中有相当一部分受过良好教育，弥补了没有好大学的短板。在当下的中国，可能没有哪座城市比深圳更加重视教育的发展和好大学的建设。再过十年二十年，深圳将集中至少十所好大学。好大学支撑和引领好产业的发展，好产业是城市发展的基础和核心，科技园区中的创新生态和产业生态则是好大学与好产业的中介，彰显其平台和载体的重要作用。

在园区与城市的关系中，还有一个重要的节点，即创新集群。创新具有集群的空间特征，这是被创新实践证明，也是被实证研究证实的事实。所谓创新集群，就是某个物理空间聚集着别的地方难以模仿的创新资源，并由此培育新创企业和新兴产业。创新高度集群，在美国是如此，如旧金山湾区、纽约湾区；在中国亦是如此，如粤港澳大湾区和长三角中心区。从世界范围或一个大国来看，这就是创新区位的问题：是不是在各个地方都可以形成创新集群？答案是否定的。这是因为，创新需要若干必要条件和充分条件，如人才、资本、基础设施、创新生态，甚至气候，不是每个地方都能够具备这些条件。这些要素和条件同时存在，均衡配置，要求近乎苛刻。所以，创新集群一般生成于某个中心城市及周边城市的科技园区，分布于世界为数不多的地方。

近日，世界知识产权组织、康奈尔大学和欧洲工商管理学院联合发布的《2020 全球创新指数》（GII）显示，过去三年一直位列全球创新集群第二的"深圳—香港"创新集群调整为"深圳—香港—广州"创新集群。这个变化对于大湾区建设国际科技创新中心和综合性国家科学中心，具有积极的意义和启示。这也是对这个区域，尤其是深圳作为大湾区创新中心的高度肯定。可以预见，在深港穗创新集群中，科技园区将担纲神圣使命，成为推动创新驱动和高质量发展的生力军。

　　在我视线所及，这本书是为数不多的，专门以科技园区为研究对象的著作。它兼具专著和畅销书的特点，既有系统性，还有可读性。我相信，科技园区的同志们，社会各界的朋友们，都将从这本书中得到自己想得到的东西。

2021 年 2 月 9 日于上海

自　序

这是一个变革的时代。

新生的行业每天都在出现，企业面对业态的巨变似乎应接不暇；每个人都感觉专业知识越来越不够用，而且还要担心自己的工作哪一天会被机器人所取代。

这又是一个新鲜的时代。

数字化深度融入工作与生活，业态创新成为常态，我们有机会经历丰富的世界并创造历史。通过"中美贸易之争"，我们对美国也从曾经的仰望变得越来越自信。

但是，无论变革的时代还是新鲜的时代，对身在其中的我们来说，都意味着将面临更多的问题，甚至是危机，你需要不断去适应新的变化。但是，大部分的企业、包括大部分的人，其实并没有完全意识到这一点，更没有做好相应的准备。而且，对相当部分的企业和人来说，可能也不具备独立的适应能力。

那么，我们的方向在哪里？

华为在智慧城市业务展望中强调，城市除了马路，就是园区。

华为认为一个人每天有22个小时是在园区，剩余的2个小时则花在马路上。所以，你不是在园区，就是在去园区的路上。

虽然深圳湾科技发展有限公司（以下简称"深圳湾科技"）并没有事先与华为共同探讨过这个课题，但却所见略同。也正因为所见略同，所以现在深圳湾科技与华为已经走在了深度战略合作的路上。

很多人会非常肯定地说："我跟园区没关系。"很多时候看上去没有关系，但按照华为的业务模型，以及科技园区产业生态场景，你或者是在一个个实实在在的科技园区里，或者就是在科技园区的生态体系之中。只是你还没意识到，科技园区竟然已经和所有人都有着密切的关系。而且，如果身处一个完美的科技园区体系中，其实是我们每一个企业和每一个人应对和适应这个世界新的变革的最好选择，你也一定会从科技园区生态体系中得到新的启发和收获。因为，我们每天看了千百遍的城市，它可能正在通过科技园区暗暗酝酿新的能量与价值。而你的价值与未来，绝对与科技园区相关。

"北有中关村，南有深圳湾"。作为本书探讨主题的深圳湾科技园区，又有着怎样的特别之处呢？

探讨深圳湾科技园区，当然离不开刚届不惑之年的深圳。

当今的深圳，应该无愧于中国科技产业创新标杆的称号。短短40年间，深圳就走过了深圳制造、深圳质量、深圳标准三个截然不同，却都是激情燃烧的年代。我有幸在最近的十年间，一直跟随深圳走在科技产业创新的前沿阵地。包括前六年在深圳市投资推广署负责全球高新技术企业及项目等顶级创新资源的引进，拥有大量在前沿行业的学习机会；后四年，又投身深圳核心创新区域——深圳湾科技园区的专业开发运营，有机会探索科技园区的创新模式。

深圳市专门的招商机构——市投资推广署于 2011 年 6 月设立。而就在同年同月，现在已成为世界财富 500 强之一的深圳市投资控股有限公司（以下简称"深投控"）刚好通过招、拍、挂及划转方式取得了成就深圳湾科技园区的深圳高新区最后的黄金产业用地及在建园区项目。当时的深投控以极富战略的眼光不懈争取，开始全力深耕科技园区领域，也使深圳湾核心科技园区开发成为推动深投控转型升级并走向世界 500 强的重要推动力。

深圳市投资推广署与深投控的合作，是从一个三星故事开始的。

2013 年底，深圳市主要领导告诉市投资推广署一个重要信息：韩国三星电子要在中国设立通信设备（4G 设备）研究院，要求积极争取落户深圳。得到消息后，市投资推广署立即派出团队飞到北京，登门拜访三星中国总部。

三星大厦位于北京东三环，那天刚好是北京冬天的第一场雪，寒风刺骨，但市投资推广署团队对重大项目的热情远远盖过了冰雪的寒冷。

三星非常重视深圳方面的拜访，三星中国总部常务副总裁李秉澈亲自接待市投资推广署团队。但这种重视并没有给人如沐春风的感觉，而且还有点刚好相反的意思。李常务一开口就给了他们一个下马威，他说三星过往的中国投资项目中，最成功的案例是 2012 年落户西安的存储芯片项目，总投资 300 亿美元，第一期投资就达 70 亿美元，当地政府非常支持，项目不到一年即建成投产；而另一个相对应的案例是 2006 年三星手机研究院项目，本意落户深圳，但当时深圳的主管部门似乎兴趣不大，使三星最终选择了广州。而且李常务告诉他们，三星新项目的候选中国城市还有好几个，深圳并没有特别的优势。当时的三星大厦内暖气已经很足，但洽谈的气氛更像窗外的风雪。

市投资推广署争取三星项目的困难不只来自三星，也包括内部。在市政府的项目协调会上，有参会同志明确反对三星落户深圳，理由是三星通信设备研究院与华为、中兴的核心业务构成直接竞争，深圳不应该为三星提供竞争资源，尤其是人才资源。最后是市政府主要领导一锤定音：华为、中兴的竞争对象是全球化的，三星项目在哪里落户都会存在竞争。与其对手看不见摸不着，还不如在家门口竞争。此外，人才竞争短期内肯定存在，但从长远来看，三星项目将巩固深圳通信设备产业的规模与质量，也将吸引更多的优秀人才加盟深圳。所以，深圳完全不必顾虑。

8年后的今天，华为已在5G领域一骑绝尘，似乎并没有受到三星深圳项目的影响。

这个项目的艰难谈判过程略去不表，最后三星还是选定落户深圳。当时市投资推广署从全市科技园区中筛选了5个项目选址，但三星毫不犹豫地选择了深圳湾科技园区的深圳软件产业基地。三星决策时是2014年春节后的3月份，其时距深圳软件产业基地正式竣工还有两个月，所以三星项目成为深圳湾科技园区的第一个重大入园项目。

另一个有代表性的项目是高通深圳创新中心。2016年，高通计划在中国设立创新中心。市政府主要领导为争取该项目，在一个周日的早上亲自带队飞赴北京的高通中国总部，拜访之后又于当天大半夜赶回深圳，这样不会耽误周一一早市政府的会议。这种敬业精神让人印象深刻。

市投资推广署负责之后的项目对接，也立即派出团队去了北京。对接的过程比三星项目要顺利得多，高通中国总部董事长孟璞非常热情地接待了市投资推广署团队，一切都非常顺利。高通计划在深圳设立一个创新中心，核心是帮助深圳及中国的中小手机企业提升技术与品牌，更好地拓展国际市场。当然从高通自身角度来看，则是为了巩固和扩大其手机芯片业务。这些深圳中小手机企业其实就是当年大众眼中的"山寨工厂"。不过，在原深圳市副市长、现哈工大深圳经管学院教授唐杰眼中，它们并不是"山寨工厂"。深圳是从生产加工起步，然后以模仿方式走自主品牌发展道路。唐杰教授认为，深圳模仿过很多品牌，但深圳企业从不造假。模仿也并不可耻，可以说是工业发展积累的必然阶段，全球唯一没有经过模仿时代的国家只有一个英国。工业革命刚开始时，德国、法国都是模仿。高通之所以愿意公开支持深圳中小手机企业，也正好说明了深圳企业并不涉及知识产权问题，只是发展阶段问题。而高通创新中心项目所带给深圳的，就不仅仅是投资、税收、就业这么简单，它与深圳重点产业的转型升级密切相关。虽然现在因为特殊原因高通无法为中国企业提供高端手机芯片，但应该看到这些年来高通对深圳手机企业发展的支持和带动。即使它是出于商业目的，也更应看重结果。

有了三星项目的经验，市投资推广署当时安排高通项目团队重点考察了深圳湾科技园区的深圳湾科技生态园。应该说，高通本身对科技生态园非常满意，但最后却意外地因委托地产代理的缘由，最终选择了深圳阿里中心。不过两年后，高通中国总部高管亲口表示，当年如果完全由业务部门做主，他们一定会选择深圳湾科技生态园。

现在再来看这两个案例，会发现很多非常有意思的东西。通过三星项目可以发现，招商项目不仅仅是项目投资，优质项目所带来的创新资源，才是深圳以及深圳湾园区的核心需求。通过高通项目，深圳的产业发展部门及科技园区有机会接触并学习顶级科技龙头的创新思维和创新模式，创新中心并不赚钱，甚至还需要很大投入，但它却是一个重要的资源整合中心。这种整合，对高通来说是战略需要，事关企业未来发展竞争力；而对于深圳湾园区来说，则从项目服务中得到了产业生态概念的启发，这是再多的园区租金也换不来的。虽然高通最终没有落户深圳湾园区，但一年后高通非常积极地答应成为深圳湾园区产业生态联盟的发起单位之一。对这样的顶级 500 强科技企业来说，这是对深圳湾园区最好的认可。

科技创新的星辰大海、未来的无限可能性，令人心潮澎湃。深圳湾科技园区有幸诞生于中国一个最好的时代，也有幸依托于深圳这个伟大的创新城市的发展。无论是支持深圳科技产业培育，支持园区企业发展，还是深圳湾科技自身的转型升级，科技园区都是一个最好的资源平台和创新平台。积极探索科技园区产业生态模式，也是深圳湾园区回报深圳、回报社会的具体实践。本书之所以以"重新定义科技园区"为名，其实是希望能从创新的角度思索新生事物，有效带动科技园区行业创新发展，主动迎接科技园区真正的黄金时代来临，并希望科技园区这个独具社会主义市场经济特色的科技产业平台，为中国式创新做出更大的贡献。也希望社会各界进一步认识到科技园区所蕴含的巨大价值，给予帮助与支持，共同推动科技园区创新发展。同时，在这个变革的时代，通过本书了解科技园区关于资源配置的思考和探索，其中的认知与方法或许对每一位读者都会有一点启发和收获。

本书没有刻意去形成完整的体系，一是受作者水平局限，二是本来就没有体系，所以，更生动的实践过程及生态案例，可能会更接地气。而基于一些基础理论但又突破一些传统思维限制的思考，可能也是变革时代所必需的。总之，科技园区既然已经占据你 91.6%（22÷24）的生命，那我们每一个人、每一个企业都更有必要去了解和思考科技园区。

目　录

第一章

从园区到生态：重新认识科技园区

第一节　深圳湾科技园区的由来

深圳湾科技园区的来源与深圳高新区有着很深的关系，但又与一般的高新区及其园区平台大有不同，它本身就是一种创新。

深圳高新区正式设立前，有着一段特别的历史。1984年，时任中国科学院副院长周光召院士从美国回来，与时任深圳市主要领导商量，认为深圳应该向美国学习以科技园区发展科技产业的经验，得到了深圳市领导的高度认同。1985年，由深圳市政府和中国科学院共同创办的深圳科技工业园总公司在现在的深圳高新区中区正式成立，成为中国大陆较早的科学园区，这也是深圳高新区最早的起源，同时也是深圳走向科技产业的第一步。随后，深圳采取建设工业区的方式大力发展科技产业，上步工业区、八卦岭工业区、车公庙工业区、南油工业区等一大批工业区得以建设发展。1993年，为进一步推动科技园区发展，当时深圳市的主要领导提出建设高新技术工业村支持民营科技企业发展，并在市经济发展局下成立深圳高新技术工业村发展公司，共组织了23家重点民营科技企业进驻高新技术工业村。之后深圳高新技术工业村发展公司经过历次改革及划转，最后成为深圳湾科技的下属公司（划转前已更名为深圳高新区开发建设公司）。因此，从一定意义上来说，深圳高新技术工业村发展公司可以称为深圳湾科技的前身。

之后，深圳高新区于 1996 年正式报批成立，当时将深圳科技园总公司、第五工业区、深圳大学、南山京山民营科技园和深圳高新技术工业村整合划入。深圳市政府以派出机构——深圳市高新技术产业园区领导小组办公室的方式对高新区进行管理，这也有别于其他省市采用管委会管理形式的国家级高新区。或许这个独特的管理方式也为今后深圳高新区的市场化开发运营奠定了基础。

随后深圳高新区进一步扩大，但规划面积最后仍仅有 11.5 平方千米。虽然是全国面积最小的国家高新区，却成为全国 54 个国家级高新区中的六大核心示范园区之一。在 2019 年扩区之前，深圳高新区以占全市不到 0.6％的土地面积创造了深圳市约 10％的 GDP，诞生了华为、中兴通讯、腾讯等诸多知名企业，成为全国创新资源最为集聚、创新成果最为显著、创新氛围最为浓郁、创新环境最为优越的区域之一。20 多年来，深圳高新区成为深圳创新的发展名片，成为深圳高新技术产业发展的旗舰。位于深圳高新区的深圳虚拟大学园汇聚了 50 多所海内外著名院校，依托大学的人才和技术，成为深圳高层次人才培养、重点实验室建设、科研成果转化和产业化基地。由政府兴办的国家 IC 设计深圳产业化基地、深圳国家电子工试中心、国家超级计算深圳中心、虚拟大学园孵化器、留学生创业园等聚合创新资源，推动了大量中小科技企业快速成长。

2009 年，深圳实行大部制改革，深圳高新区管理机构——深圳市高新技术产业园区领导小组办公室与其他政府部门合并。同时，市政府向区政府进一步"放权"，深圳高新区除特殊事项外，都由南山区统一管理。自此，深圳高新区正式走上更市场化的运作轨道，也形成了与各省市高新区完全不同的发展模式。

深圳湾科技园区的诞生，源于深圳市委市政府对科技产业的大力支持，同时它也代表了深圳高新区逐步走向产业生态创新的全新阶段。也正由于深圳湾科技园区项目的落地，2020年晋级全球财富500强的深投控才得以有了最佳的转型机会。

2011年，深圳市政府计划将深圳高新区最后的黄金地块出让给市属国企，用于开发建设深圳湾科技园区，并计划将正在建设的两个政府重点科技园区同步移交市属国企开发运营。这一举动打破了传统的主要以直接出让给个别科技企业的用地模式，能在有限的土地资源上建设更多的优质产业用房，支持更多中小创新企业发展。深投控当时并没有开发大型科技园区的基础和优势，对承接这几个重点园区项目并没有太多底气。在政府内部，对市属国企开发运营重点科技园区能否达到政府的产业发展预期，相关部门也有不同意见。在时任深圳市政府主要领导及分管领导的主导下，项目最终还是确定由"深投控"承接。现在回想起来，如果当年没有市政府力主市场化、专业化开发深圳湾科技园区，而是按传统方式出让土地，或者继续按照政府投资建设科技园区的模式进行开发，那今天的深圳高新区又会是怎样一番境况呢？

深圳高新区分为南、中、北三区。其中北区定位为配套厂房及配套住宅，它在高新区发展历史中不是主流区域（当然现在高新北区的整体更新改造计划及北侧西丽高铁站的开通将重塑北区价值）。南区和中区是以深南大道为界。在2011年前后，高新区中区及围绕深南大道两侧的区域是深圳高新区的核心区域。高新区中区是深圳科技工业园总公司的大本营；大家耳熟能详的那些深圳知名科技企业当时大多在深圳高新区区域的深南大道旁有着一栋自己的楼。在深圳高新区的历史中，"科技园"在前，"高新区"在后，所以，深圳人都习惯称深圳高新区为"科技园"。

深圳湾科技园区处于高新区南区最南侧的区域。高新区南区大部分区域是填海而成的，也是最后划入高新区的区域。2011年时，高新区南区很多区域还是荒地，人气也远远不如2千米之外的深南大道区域。而且地铁最早也是沿着深南大道修建的，那片区域当时占尽天时地利。但仅仅十年间，深圳湾科技园区便如雨后春笋般冒出了地面，并成长壮大，现在深圳"科技园"的概念也随之转移，而这种转移，与市政府最终支持将深圳湾科技园区项目交给了深投控密切相关。而且，深圳湾科技园区项目不仅仅是一个科技园区，它本身就是一个重大的改革项目。

对深圳湾园区来说，有两点非常重要：

一是园区开发运营模式。深圳高新区原有土地的开发从市一级层面融合了一级土地开发、财政投资以及社会投资等多种形式，但由于以市政府派出机构作为管理机构，缺乏强有力的科技园区专业平台公司及投融资机制。深圳湾科技园区则一举打破了高新区原有的开发模式，以市属国企作为开发主体，巧妙地搭建了不隶属于市政府主管部门和属地区政府、但又可以协同协作的科技园区运行载体。虽然市政府给予了很多的支持，但园区本质是市场化、专业化运作。直到今天，深圳湾园区也一直坚持市场化、专业化原则，这与其他省市高新区以管委会和平台公司模式运作科技园区形成了本质区别。

二是用地模式的改革。深圳湾园区用地原都属于M1工业用地。为适应深圳产业升级，当时的深圳市国土规划部门积极反思，将这些用地列为深圳最早一批M1改M0的试点用地。主要政策调整就是配套比例由10%增加到30%，因此园区有了比较足够的空间配置商业、公寓、酒店等配套设施；另外对可售产业用房部分，可分层分户销售。这一改革别的内地省市后来纷纷学习，但时至今日，很多省市都还没有达到这样大的政策力度。当然，这与深圳土地特别稀缺也有关系。对于土地资源比较充足的省市，确实无须照搬深圳的政策。

深圳湾园区开发的过程，实际上也是深圳高新区管理模式改革的过程。在深圳高新区乃至全国各类高新区、开发区的前期开发阶段，采用管委会、管理办公室等模式对集中力量、集中资源形成产业集聚、促进产业发展发挥了关键作用。但在片区日益成熟、产业转型升级之后，入驻企业就会从政府主导资源的需求逐步转化为市场化、专业化的资源需求。而后一种需求，以政府为主的公共服务模式已经无法完全满足。在这个阶段，以市场化运作为主导的国有企业科技园区平台模式能更好地适应入驻企业的发展需求。所以，深圳湾园区的开发在当初决策时看上去并不一定有这么清晰的思路，却顺应了时代发展的需要。在哲学对认知的分析中，"不知道自己知道"是最高的认知阶段，或许深圳湾园区项目的决策也是如此。

2011年取得项目后，深投控先是以成立本部建设管理中心的方式组织开发建设。两年后的2013年11月，深投控成立投控产业园区开发运营有限公司，专门负责深圳湾科技园区的开发建设和运营管理。2015年，投控产业园区开发运营有限公司更名为深圳湾科技发展有限公司。自此，本书的两个主体——深圳湾科技与深圳湾科技园区终于会师了。

现在的深圳湾科技园区包括深圳湾科技生态园、深圳软件产业基地、深圳湾创业投资大厦等7个园区，均位于深圳核心创新区——深圳高新区。园区占地面积仅60万平方米，建筑面积360万平方米。园区入驻创新企业超过1000家（其中近一半为国家级及市级高新技术企业），既包括华为、腾讯、空客、三星、西门子、埃森哲等11家世界500强企业的创新中心、研发中心和以顺丰为代表的 52 家上市公司，也包括众多极具特色的深圳自主创新中小企业。园区企业年总产值超过 2500 亿元。

深圳湾科技从园区建设运营伊始，便积极顺应深圳创新潮流，在率先落成的深圳软件产业基地倾力打造深圳湾创业广场，引进近 50 家国内外顶尖创业孵化机构，掀起了创新创业热潮。2015 年，深圳首届国际创客周及全国首届"双创周"深圳分会场均落地深圳湾创业广场。2016 年，全国"双创周"主会场也毫无悬念选址于此，活动入场人数超过 50 万人。李克强总理亲临会场，并盛赞"双创周成果超出预期，活力令人难以想象"。自此，"北有中关村，南有深圳湾"便成为代表中国创新创业最高水准的佳话，深圳湾科技园区品牌也由此开始打响。

不过，深圳湾创业广场的成功，与深圳市投资推广署也有密切的关系。2015 年初，深圳市政府顺应"双创"潮流，计划组织举办深圳国际创客周。活动由深圳市科创委牵头组织，方案确定的主要活动是主会场活动 + 各区分会场活动，活动内容丰富多彩，非常完美。

或许那时的深圳湾园区还没有足够的影响力，又或许作为国有企业，与政府体系的市科创委及南山区的沟通还没有那么深入，总之在这份工作方案的征求意见稿中没有出现深圳湾园区的影子。当时征求意见稿也发到了市投资推广署，因为市投资推广署之前在三星研究院等项目中与深圳湾园区已经建立起良好的合作关系，所以比较了解园区。市投资推广署认为，最能代表深圳创新创业的深圳湾园区不应该缺席这次重大活动。因此，市投资推广署直接反馈意见给市科创委，建议将活动主会场定在深圳湾创业广场（工作方案中主会场是选在深圳市民中心），至少它也应该成为一个分会场。同时，市投资推广署也同步向深投控传达了这个信息，请他们自己也主动争取。

最终的转机是在市政府专题会上，市政府主要领导认为以市民中心为活动主会场无法完全满足活动需要，需要确定一个更有代表性的区域作为主会场。就这样，备选方案中的深圳湾创业广场方案脱颖而出，得到大家的一致认可。也正因为争取到了2015年的深圳国际创客周主会场资格，2016年的全国"双创周"主会场同样选址深圳湾创业广场也就顺理成章了，这样也才有了后来的"北有中关村，南有深圳湾"一说。

2019年7月，全国最小的高新区——深圳高新区迎来扩容。深圳高新区规划面积由原来的11.5平方千米扩大到159.48平方千米。《深圳国家高新区扩区方案》提出对标世界一流高科技园区，按照"一区两核多园"的布局，打造深圳国际科技创新中心的核心引擎，努力成为全球创新创意之都的重要载体。但其实，高新区不等于科技园区，高新区是产业片区概念，科技园区是产业运营实体平台。在后面的章节中，也会再专门阐述它们的关系，这里要介绍的，是深圳湾园区从开发建设走向专业运营的转折点。

从2012年到2016年，经过近5年的开发建设，深圳湾园区已初具规模，"北有中关村，南有深圳湾"也助推园区形成了品牌效应。这时，深投控新一任主要领导经过深入调研，在深圳湾园区五年发展的基础上，进一步提出了科技园区的"圈层梯度"战略和"一区多园"模式。

所谓"圈层梯度"，就是按照经济圈层和产业梯度的理论来发展科技园区。经济圈层解决深圳与市外区域的经济协同关系问题；产业梯度解决产业链上下游的协同关系问题。二者相辅相成，其核心就是要求科技园区发展要顺应经济规律和产业规律，而不能拍脑袋，也不能做成房地产项目。

所谓"一区多园"，就是依据"圈层梯度"理念进行科技园区的扩张及布局。国内推行"一区多园"战略的园区平台不在少数，但更多的是物理载体布局或产业地产项目布局，尚未上升到由理论进行指导的高度，也没有形成一套完整的生态体系。

经过努力，"圈层梯度"模式和"一区多园"战略上升到了深圳市委市政府正式认可的深圳国资国企科技园区发展战略，并形成了五个圈层协同发展的园区拓展体系。即：

（1）**深圳湾核心园区为核心圈层。**重点是为深圳培育核心产业，同时掌握中国最高端的产业资源，发挥深圳的先行示范和产业辐射带动作用。

（2）**深圳各区园区为基石圈层。**重点是推动深圳各区之间产业合理布局以及各区科技园区的协同发展，共同做大做强深圳高端产业。

（3）**珠三角区域园区为卫星圈层。**重点是为深圳重点产业及企业解决最核心的高端制造、产业链资源配套，同时带动珠三角城市的整体协同发展。

（4）**内地省市园区为辐射圈层。**重点是建立更完整的产业链上下游协同关系，在市场"看不见的手"的基础上建立更完整的科技园区产业资源平台。

（5）**国外创新高地园区为创新圈层。**重点是为国内园区体系的产业及企业引进国外创新资源，并为国内企业出海提供当地的服务平台。

自此，深圳湾科技园区走上了专业运营的发展之路。随后几年，深投控陆续布局了河北保定园区项目、武汉硚口园区项目以及在深圳及珠三角的若干园区项目。在海外，美国硅谷创新中心、比利时创新中心及越南海防园区项目等也相继落地。

当然，以上项目都属于重资产项目。而在深圳湾园区的持续探索中，一方面将拓展确有必要的重资产园区项目；另一方面，在园区产业资源平台日益清晰、日益完善的基础上，以园区运营创新商业模式的构建加上园区加盟合作的方式可能是下一阶段更为重要、更为有效的园区产业生态构建方式，这也是本书论述的重点。

第二节　与深圳创新发展共生的科技园区

科技园区的发展伴随着城市产业的发展而发展。以深圳为例，短短 40 年的创新发展历史，其产业发展已经历三个阶段。园区的形态也因产业不同阶段的不同需求而不断迭代、共生共荣。

一、深圳速度阶段

1982 年蛇口工业区提出的"时间就是金钱，效率就是生命"是中国市场化过程中知名度最高、对国人最有影响的口号，也为深圳开启了产业发展的"深圳速度"。自建市及成立经济特区以来，深圳产业以承接香港产业转移的"三来一补"加工制造为主要特征。虽然产业附加值不高，但该阶段为深圳打下了良好的生产制造基础，也奠定了珠三角完善的产业配套体系基础。

在这个发展阶段，富士康是最具代表性的企业。作为深圳最大的工业企业之一，富士康深圳工厂的员工在顶峰时期达到 30 多万人。不过，对富士康的评价却是冰火两重天。一方面，富士康确实占用了深圳很多的资源，按单位产出的话，它对深圳本地的财政贡献并不是很大。因为跨国公司通常会通过母子公司或关联企业之间实行内部贸易，以此来降低利润，达到避税的目的。富士康营业收入超过千亿，绝大部分为来料加工再出口。另一方面，中国虽然是一个劳动力资源充裕的国家，但成熟的技术工人却一直短缺，富士康作为全球最大的制造企业，有着最完整和先进的制造业流程体系，在富士康工作或曾经工作过的人，都能够成为成熟的技术工人。因此，在某种意义上来说，富士康就是中国技术工人的"黄埔军校"，多年来为中国培养了数以百万计的技术工人。一些学历不高、技能不足的年轻人，通过在富士康的锻造，有机会实现身份的转换，由普通工人晋升为技术工人乃至工程师。对深圳来说，富士康为深圳的电子工业培养了大批质量、技术、制造和管理人才，更重要的是在下游积聚了大量的配套企业，使得深圳形成了超强的企业集群优势。2019年1月10日，在瑞士日内瓦举办的达沃斯世界经济论坛上，富士康深圳龙华工厂入选世界"制造业灯塔工厂"，成为全球16家技术领先的制造业工厂之一。从这个角度来说，富士康为深圳做出了巨大贡献。

伴随着深圳生产加工业的发展，当年的深圳遍地都是工业区，即以标准厂房为主要形态的园区，这是20世纪八九十年代深圳园区的主要形式，也是科技园区的初级形式。这类园区的功能就是生产加工，所以园区除提供厂房之外也无须提供太多的配套服务。

在原特区内保留至今的代表性工业区包括上步工业区、八卦岭工业区、车公庙工业区等。当然，这些工业区现在基本不再有当年的生产功能，而改为了研发办公场地。很多工业区也已列入了城市更新的范围，不久之后可能就很难再觅得它们的历史踪影了。

二、深圳质量阶段

这是深圳产业的转型升级阶段。深圳是中国最早主动推动产业转型升级的城市，也经历了产业转型升级的阵痛。而介绍深圳产业的转型升级，一定要先介绍深圳两个互有关联的重大活动的历史。

第一个活动是深圳荔枝节。荔枝是深圳的特色水果，古时便有"日啖荔枝三百颗，不辞常作岭南人"的佳句。深圳以荔枝为媒介的荔枝节，其实是以"荔枝"为主题开展各种形式的经贸、文化联谊活动。1988年6月28日，深圳市举办首届荔枝节，共22万国内外来宾应邀参加，贸易成交5亿多元。此后，荔枝节定为深圳市市节，每年6月28日至7月8日举行，一直延续到1998年。

1987年，深圳市政府还出台了全国首个《关于鼓励科技人员兴办民间科技企业的暂行规定》，鼓励高科技人员以技术专利、管理等要素入股，鼓励民间创业者成立民营科技企业，给了企业很多优惠政策。后来任正非说："我为什么1988年敢在深圳创业？我就是看到了深圳1987年发出的红头文件"。

第二个重要活动就是现在深圳一年一度的"高交会"（全称是中国国际高新技术成果交易会）。"高交会"已成为深圳创新的一面旗帜。其实当年深圳每年举办的荔枝节都包括了一个小"高交会"，地点就在深圳老科技馆，在那里用几百平方米的场地做高新技术交易会的会场。因为规模太小，所以连很多深圳人都不知道当时的荔枝节中还有"高交会"。

"高交会"发展的真正元年是1999年，深圳正式决定取消荔枝节，替之以"高交会"。这是一件大事，也代表着深圳正式进入转型升级阶段，即深圳质量阶段。

因为深圳高新区只有11.5平方千米，没办法满足深圳发展科技产业的需要，所以在"高交会"基础上，深圳随即规划设立了深圳高新技术产业带。深圳高新技术产业带包含宝安、光明、龙华、龙岗、大鹏、坪山（大工业区）等共11个片区，这些高新技术产业带已经成为深圳市高新技术产业创新基地。

产业的发展不是政府主观想要做什么就做什么，深圳政府的高明之处就是创造环境，实际上决定因素还是在市场，政府只是创造环境，提供条件，做好战略规划。这样的环境非常重要，企业没有遇到困难、没有违法经营时，政府不来找它；企业如果遇到困难了，它会去找政府，政府就会想办法帮它解决困难，这就是深圳政府服务的特点。也因为良好的市场环境，才孕育出华为、腾讯、中兴通讯这样的企业，也才吸引到大疆、比亚迪、华大基因等企业来深圳创业。

在深圳质量阶段，市场所爆发出来的企业创新需求使深圳诞生了大批的自主高新技术企业。原来的工业区园区已经无法满足企业的需求，纯商业写字楼也缺乏科技产业创新的氛围和配套条件。因此，深圳迎来了正式的科技园区发展的爆发期，以天安数码城为代表的一大批科技园区如雨后春笋般出现在深圳的各大高新技术产业带。

在这个时期，科技园区的核心功能由生产转为研发办公，重点服务中小创新企业，为它们创造适宜的营商环境与创新氛围，并且开始逐步完善园区的配套服务功能，包括金融、投资、人才、公共服务等。这种类型的园区在当前中国一、二线城市中成为最主要的科技园区形式。

三、深圳标准阶段

这也是深圳开启的创新发展阶段。自党的十八大以来，深圳高新技术产业快速发展，以华为为代表的深圳企业越来越多地参与到国际、国内行业标准制定之中，企业核心竞争力得以增强，深圳开始进入科技、产业创新发展阶段。同时，基于高新技术产业的蓬勃发展，现代服务业也在同步发展壮大。

深圳进入创新发展阶段意味着深圳开始站在了产业竞争的最高端。从产业链的角度，在此之前，我们更多的是参与全球分工，处于中低端的生产制造和产业配套环节（富士康就是典型代表）。但进入创新发展阶段后，深圳在力争进入及逐步掌握产业链最高环节（在后文的湾区经济发展阶段划分部分将详述）。所以深圳已经不再是参与及配套的角色，而将成为西方先进国家的直接竞争对手，这也是为什么美国要打压华为、打压深圳的本质之所在。

对科技园区来说，进入这个阶段的企业的核心需求已经不再是基本的办公、研发及生产，而是如何能帮助深圳创新企业更好地获取高端创新资源。如果在获取创新资源的质量及效率上达不到西方先进国家的水平，则会使深圳乃至中国的创新企业的竞争力大打折扣，从而可能陷入中等收入陷阱。

一个国家发展到中等收入阶段（人均国内生产总值 10 000 美元～12 000 美元之间）后，可能出现两种结果：一是持续发展，逐渐成为发达国家；二是发展中经济体发现自己卡在劳动力成本上涨和成本竞争力下降的中间，无法与高技能创新的先进经济体或低收入低工资的经济体在廉价生产制成品上相竞争，导致经济发展徘徊不前。后一种结果即被称为"中等收入陷阱"。

国际上公认的成功跨越"中等收入陷阱"的国家和地区有日本、以色列和"亚洲四小龙"。而拉美地区和东南亚一些国家和地区则是陷入"中等收入陷阱"的典型代表。陷入"中等收入陷阱"的原因主要包括：一是错失发展模式转换时机，如拉美国家在工业化初期实施进口替代战略后，未能及时转换发展模式，而是继续推进耐用消费品和资本品的进口替代。二是难以克服技术创新瓶颈，在成本优势逐步丧失后，中高端市场由于研发能力和人力资本条件制约，又难以与高收入国家相抗衡。在这种上挤下压的环境中，很容易失去增长动力而导致经济增长停滞。三是受西方新自由主义影响，政府作用被极度削弱，宏观经济管理缺乏有效制度框架及调控能力。

而要成功跨越"中等收入陷阱"，就必须克服这些问题。除宏观因素之外，尤其需要在自主创新和人力资本方面持续增加投入，培育新的竞争优势。但是，这对于企业个体来说，自主获取足够的创新资源几乎不太可能。在这种迫切的形势下，科技园区作为科技创新企业的聚合载体，就应该主动站出来积极作为，这也为产业生态模式的科技园区的诞生提供了必然的历史机遇。但比较遗憾的是，虽然各界对科技园区的发展都比较重视，但目前科技园区还未被深入研究，也未形成科学的理论体系，园区功能主要还停留在招商引资阶段，未能真正定位为深圳乃至中国进一步创新发展的核心载体与平台。所以这也得出了本书的主题——科技园区价值需要创新定义。

第三节　中国科技园区的发展之路

中国科技园区实际上是一个独特的存在。西方主要发达国家并没有完整的科技园区体系，至少没有产业生态模式、产业生态体系的科技园区。其他国家或地区科技园区主要分为政府主导及市场化主导两种：前者比较典型的是日本筑波科学城及中国台湾新竹科技园（下一节将详细介绍）；后者主要是市场化的产业地产模式。但即使是前者，也是个体园区的概念，考虑的是创新资源的相对集聚，而不是完整的、大规模的产业生态体系。

产业地产模式的园区核心是地产，即使增加了一些产业生态的概念，那也仅仅是概念，或者是基于个体园区内部的小生态。另外还有一种独特的模式——新加坡模式，它是政府主导与市场化的结合体，也是园区开发模式的典范，但因为新加坡地域面积实在太小，因此在生态运营方面存在局限性。后文我们再详述。

可以打一个形象的比喻，真正的产业生态就好比热带雨林；而个体的园区，做到极致也还是街心公园。最好的街心公园应该算曼哈顿的中央公园，但中央公园也无法形成完整生态。至于中国科技园区，虽然现在还没有真正形成完整的体系，但在有中国特色社会主义市场经济理论的大框架下，却最有机会探索建立园区产业生态体系，开发运营产业生态模式的科技园区。深圳湾园区所做的探索，就是围绕这一创新主题。不过，从现状来看，中国科技园区遍地开花，但如果没有创新的战略和科学的组织，就不一定能真正结出预期的果实。

当前，中国科技园区的组织模式主要有三种：

一、政府及政府园区平台模式

这是当前最主要的科技园区组织模式。我们把它分为两种大的类型：一是纯财政投资模式，这种模式在财力比较充裕的经济发达城市比较常见，政府为支持重点产业及企业发展，采取直接开发或购买优质产业载体资源的方式形成了部分纯财政投资园区。二是政府园区平台模式，最典型的是管委会＋园区平台公司模式。为发展当地产业，政府发挥主导优势，通常做法是设立各级高新区和经济开发区，然后想方设法提升它们的层级，尽量升级为省级甚至国家级园区，以争取更多的资源。为加快园区开发，一般采用管委会＋园区平台公司的方式。一方面通过平台公司进行企业化运作，解决融资的问题；另一方面希望企业化运作能带来园区的活力。这种模式经常是理想很丰满，但现实很骨感。

如果当地产业发展有非常特别的需求，比如需要一个龙头企业弥补当地产业链重点缺失环节，并带动当地产业发展，那么纯财政投资园区有阶段性的存在必要，否则最好不要采取这种方式。纯财政投资园区由于零成本（我们将不需要计算回报率的园区称为零成本园区），所以租售定价一定远远低于市场价格。看上去是支持了企业发展，但它不可避免地会带来寻租空间及政府廉政风险。同时，如果政府直接掌握大体量零成本园区，势必带来科技园区行业不公平竞争，严重影响一个城市市场化科技园区开发的积极性，到最后可能导致好心办坏事而得不偿失。政府自身无法解决园区专业化运营服务的问题，因为政府所能提供的公共服务与企业所需的发展资源还远远不能画等号。

至于管委会＋园区平台公司模式，也有两个问题无法解决。一是园区平台公司无一例外是国有地产公司或基础设施公司，但科技园区的本质不是地产，这就是矛盾。即使是现存的产业地产公司，也还都在苦苦摸索产业与地产如何调和的问题。二是基于当地的资源局限，平台公司以及管委会都很难具备有效获取高端资源的条件。深圳市投资推广署曾经发现，在人员基本素质没有显著区别的情况下，市级招商平台的视野与格局一定远远高于区级平台，因为无论是高新区、经济开发区管委会还是其园区平台公司，基于区域产业能级的限制，都不可能按照产业规律独立建立一套完整的产业生态系统。它们基于"街心公园"的需求及条件，导致必然走向项目式的招商路径。

二、市场化模式

主要包括国企产业地产公司及民营产业地产公司。前者代表性园区包括中关村、上海张江以及各大央企在内地省市所做的产业地产项目等；后者有华夏幸福、大连亿达、联东集团、天安云谷等；还有一类混合所有制科技园区公司，包括天安数码城、苏州工业区以及上市公司武汉高新等，这些园区统一的特点便是市场化、地产化。

市场化当然值得肯定，无法市场化运作的园区一定是缺乏生态、缺乏活力的园区，而地产化则需要深入分析。首先，要肯定地产化所带来的积极作用，尤其是在城市产业发展初级阶段时的作用。比如华夏幸福的固安模式，在客观上给当地带来了产业发展，但地产化的商业模式与产业的长远可持续发展的确存在矛盾。矛盾最典型的代表其实不是以上列举的公司，而是前几年大举进军产业地产项目的房地产巨头们。巨头们以为依靠自身的强大资源能力和地产实力，攻城"圈地"及产业转型那都不在话下。结果短短数年过后，巨头们地基本都圈到了，但产业几乎是无一例外地偃旗息鼓。

对于各大产业地产公司来说，随着政府对产业用地政策的收紧，普遍都感受到了极大的经营压力。固安模式、单项目轻资产运营模式、产业小镇模式等都很难再复制，而且盈利模式也已发生根本性变化。部分产业地产公司还依托自身管理优势及供应链资源，转向了园区代建领域。总之，传统的市场化产业地产模式当前普遍陷入了发展瓶颈，如果不能尽快实现模式破局，政府不能及时加以科学的政策引导，将直接影响中国科技园区的整体发展。

三、深圳湾园区模式

因为全书重点都是研究深圳湾园区模式，所以在这里不做重复阐述。本节只是强调，打造园区产业生态系统，构建园区产业资源平台，实行园区产业专业运营，将非常有可能形成创新的科技园区商业模式，也非常有可能形成一个创新的高端服务行业。不过，需要认识的是，要创新实现这些目标，还有很多的困难与问题需要解决，尤其是在争取政府支持层面。理由很简单，科技园区不是一门单纯的生意，它与城市经济、产业发展息息相关，成功的科技园区一定不是完全靠市场化实现的。如果单纯强调市场化，就可能陷入产业地产的瓶颈无法突破，这也不是政府所希望看到的科技园区。更何况，即使是产业地产项目，都还得好好讲一个产业故事。

所以，虽然深圳湾已经走在产业生态模式的探索道路上，却迫切需要政府的支持。首先，政府应将科技园区与产业规划同步制定、同步实施，这是新加坡的成功经验，其好处一是使政府产业规划和产业引导能够有效地实施和落地，避免走入"规划规划，墙上挂挂"的怪圈；二是能使科技园区的发展与政府产业规划有机协同，避免你想你的，我干我的。第三，政府支持能大大优化科技园区发展的资源配置，科技园区不仅仅是园区平台公司的园区，更是广大园区企业的园区，也是当地产业聚集的核心平台，而高端的产业、重点的产业应该配置高端的、优质的资源。除政府支持园区引进优质产业资源外，一定要特别强调高端产业必须吸引高端人才，而高端人才所必须的文化、教育、医疗、居住、交通等高端配套单纯依靠园区平台是无法解决的，必须与城市的整体规划和产业规划有机协同。这是一个看似非常复杂的问题，但在新加坡已经有成熟的经验，后文将再详述。

总之，深圳湾园区模式就是希望依托深圳独有的创新资源开创一条全新的产业生态之路。

虽然深圳湾科技园区的创新还在路上，但业内专家均给予高度评价，并寄予厚望。

2017年，深圳市委政研室（改革办）来到深圳湾园区调研，对深圳湾园区产业生态系统的概念产生了浓厚兴趣。为进一步研究这一新的模式，市委政研室正式确定专门课题，委托深圳湾科技在园区产业生态构建的基础上，研究深圳湾创新指数，举办创新论坛，以此体现新一代核心科技园区的创新能力和创新成果。

为完成好这一任务，2018年3月，深圳湾科技专门到北京拜访了四家专业研究机构——中国社科院工业经济研究所、科技部中国科学技术发展战略研究院、长城战略研究院及国际数据集团（IDG）。应该说，这是中国创新领域的几家顶级智库机构，它们对深圳湾园区研究课题都非常感兴趣。同时，深圳湾科技惊讶地发现这几个机构的思想都非常开放，充满创新活力，这让深圳湾科技对课题调研有了更大的信心。

经过反复比较，最后深圳湾科技选择了中国社科院工业经济研究所。它是中国社科院经济学科的主要研究机构之一，是党和国家重要的思想库、智囊团，研究产业经济、区域经济等重点领域，与深圳湾园区及课题的创新属性非常切合，所以深圳湾科技最终选择了与工业经济研究所合作。

工业经济研究所时任所长是著名经济学家黄群慧。他还兼任国家制造强国建设战略咨询委员会委员、国务院反垄断委员会专家咨询组成员、"十四五"国家发展规划专家委员会委员等社会职务。在深圳湾科技初次前往工业经济研究所拜访时，黄群慧所长便亲自接待并与深圳湾科技深度沟通。在确定合作后，黄群慧所长更是组织了一个与合作研究经费不相匹配的强大团队来负责这个课题。在调研过程中，黄群慧所长先后两次亲自飞来深圳，深入园区调研。深圳湾科技有一次忍不住问他为什么这么重视这个课题。他说，现在中国发展所依托的经济理论大部分来源于西方经济学理论，但西方经济学理论并不能完全解决中国经济领域所面临的问题，因此，中国需要逐步建立一套创新的社会主义市场经济理论来支撑中国的创新发展，而走在前面的深圳是社会主义市场经济最好的实践样本，所以研究深圳的核心科技园区具有深远的意义和特别的价值。黄群慧所长还打了一个特别生动的比方，他说深圳的创新好比一架正在起飞阶段的飞机，深圳人坐在飞机上感觉不到特别的速度和力量，但飞机外的人就会感到特别震撼。

课题组经过近半年的努力，最后形成了《"深圳湾创新指数"和"深圳湾全球创新论坛"可行性研究报告》。

其中"深圳湾创新指数"的指标体系强调应跳出传统的"投入—产出"体系框架，建立一个"投入—产出"和"创新生态"并重、凸显深圳企业创新特色和创新发展生态化特色的指标体系。一级指标包括创新投入、创新效益、知识创造、创新生态以及企业创新等五大体系。同时，"深圳湾创新指数"的各项指标除选择最权威、最具公信力的数据来源外，将注重数据来源的多样性、实时性和开放性，发挥深圳信息通信与互联网产业发达的优势，适当引入并创新利用新兴的互联网大数据，使"深圳湾创新指数"成为国内首个应用互联网数据、大数据等新兴数据来源的创新指数。这不仅有助于降低数据收集成本，而且能够扩大数据覆盖面，提高整个指标体系的横向可比性。

而举办"深圳湾全球创新论坛"将对"深圳湾创新指数"进行发布，并引起各界对创新问题和城市创新发展问题的关注和讨论。除发布《深圳湾创新指数报告》外，会后可以形成中英文版本的《创新型城市的繁荣：各国的探索》，采取线上线下方式同时发布。论坛还将设置"全球创新政策的创新与协调"分论坛，由政府科技产业领导人及全球主要智库的负责人围绕政府作用和创新政策的调整和协调展开对话，会后可以形成《全球创新深圳共识》，为全球创新政策的改进和实现更加包容性的创新政策提供指南，以增加深圳在推进全球创新政策实践方面的贡献，扩大深圳创新发展模式的影响力；设置"新一轮科技革命的机遇与挑战"分论坛，由科学界和商界领袖共同讨论新一轮科技革命的趋势和应对策略。会后可以结集出版《应对新一轮科技革命：全球声音》，反映企业家和科技领袖对新一轮科技革命的深度解读和前沿观点，扩大深圳在智能化、数字化、网络化技术浪潮中的话语权；设置"聚焦深圳创新和粤港澳大湾区协同创新"分论坛，与会人员包括深圳创新型企业的企业家，前来深圳和粤港澳大湾区创业的外籍专家，国内外创新经济学的顶尖专家，会后可以结集出版《全球聚焦深圳：迈向全球创新中心》，并通过形式多样的新媒体和主流媒体加大推送和宣传。

创新指数和创新论坛需要深圳湾园区具备成熟的产业生态条件，其中的核心条件便是深圳湾园区产业生态要进入实质突破的阶段，这也是体现创新指数和创新论坛意义与价值的根本。因此，深圳湾科技并没有急于推出创新指数和创新论坛，而是通过园区产业生态的构建来积蓄力量。但通过这个可行性研究报告，大家都为这两个目标感到兴奋和骄傲，或许在不久的将来，深圳湾园区就会迎来梦想的实现，而到了那一天，就意味着深圳湾科技与深圳湾园区真正实现了脱胎换骨。

为便于读者了解创新指数和创新论坛的具体设计，本书最后收录了《"深圳湾创新指数"与"深圳湾全球创新论坛"可行性研究报告》（缩减版）

供大家参考。

第四节　国外、中国台湾地区科技园区发展模式借鉴

科技园区的发展模式，与各个国家和地区的经济体制、产业规划和产业发展阶段等密不可分。因此，科技园区不存在复制的概念，但可以学习和借鉴，以及资源互补。本节对部分国家和地区的重点科技园区进行简要介绍，以期帮助大家拓展思路。

一、新加坡科技园区

新加坡独立后，基于其太平洋、印度洋两大洋航道要冲的交通区位优势，大力发展港口航运建设，并从转口贸易港起步，积极吸收跨国资本发展石油化工、电子信息、生物医药等产业。在产业发展过程中，"政府主导、市场化运作"的科技园区模式发挥出巨大作用，既发挥市场配置资源的优势，又强调政府的宏观调控作用，园区开发运营高效有序。50 年来，新加坡以裕廊工业区为代表的 40 多个工业园区、科技园区迅速得以发展，并形成园区发展的独特模式。进入新世纪后，随着新加坡科技园区发展经验的积累及产业转型升级的发展需要，纬壹科技园作为最新一代园区应运而生。

20 世纪 90 年代末，为推动新加坡产业从资金、技术密集型向知识密集型发展，新加坡积极规划发展最新一代的生物医药、信息传媒等前沿产业。同时从 1998 年开始策划，2000 年正式提出"工作、学习、生活、休闲"于一体的活力社群概念，并以此概念规划出了纬壹科技园项目。纬壹科技

园从 2001 年开始正式建设，占地 2 平方千米，计划投资 150 亿新元，开发周期为 15~20 年（目前进度滞后于原计划）。总开发商为裕廊集团（政府法定机构性质的工业地产开发机构）。但在具体项目开发时，裕廊集团与各个领域的专业开发商进行合作，将不同的项目向社会进行招标。园区最初规划为科技园区，后逐渐发展为创意园区（知识型产业和高效的信息分享），旨在推动新加坡向知识型社会转型。

新加坡是在科技园区开发运营方面将"政府主导、市场化运作"运用得最好的国家。可以说，新加坡经济、产业发展史就是科技园区的发展史。但新加坡科技园区的局限性在于国家太小、市场空间不足，因此无法构建园区产业生态圈。新加坡园区运营模式可概括为招商 + 物业管理。新加坡政府部门拥有强大的招商能力（后面章节将详述）。但因国家太小，园区企业入驻满之后，也无须特别的专业运营。

新加坡国有园区运营平台国际业务的拓展主要是两种形式：一是与中国、马来西亚等国建立的重资产合作园区模式，最有代表性的是苏州工业园，以及中国各省市的若干个中新合作科技园，但这些园区基于多股东合作、产业生态体系不明确等多种因素，实现可持续发展的项目并不多见；二是轻资产顾问咨询模式，最有代表性的是新加坡盛裕集团，其团队源于新加坡安居地产盛邦集团和工业地产裕廊集团的设计部门整合而来，随后通过自身发展及并购方式将业务拓展到顾问咨询、建筑设计、基础设施建设管理等多个方面，每年营收已超过 100 亿元人民币。盛裕集团的短板在于缺乏园区专业运营团队，这也是当前该公司正在努力的部分，但盛裕集团的顾问咨询业务非常值得学习借鉴及合作。

如果说只能选择一个模式进行学习，那无疑就是新加坡模式。除了产业生态大体系的短板外，它是非常完美的。

二、美国硅谷

硅谷并不是科技园区，而是类似于我们国家的高新区片区。硅谷很早就是美国海军的研发基地，这是硅谷很重要的产业基础，但硅谷的真正形成，却与斯坦福大学工业园相关，这也是硅谷少有的正宗科技园区。"二战"结束后，斯坦福大学拿出 1000 英亩土地开辟工业园，以极低廉、只具象征性的地租，长期租给工商业界或毕业校友设立公司，再由他们与学校合作，提供各种研究项目和学生实习机会，斯坦福也成为美国首家在校园内成立工业园区的大学。得益于拿出土地换来的巨大收获，斯坦福使自己置身于美国的科技产业前沿，工业园区内企业一家接一家地开张，不久就超出斯坦福所能提供的土地范围，向外发展扩张，形成了美国加州科技尖端、精英云集的"硅谷"。

硅谷发展的另一个重要渊源是 1956 年晶体管的发明人威廉·肖克利（William Shockley）在斯坦福大学南边创立的肖克利半导体实验室。1957 年，不善管理的肖克利决定停止对硅晶体管的研究。当时公司的八位优秀年轻工程师（其中包括诺宜斯、戈登·摩尔、斯波克、雷蒙德）集体跳槽，并在一位工业家 Sherman Fairchild 的资助下成立了仙童半导体公司。

由于诺宜斯发明了集成电路技术，使得仙童公司平步青云。1965 年，戈登·摩尔进一步总结出了集成电路上面的晶体管数量每 18 个月翻一番的规律，也就是人们熟知的"摩尔定律"。同时，仙童半导体公司的工程师们不断建立新的公司。1967 年初，斯波克、雷蒙德等人离开仙童公司，自创国民半导体公司（National Semiconductor）；1968 年仙童公司行销经理桑德斯创办了超微科技公司（AMD）；同年七月，诺宜斯、戈登·摩尔、安迪·葛洛夫又离开仙童公司成立了英特尔公司。虽然仙童公司从 20 世纪 80 年代开始走向下坡路，并最终销声匿迹，但由仙童公司成员所创建和所裂变的上市公司在硅谷及全美国已近百家，并推动硅谷客观上成为美国新技术的摇篮，也成为世界各国高科技聚集区的代名词。

所以说，硅谷的发展与科技园区有关，但硅谷并不等于科技园区。不过，依靠前沿产业带动一个地区的创新发展，依然对科技园区产业生态构建具有很强的借鉴意义。

三、日本筑波科学城

筑波科学城是由政府主导发展而建成的。20 世纪 60 年代，日本政府为实现"技术立国"目标而建立筑波科学城，开创了科学园区建设新模式。1974 年，日本政府开始将 9 个部 (厅) 所属的 43 个研究机构，共计 6 万余人迁到筑波科学城，形成了以国家实验研究机构和筑波大学为核心的综合性学术研究机构和高水平的教育中心，也是现在日本最大的科学中心和知识中心。

筑波科学城的形成和发展，完全采用政府指令方式进行，从规划、审批、选址到科研等整个过程和运行完全由政府决策。科研机构和科研人员也都由政府从东京迁来，各种设施都需经行政审批配备，私人研究机构和企业也由计划控制。

作为完全由政府主导的科学园区，筑波科学城为日本的科技发展做出了巨大贡献，但筑波科学城的发展模式存在明显的弊端。筑波科学城以国家级研究机构为主体，并享有政府的财政拨款，园区内缺乏相应的创新激励机制；园区内研究机构、企业、市场没有形成完整的研产学销的链条，研究成果转化率较低；园区的参与主体和运行机制都比较封闭，缺乏与国外先进文化与技术的联系与交流。

1996 年，日本制定了《科学技术基本规划》，将筑波科学城定位为信息研究、交流的核心，并致力于筑波科学城的转型与再发展。2001 年，国家级研究机构均转型为独立的管理机构，健全了机构的创新机制，消除了国有科研机构的制度惰性。在新的管理制度与科技政策的支持下，科研机构拥有了更多的自主权，并积极研发先进技术，推动技术的产业化应用，这在一定程度上促进了筑波科学城的创新发展。

应该说，筑波科学城在科技园区运营模式上是一个很好的反思案例。科技园区的活力与价值一定是源自市场与生态，而不能停留在规划与计划上。

四、台湾新竹科学园

中国台湾新竹科学园于 1980 年 12 月正式成立。经过 40 年的建设，新竹科学园逐步走向成熟。园区企业超过 560 家，员工超过 15 万人，园区产值每年超过 2000 亿元人民币。园区最重要的产业——集成电路产业占园区总产值的 70%，这也是台湾产业的核心竞争力。新竹科学园是全球最大的电子信息制造中心之一，涵盖 IC 设计、IC 制造、IC 材料、IC 封装调试和制造设备等上、中、下游完整的产业链体系。

新竹科学园的发展离不开三大优势：一是拥有台湾工业技术研究院等几十家高端科教机构，包括工业技术研究院和精密仪器发展中心、天然气研究所、（台湾）清华大学、交通大学以及中华理工学院等，是台湾地区主要的科研、教育中心；二是培育集聚了 IC 代工和信息硬件制造的领军企业群体，包括全球芯片设计排名第三的联发科、全球晶圆代工排名第一和第二的台积电和联华电子、全球最大的智能手机代工和生产厂商宏达电子、全球第二大个人电脑品牌宏碁电脑、全球最大的芯片封测公司日月光集团等，引领新竹信息制造产业集群代工生产全球 80% 电脑主板、全球 80% 的图形芯片、全球 70% 的笔记本电脑、全球 65% 的微芯片、全球 95% 的扫描仪；三是创造了芯片制造保税产业链政策环境，把集成电路的 IC 设计、芯片制造、封装测试等产业链几大环节实行保税监管，产业链出口产品设计和制造企业之间的流转税不征不退，零部件全程保税，便利化运作大大降低了税费成本、商务成本、监管成本，提升了竞争力。

新竹科学园模式也非常值得借鉴，它与新加坡模式类似，但发展背景、运作方式各有不同。新竹科学园的管理运营模式还是以政府为主导，同时由于台湾市场过小，使得台湾企业必须走国际化道路，因此它也无法主导形成完整的园区产业生态。

第五节　一流科技园区的进阶逻辑

深圳湾科技园区一开始的目标便是打造世界一流的科技园区，但到底什么是世界一流的科技园区，其实并没有一个成熟的标准，也暂时没有标准答案。而且科技园区并不像一般的产业，有非常明确的行业属性和上下游关系。前文介绍的世界各地科技园区也各有各的模式和特点，很难形成可复制的标准。

直到 2019 年 12 月，成都开始倒逼深圳湾科技去思考这个问题。

在这个月，成都市委主要领导率队考察深圳，其中重点考察了深圳湾科技园区。在新闻通稿中成都市是这样描述的：

科技园区是一座城市的创新活力区。近年来，深圳创新科技园区运营管理，吸引了大量科技企业集聚发展，在深圳湾科技生态园就入驻了一批人工智能领域独角兽。市委主要领导一行来到这里，详细了解园区运营管理模式。成都市领导强调，要学习借鉴深圳经验，以产业功能区为载体，创新运营管理机制，加强与专业化机构合作，大力发展楼宇经济，为企业创新发展提供更加专业、更加精准的要素资源和政策支持，提供更加优质、更加便捷的服务保障，构建产业生态圈、创新生态链，吸引带动更多头部企业集聚发展。

在随后成都市的专题会议中，成都市委主要领导进一步明确要求成都与深圳湾科技合作开发运营重点园区项目，并指定成都产业投资集团牵头推动。同时，按照成都市《2020 年产业生态圈和产业功能区建设工作计划》，在成都规划建设 14 个产业生态圈和 66 个产业功能区的基础上，明确要求在产业功能区核心区规划建设高品质科创空间。锚定产业生态圈创新策源地和新经济主导产业方向，重点布局全市"11+2"中心城区和东进区域 9 大片区开发单元。在产业功能区核心起步区打造集研发设计、创新转化、场景营造、社区服务等为一体的生产生活服务高品质科创空间，并且要求在 2020 年 12 月前，全市涉及区(市)县新开工、续建及已建成的科创空间总建筑面积不低于 1000 万平方米。就这样，成都一举成为支持科技园区建设力度最大的超级城市。

成都的目标是提出来了，但不能仅仅是一个目标。对于如何去理解、把握这个目标，相信成都市各区各部门都还存在诸多疑惑。对于科技园区，毕竟大部分人除了企业空间载体的概念外，并没有过多的认识。成都产业

投资集团除积极推动与深投控及深圳湾科技合作的同时，也在 2020 年 6 月
29 日的成都新经济"双千"发布会高品质科创空间专场活动中提出了这个
终极之问——什么是高品质科创空间？其实就是问什么是世界一流的科技
园区。

　　深圳湾科技是被成都作为科技园区专业机构邀请过去作经验介绍的，
经过梳理归纳，深圳湾科技总结了一流科技园区的三个特点，也是三个阶
段，同时也体现了科技园区的进阶逻辑。

一、高品质产业空间

　　一流科技园区首先要能为科技产业提供优质产业空间。深圳湾科技在
实践过程中总结出来，如果是生产制造环节，可以布局在相对偏远、成本
更低的区域；但如果是总部、研发等高端环节，一定要布局在城市的核心
区域。因为高端产业需要高端人才支持，而高端人才应该有文化、教育、
医疗、住房、交通等全方位的高端资源配套才足以吸引，否则就是叶公好龙。
另一方面，产业空间不仅止于建筑档次，更包括与产业需求相配套的功能
条件。比如实验室条件、中试空间、承重层高、公共技术平台、商业服务
等配套资源空间等。科技园区需要比企业个体更能提供全方位的产业空间
条件，因为园区平台比企业的资源能力更强。同时，为满足产业生态的需要，
科技园区还需要足够的体量，这个体量至少应该在百万平方米级以上。

　　以深圳湾园区为例，深圳以东西狭长的城市地理特征形成了城市双中
心——福田政务商务中心与南山科技产业中心。深圳湾园区 7 大园区均位
于深圳核心创新区——南山区辖区范围内的深圳高新区，园区占地面积 60
万平方米，建筑面积达 360 万平方米。大体量的核心科技园区为深圳产业

创新生态的打造及创新企业的发展提供了核心的高品质产业空间。而且，深圳通过招、拍、挂的方式，将深圳高新区核心产业用地出让给国有科技园区平台，一举打破传统的直接出让给科技企业的供地模式，在有限的土地资源上建设更多的优质产业用房，支持更多本土中小创新企业发展，这也与深圳市场化创新优势的形成息息相关。

深圳湾科技在成都重点推动的项目是计划与成都国有企业共同组建合资公司，开发运营新经济小镇项目。项目片区是成都市中心仅存的连片产业用地，如果用于商业性开发，将为当地政府带来巨大的短期经济利益。经过深入沟通，成都方以极大的诚意、以极富战略的眼光愿意共同将该项目打造为新经济总部基地，成为成都转型升级及未来产业发展的重要引擎。

但在这个项目推动中，深圳湾科技也遇到了一个问题，即现有土地政策不支持深圳湾园区的产业生态模式。由于产业生态模式在科技园区还是一个新生事物，也由于房地产的高温还远远未实质退热，所以产业生态模式的科技园区虽然与房地产没有实质关系，但很容易躺枪被误伤。现在各个城市的产业用地政策基本是两个极端：一是采用市场化招、拍、挂方式或市场化遴选方式，将产业用房基本等同于住宅地产和商业地产，但这样的结果是入驻企业最终要被迫接受不断抬高的物业租售价格。二是政府通过财政资金自行开发或要求开发方只租不售，全部自持，但这样的项目除政策性平台外，市场化企业根本通不过立项，因此几乎断送了科技园区发展的市场化、专业化未来。

以科技园区支撑城市产业发展，这是一个最优选择，但科技园区开发模式远远不是1+1=2那么简单，不可能靠一个一刀切的政策就可以实现产业发展目标。任何极端的方式看上去都有很充分的理由，但应该核心考量是否与产业发展规律相吻合。

对于成都新经济小镇项目，深圳湾科技向成都方提出最优供地方案建议，将产业用地与住宅用地、配套用地打包进行综合供地。大面积综合供地首先考虑的是产业用房要有足够的体量（深圳湾科技建议的是首期产业用房应在 100 万平方米之上），大体量才能容得下产业生态。之所以要将住宅用地打包进来，不是看中住宅地产项目的利益，也不只是基于项目收益平衡的考虑，而是出于打造产业生态配套的考虑。后文将会专章阐述，园区产业生态系统不仅仅是产业的集聚，同时也需要方方面面的城市资源配套，而高品质住宅、学校、医院、文体中心等是高端人才必不可少的配套设施。而且采用综合供地的话，这个项目的住宅部分不仅不会拉高成都的房价，相反新经济小镇项目还可以与政府共同约定优惠租售价格为人才配套，在一定程度上还可以抑制当地区域的房价上涨。深圳湾核心园区一直坚持的低租金、低售价政策已经起到了有效稳定深圳高新区范围产业用房租售价格的作用。同时，新经济小镇项目今后也能以优质住宅、优质学位等为配套条件吸引优质企业入驻园区。应该说，这对供地政策来说是一个全新的课题，但这是一个有意义的课题。深圳湾科技园区本身就是深圳用地方式创新突破的示范项目，而成都实际上有更好的土地资源条件去创新。

当深圳湾科技将建议提出时，成都方的第一反应是不可能操作，也认为成都比不上深圳的创新力度。深圳湾科技强调，合作项目需要体现的就是创新精神，深圳经济特区成立 40 周年庆祝大会之后，内地省市纷纷来深圳学习改革创新精神，但创新需要以具体项目来进行实践。而且，在深圳成立 40 周年庆祝大会后仅仅两天，中央政治局会议便正式审议《成渝地区双城经济圈建设规划纲要》，为成渝地区形成优势互补、高质量发展的区域经济布局，打造带动全国高质量发展的重要增长极和新的动力源描绘了宏伟蓝图。深圳的经验就是看准方向，大胆地干。既然双方都已经认同科技园区的产业生态模式，那为什么不去努力让它实现呢？在深圳湾科技的鼓励之下，成都方目前已在积极推动创新，为项目落地创造条件。或许这已经体现出来了深圳的作用和价值，也热切希望成都也开出像在深圳一样的创新之花。

二、高品质产业资源

在具备高品质产业空间的基础上，需要做的是集聚高品质产业资源，这其实主要是高品质招商。深圳湾科技园区目前入驻创新企业已超过 1000 家，既包括华为、腾讯、字节跳动、空客、三星、西门子、埃森哲等世界顶级企业的创新机构和以顺丰为代表的 52 家上市公司，也包括众多极具特色的深圳自主创新中小企业。产业涵盖信息软件、人工智能、数字经济、智能制造等多领域重点前沿产业。园区企业年总产值超过 2500 亿元，税收超过 150 亿元。深圳湾园区企业代表了深圳乃至全球的顶级创新资源，具备强大的产业链引领、辐射能力，因此，深圳湾园区可以说具备高品质产业资源。

而成都，也已经具备这样的招商能力。成都是国内为数不多招商能力超强、招商成绩突出的城市。2011 年深圳设立投资推广署时，考察学习的第一站便是成都市投资促进委员会。对当时的招商"小白"——深圳市投资推广署来说，成都市投促委是一个神一般的存在，随便拎出一项工作、一个举措来都是宝贵的经验。比如，成都市投促委是成都市政府组成部门，这在招商机构中应该是独一份，说明了招商部门在政府体系中的地位与作用；又如，成都市投促委是全国招商部门中少有的具有产业用地决策权的产业发展部门，将产业用地决策权交给了解产业需求的部门，这也是非常难得的；还有，成都在区县产业规划布局上非常专业、非常严格，每一个区县都有特定的产业方向，既保证了产业的集聚与资源的充分利用，又避免了各区县的同质化竞争；此外，正因为成都市投促委招商工作突出，据说招商干部会得到特别的提拔重用，有为就有位，这是最好的导向。

不过，对一流科技园区来说，还不能停留在高品质产业资源阶段。因为优秀企业落户园区，它的价值基本还停留在静态的价值，即企业本身就具有的价值。如果科技园区只是为园区成百上千的企业提供基本的物业服务和配套服务，那就浪费了这么好的资源。对于园区也好、城市也好，光招好商还远远不够，更重要的是要实现招商时对企业的承诺——支持、保障企业在当地有更大的业务发展空间，实现更大的经营目标。而在这个方面，不仅仅需要更好的创新思维，而且对园区及城市如何获取更好的资源来为企业服务提出了更高的要求，这种要求实际上就是产业持续转型升级与创新发展的要求。

在这个阶段，成都虽然也已具备较好的产业基础，但很难完全依靠自身资源去打造产业生态模式的科技园区。因为这种模式还需要两个要件：一是需要最高端的产业资源，在这方面成都与深圳还有相当的距离；二是需要专业运营团队，这是成都短时间内难以培养的，因为专业团队的培养不是靠自身努力或市场化招聘人才就能实现，它也与高端产业资源环境直接相关。何况，成都已经找到了深圳湾科技这个合作伙伴，又何必舍近求远呢？

中国有个别城市，招商能力也特别强，但相对忽视了对产业未来转型升级的专业规划与有效实施，也使得城市产业的发展后来遇到了很大的瓶颈。要解决这个问题，科技园区必须升级到专业运营阶段，即一流科技园区的第三个阶段。

三、高品质产业运营

所谓专业的园区运营，就是要将园区静态的产业资源变成潺潺活水，成为有机的产业生态资源，支撑园区企业成长的速度更快、成功的概率更高。而园区本身则将演变成为产业资源平台，并使园区内的所有资源都创造出更大的价值，这种园区运营，才称得上是高品质产业运营。

深圳湾科技园区在核心园区独有的产业空间和产业资源的基础上，强调产业生态系统及园区资源平台的构建，打造科技园区产业生态运营新模式，形成科技园区的深圳湾标准。园区已构建起集产业资源系统、专业服务系统、公共服务系统及商务服务系统于一体的园区产业创新生态系统，为园区企业创新发展提供全方位的资源服务，并已打造出一支具备产业运营能力的专业团队，高品质产业运营已成为深圳湾科技园区的核心竞争力。在高品质产业运营阶段，园区平台公司的行业属性就会发生质的变化，会变成行业专业机构，会变成资源交易平台，会变成创新投资机构，会变成大数据公司，会变成人工智能公司，会变成创新金融服务公司，甚至会变成信用平台等，唯一不变的是越来越不像地产公司。所以到了这个阶段，科技园区平台就真正与房地产行业基本没有关系了，这将在商业模式章节详述。

深圳湾科技选择成都进行重点合作，既是"圈层梯度"理论的要求及实践的需要，也是深圳企业发展的现实需求，更将体现出深圳的先行示范作用。深圳企业的发展壮大需要拓展西南市场，而且深圳与成都在产业类型及产业链环节上具有高度的一致性和关联性；而成都本土企业的创新发展，也离不开深圳这样的顶级创新城市资源的支持。因此，深圳湾科技需要在深圳湾核心园区的基础上，通过成都这样领先的区域性经济中心城市来验证深圳湾园区产业资源平台及创新商业模式的价值，并形成科技园区平台协同的示范，这就是深圳先行示范和辐射带动的具体体现。同时，成渝地区双城经济圈建设发展已经成为国家战略，对于成都来说，也亟须突破地域资源限制，与粤港澳大湾区形成更紧密的协同关系，而科技园区协同则成为成都与深圳开展产业协同最好的载体和平台。因此，新经济小镇项目从一开始就不是一个单纯的科技园区项目，承载了更高的价值与使命，甚至将成为体现中国区域协同发展与中国式创新的示范项目。

深圳湾园区的产业生态模式也会给当地政府带来一些担忧，即产业链及产业生态资源的协同是否会带来产业和企业的溢出和流失。深圳湾园区在疫情最严重的 2020 年，用事实证明了产业生态模式不但不会造成企业流失，而且将支撑当地产业转型升级。在深圳湾科技所运营的 360 万平方米的深圳湾七大核心园区，2020 年末交出了一份出租率为 95% 的惊喜成绩单（远高于周边园区、写字楼 70%~75% 的整体出租率）。虽然园区也有部分企业因经营原因退租，但园区 2020 年全年新引进优质企业 349 家，新出租面积达 33 万平方米，完美实现了新旧更替。其中引进的头部企业亮点纷呈，华为鲲鹏产业源头创新中心最终选择落户深圳湾园区；华为昇腾人工智能创新中心也即将落户园区，形成华为双产业生态与深圳湾园区生态融合发展的大好局面；字节跳动落户园区，将为深圳创新的总部经济带来强大活力；兆易创新、长鑫存储等两家国产存储芯片龙头企业也双双落户等。

深投控也非常重视深圳湾科技拓展成都白鹭湾项目，并对项目以两大标杆定位予以支持。首先是与成都方共同将新经济小镇项目打造成为成都乃至四川省的高品质科创空间示范项目，习近平总书记在深圳经济特区 40 周年庆祝大会上的讲话中强调，要完善要素市场化配置体制机制、创新链产业链融合发展体制机制。科技园区就是这两个机制创新发展的重点领域，深圳与成都携手发展更体现出了深圳的先行示范及辐射带动作用；其次是将新经济小镇项目开发运营公司打造成为国企改革的示范标杆，在中办、国办印发的《深圳建设中国特色社会主义先行示范区综合改革试点实施方案（2020—2025 年）》中明确要求深圳"深入推进区域性国资国企综合改革试验，支持建立和完善符合市场经济规律与企业家成长规律的国有企业领导人员管理机制，探索与企业市场地位和业绩贡献相匹配、与考核结果紧密挂钩、增量业绩决定增量激励的薪酬分配和长效激励约束机制"。因此，从一开始就赋予新经济小镇项目开发运营公司国企改革示范的任务更加具有意义和价值。同时，深圳湾科技将在全力以赴做好新经济小镇项目的基础上，进一步将项目公司定位为深圳湾科技在西南区域的科技园区平台总部公司，去描绘更大的蓝图。

第二章

全新实验：构建科技园区产业生态系统

第一节　深圳湾科技园区首画生态蓝图

科技园区产业运营一直是行业内在积极探讨与探索的课题，不过，在对园区本质属性及商业模式没有明确战略方向的前提下，就不可避免地停留在讲 PPT 的阶段，难以取得实质的突破。

在这个探索过程中，"智慧园区"成为一个很火的概念。但从一些科技园区的实践来看，它还难以承担科技园区行业创新突破的重任。首先，"智慧园区"更多的是信息技术的概念，而不是产业培育的概念；其次，"智慧园区"所提供的服务相对局限在园区配套服务上，未能触及解决企业发展的核心需求；其三，"智慧园区"尚未从构建科技园区新的商业模式角度去发展。这都注定了"智慧园区"只能是科技园区行业发展中的匆匆过客，而无法成为一个全新模式。

深圳湾科技园区则自加压力，直接将创新瞄准科技园区的"无人区"——产业生态模式。

瞄准"无人区"，但不能无知无畏。

深圳湾科技园区打造产业生态模式，具备天然的优势和条件。

　　第一，深圳湾科技园区坐拥独一无二的创新资源。深圳高新区是深圳的核心创新区域，而深圳湾科技园 7 大园区占据其中最核心位置。360 万平方米的园区体量，园区 52 家上市公司、超千家创新企业，都代表着深圳科技产业创新的最高标杆。驰名中外的粤海街道办的大部分重点企业，其实都在深圳湾科技园区之内。只有拥有丰富的高端产业资源的科技园区，才具备打造产业生态的条件。

　　第二，深圳湾科技园区一直有着浓厚的创新创业生态氛围。位于深圳软件产业基地的深圳湾创业广场 2014 年即全面开街，汇聚国内外顶尖的近 50 家孵化、创投机构，并成为第一届"深圳国际创客周"和第二届全国"双创周"的主会场。第二届全国"双创周"期间，李克强总理亲临会场并主持中外创客领袖座谈会，盛赞"双创周"主会场活力无限，令人难以想象。至此，"北有中关村，南有深圳湾"的名头流传创新创业江湖，深圳湾科技园区品牌影响力由此打响。

　　第三，政策限制倒逼运营模式创新。在深圳湾园区项目拿地之时，市政府为体现对高新技术产业及企业的扶持，特别约定、创新了一系列的政策条件。既有政策的突破，也有政策的限制。突破的政策主要是将 M1 改 M0，深圳湾园区作为深圳第一批 M0 试点项目，突破了原有的 M1 在容积率、配套比例、分层分户销售等方面的限制，但同时又对租售价格进行了限制。以 2011 年为基准，以当年市场价的 70% 作为深圳湾园区产业用房租售价格的基准价。这些限制性条件在 10 年后却成为了深圳湾科技园区重要的竞争力，也成为深圳湾园区轻资产模式输出时独特的运营策略。这是个非常有意思的话题，很有点"祸兮福所倚"的感觉。

　　政府对园区租售价格进行限制，导致园区地产收入大幅减少。但意想不到的是，租售价格限制对入园企业来说就是租售价格优惠，所以，深圳湾园区自开园以来，产业用房就供不应求，甚至一度要大排长队。园区由此具备了招商选商的条件和机会，园区企业质量远高于同类型、同区域其他园区的企业。同时，由于租售价格优惠，虽然地产收入减少，但园区在地产租售业务上花费的精力也大大减少。再加上前文所述两个特殊优势条件的加持，深圳湾科技园区抓住机会，开始积极探索运营模式创新，用心构建园区产业创新生态系统。

而在之后运营业务的创新发展中，轻资产顾问咨询业务得以迅速发展。在对外输出深圳湾模式中，对园区租售价格的限制成为深圳湾科技向内地省市园区平台提出的一个重要策略和建议，目的是帮助当地吸引优质企业，打造产业生态，这又与政府支持产业、扶持产业，避免科技园区房地产化的导向完全一致。

所以可以看出，事物的辗转变化往往是一件非常奇妙的事。

有了这些核心基础，深圳湾科技园区产业生态模式的概念应运而生。

在产业地产模式根深蒂固的影响下，如何才能让产业生态模式萌芽和成长？2017年11月17日，深圳湾科技在深圳五洲宾馆举办了一场特别的活动，名为"深圳湾科技园区产业创新生态系统发布大会"。其实这场活动，与其说是生态发布，不如说是使命宣言。它代表着深圳湾科技园区以誓不回头的精神，正式宣告将科技园区产业创新生态的构建作为园区的战略使命。

由于深圳湾科技园区已经具备一定的影响力，这场活动得到了社会各界，尤其是科技园区行业内的高度关注。原本计划300人的规模，但大会报名异常踊跃，最后实际参会的嘉宾超过了500人。

虽然行业内三年前还没有园区产业生态系统的明确概念，虽然深圳湾园区生态运营也才刚刚起步探索，但这次大会的主要内容却仍然值得回放：

（1）**深圳湾科技发布的园区产业创新生态系统引起了行业内的热烈反响**。行业内第一次突破增值服务、配套服务的概念，对园区产业生态的构成、要素及相互关系进行了系统的分析和提炼，形成了1+3的园区生态系统框架（产业服务子系统 + 专业服务子系统、公共服务子系统、商务服务子系统）。深圳湾园区的专业运营自此有了明确的指引和方向。而且，深圳湾园区也成为行业转型升级的风向标，得到行业内的广泛关注，也为科技园区体系今后的大联盟打下了基础。

（2）**金融业务协同产品及服务发布探索园区价值空间的未来**。活动基于深投控金控平台的优势，全面推出投控系统产业母基金、科技担保、科技保险、创业投资等特色产品及服务方案。2017 年，产业地产模式还非常盛行，产业小镇等概念也如火如荼，但深圳湾园区始终坚持，除了专业运营创造价值空间巨大外，科技园区未来的价值空间更在于金融与投资的创新，这在后文中还将重点阐述。

（3）**MyBay 平台正式上线**。MyBay 作为深圳湾智慧园区 App，刚上线时虽然还不是特别完善，但却充分体现了科技园区线上服务平台的基本理念和原则——优质、优惠、便利、安全。而且 MyBay 定位为围绕企业发展全生命周期的一站式资源提供平台，而不是简单的配套服务平台。在大会上，体现 MyBay 服务理念的是业务部门自行制作的一段 3 分钟动画视频，虽然简短，但成为经典。3 年过去了，深圳湾科技还经常用它在各种场合作为推介视频，竟然并不过时。

（4）**园区公共服务创新模式**。在以"双创"为主题的深圳湾创业广场基础上，深圳湾科技与南山区政府在深圳湾科技生态园共建深圳湾创新广场公共服务创新模式。以党建工作为统领，创新园区公共服务，整合政府职能部门、群团组织、专业服务机构、社会组织等资源，形成公共服务枢纽平台，推出"共享自治"理念下的园区公共服务理事会管理模式。大会当天，南山区领导亲自上台，以"到企业中间，在员工身边"为主题，作了充满感情的演讲，得到与会企业嘉宾的高度认同。

（5）专家看好科技园区产业生态发展。 上海交大安泰经济管理学院陈宪教授作为总理经济座谈会专家，长期研究创新创业理论。他多次来深圳湾园区实地调研，认为深圳湾园区是创新创业的范本，也非常认可深圳湾科技提出的科技园区是产业孵化器的概念。本次大会他专程从上海赶过来，作了题为"深圳湾创新生态的发展方向"的演讲。他认为，如果将以前的园区比作"市场"或"工厂"，那么，产业生态园区就是众多物种杂居，有可能产生"新物种"的"雨林"。在"雨林型"创新生态中，新的科技创新成果就会在一定概率下产生，创新生态的品质就是由这个概率来体现的。

这次生态发布大会的筹备过程"步步惊心"。因为它首先不仅仅是一次活动，它还决定深圳湾园区的运营转型，甚至是商业模式改变的一次宣言。"宣"容易，但"言"什么？怎么"言"？都是摆在深圳湾科技面前的大课题。为达到更好的宣传效果，深圳湾科技必须赶在每年一度的"高交会"期间举办，因此活动筹备期只有短短一个月时间。

在活动筹备过程中，深圳湾科技得到了深圳市投资推广署在园区重大项目签约、会务活动组织等方面的大力支持。市投资推广署主要领导还给了一个"点睛"般的建议——将"产业生态系统"改为"产业创新生态系统"。增加的"创新"二字，也成为深圳湾园区之后专业运营和商业模式的核心点。

大会还举行了园区产业生态联盟启动仪式。高通虽然最终没有落户园区，但正式同意成为园区产业生态联盟的发起单位。这对要求严谨的世界500强科技龙头企业来说是非常难得的，而且其负责深圳创新中心的全球副总裁还坚持抱病出席了大会。

园区产业生态联盟还有一个非常有意思的发起单位——《第一财经》杂志社。作为上海的专业财经媒体，时任 CEO 周健工特别看好深圳创新环境，也积极要求让《第一财经》深度参与深圳湾园区产业生态的打造。《第一财经》在上海有一个重要的品牌活动——技术与创新大会。这个活动本来只在上海举办，但在深圳湾科技的建议下，《第一财经》从 2018 年开始，每年上半年、下半年分别在上海和深圳各举办一场创新大会。作为财经专业媒体，《第一财经》非常棒。

至此，一个看似不可能完成的任务竟然圆满完成了。不过，对活动来说，任务已经结束，但对深圳湾园区来说，产业生态之旅才正式起航。

产业生态之所以重要，其逻辑来源于企业不同发展阶段对资源的需求。

在企业的 0~1 阶段，即从企业创立到产品成型之前，这个阶段最核心的资源是创始人、核心技术及商业模式，这也是天使及创投机构筛选项目时最看重的因素。这三个因素的共同特点是它们都属于创业企业自身的资源，这也解释了为什么乔布斯最早在车库就可以创业。在这个阶段，创业企业的成功主要靠的是自己的实力和资源。

但到了企业的 1~100~1000 的阶段，企业开始走向批量生产、走向市场。这时候企业所面临的问题就会变得复杂。比如批量生产需要协调解决生产工厂、供应链等一系列问题。为什么富士康那么牛，就在于它有把天量级的产品做到质量一致的核心能力，但并不是每个初创企业都有机会得到这样高标准的代工支持。而拓展市场时，企业遇到的问题会更复杂，包括市场渠道、融资渠道、品牌推广、法律服务、商务人才等。要解决这些问题，需要企业掌握大量的外部资源，而初创公司恰恰缺乏的就是这种资源，所以大部分的初创公司就死在这个阶段。

但有了科技园区之后，情况就会发生积极的变化。因为科技园区运营平台完全可以成为一个全方位的资源平台，成为园区企业发展的资源支撑平台。而企业所需的这些外部资源，就是深圳湾科技归纳的1+3园区产业生态系统（产业服务子系统＋专业服务子系统、公共服务子系统、商务服务子系统）。

当企业发展到了10 000的阶段之后，就成为了行业龙头企业。行业龙头企业是产业生态的龙头，这个阶段的企业需要生态体系的支撑，即需要一个上下游有机结合的产业生态来支撑它稳定并创新发展。那这个产业生态在哪里，产业生态如何创新等是本章主要阐述的问题。

第二节　空客创新中心带来产业生态惊喜

深圳湾园区的空客中国创新中心项目即属于重点细分产业服务资源的典型案例。空中客车作为龙头企业，它负责为上下游中小企业提供行业资源，牵头打造产业生态。

2017年10月，深圳市投资推广署告知深圳湾科技，空中客车准备在中国设立创新中心，将马上安排团队来中国落实选址，深圳是重点候选城市。投资推广署邀请深圳湾科技一起参与项目对接，因为他们认为深圳湾科技园区是空客创新中心落户的不二之选。

到访深圳的空客团队只有两个人。一位是刚刚到任的中国创新中心CEO罗岗。罗岗在天津大学获得自动化本科学位，在伦敦商学院获得工商管理硕士学位。他的职业生涯始于深圳的中兴通讯股份有限公司，又曾担任优步中国南区总经理。优步中国于2016年被滴滴收购后，他出任滴滴出行汽车后市场负责人。所以，看似他的职业经历跨界很大，却有很强的逻辑性。而运营创新中心，不就是需要跨界吗？团队的另一位是空客中国的 CTO。他是个大胡子的法国人，原来在富士康工作过多年，所以中文讲得还很不错。

罗岗介绍，空客认为深圳是真正的中国硅谷，但深圳和美国加州的硅谷又有不同：深圳在硬件制造、电子工业、航空航天及其他领域独具活力，空客在深圳设立创新中心，最希望能吸引深圳高端人才，同时利用深圳具有活力的创业精神和创新生态系统，帮助空客的创新发展。过去几个月，空客中国创新中心已经在一些项目上取得进展，比如增加民用飞机的自动型、自主性，以及与 HAX 孵化器合作等。城市空中交通是该中心重点研究方向之一，目标是推动全电动城市空中出租车等技术创新，在城市运输网络加入"第三个维度"，有效缓解交通拥堵现状。罗岗还特别表示，他相信空客创新中心在深圳的设立将为中国带来领先技术，帮助深圳产业系统优化升级。

这次项目对接是轻松愉快的，没有唇枪舌剑，更没有刀光剑影。因为空客已经认定了深圳，核心问题是如何落地。鉴于市投资推广署极力推荐深圳湾园区，所以他们也毫不犹豫地同意了。

时间过去不到一个月，2017 年 11 月 16 日，《空中客车（中国）创新中心合作备忘录》签约仪式在深圳举行，正式宣告空中客车（中国）创新中心落户深圳。这也是空客继在美国硅谷设立创新中心之后，在海外设立的第二家全球创新中心，也是亚太地区唯一一家创新中心。该创新中心将主要从事无人运输、智能交通、客舱 VR/AR 等新兴产业领域的投资、孵化、合作和并购等业务板块，还将探讨与相关机构共同设立产业发展基金。

城市空中交通项目是空中客车公司正在推进的前沿创新项目，计划通过技术创新推出新的交通运输方式，建立一个立体多维度的城市空中交通系统，例如乘客可以通过手机呼叫垂直起降无人驾驶的飞行器，随后前往就近的停机坪登机飞往目的地，从而降低每个乘客的出行费用。

空客认为，未来20年航空互联服务市场规模将达到9000亿美元，5G时代将给航空互联网带来很多机会。创新中心ATG（空地无线宽带通信）项目将首先适用于中国机队中85%的A320飞机。2019年开始测试，争取到2020年投入商用，希望为空中互联提供与地面网络相似的、更便宜更可靠的上网体验。

此外在城市空中交通方面，创新中心还将开展电动化、自动化以及下一代机型的研发工作。2017年9月，"空客"与全球硬件设备早期投资者HAX联合宣布在中国深圳展开为期4个月的加速器项目，共同探索城市空中交通的未来。

据空客相关数据显示，全球范围内对空中出租车的需求将达到数百万辆，预计飞行汽车产品最快将在10年内走向市场，并将变革数百万人的城市旅行方式。

由于正式办公室的落成还需要一系列的流程，所以深圳湾科技在深圳软件基地为空客中国创新中心提供了一个临时办公室。这么一个宏大的项目就在那里生根发芽了。空客中国创新中心最终选址在深圳湾科技生态园10B栋。也许冥冥之中有天意，这栋楼后来成了我们园区中的明星楼。入驻企业包括空客、华为、埃森哲和大唐电力4家全球财富500强的创新中心及8家上市公司总部；还有一家独角兽企业——云天励飞。这样的顶级资源配置，可能只会出现在深圳及深圳湾园区。

经过一年左右的试运营，空中客车（中国）创新中心落成典礼于2019年2月21日在深圳湾园区正式运营不久的第一家酒店——万豪万怡酒店举行，标志着空客中国创新中心全面投入运营，并确定了硬件实验室、客舱体验、互联网技术、制造业创新和城市空中交通等重点项目研究领域。

这时的深圳市投资推广署已改组为深圳市商务局。在落成典礼上，市商务局和空中客车中国公司签署合作备忘录。根据协议，双方将就城市空中交通主题建立长期战略合作关系，坚持互惠互利、优势互补、共同发展的原则，发挥空客品牌、技术、平台的影响力，贯彻新发展理念，建设现代化经济体系，在科技、产业、人才等领域加强交流合作。该项目合作的亮点还在于，双方将通过与深圳本地企业的合作，推动深圳科技创新研发成果转化，加快深圳城市空中交通生态圈的建设，推动各类与城市空中交通产业链相关的创新项目的发展，从而帮助深圳开拓一个全新的高新产业链。

而这个全新的产业链，不就是产业生态吗？

更奇妙的是，《空中客车（中国）创新中心合作备忘录》是于2017年11月16日签署的，而第二天——11月17日，是深圳湾科技正式举办深圳湾园区产业创新生态系统发布大会的日子。这其实不是刻意的安排，但或许是偶然中的必然。

在空客中国创新中心落成典礼上，专程从法国赶来的空客首席执行官托马斯·恩德斯作了精彩致辞。他生动地说，当时空客总部确定选址时，他带队在中国的各大城市旅行了一大圈，但到了深圳之后，他认为不需要再旅行下去了，他想要的都在深圳。他表示，在深圳成立创新中心，代表着一种开放式创新的合作伙伴关系。他热切希望从深圳创新生态系统，尤其是创新人才与创新科技中寻求更多灵感（这种表述的感觉好像是跟深圳及深圳湾园区对过口型）。

空中客车创新中心落地之后，深圳湾园区很快迎来了一批神秘的客人——中国商飞考察团。中国商飞的 C919 承载了我们国家商用大飞机的梦想。带队考察的是中国商飞制造总工程师姜丽萍，她被媒体称为"中国第一位飞机制造厂的女性总工程师"。姜丽萍毕业于南京航空航天大学飞机设计专业，1999 年被派到空客英国公司参加 A318 的设计工作，其专业技术水平和工作能力得到国际同行的认可。

在座谈中，深圳湾科技发现中国商飞考察团成员最关心的不是园区，而是空客。他们关心空客为什么要在深圳设立中国创新中心。在深圳湾科技看来，空客和商飞还处于不同的发展阶段，所以空客创新中心的业务领域可能还不在商飞最迫切的需求范围之内。但姜总工程师非常认可大飞机是一个复杂的系统工程，需要多方创新资源的匹配。同时，大飞机制造的领域虽然变革没有那么快，但与当前热门的智能互联汽车也有类似之处。今后智能驾驶系统可能不是配套的系统，而是将建立以智能驾驶软件系统架构为核心的全新系统，它将改变这个产业的思维和方向。

由于需求阶段的不同，以及商飞机制的特殊性，商飞暂时还不太可能在深圳湾园区设立创新中心，但这并不重要。深圳湾园区的产业生态系统不是封闭的系统，而是无限开放的系统。产业资源无论是在深圳湾园区，还是在园区外，只要是能为园区生态所用，它就是深圳湾园区生态的一分子。姜总工程师也表示，今后将与深圳湾园区大飞机智能制造产业链形成紧密的合作关系。

商飞之后，深圳湾园区又迎来了另一批神秘的客人——波音考察团。他们的目的与商飞类似，特别关心空客中国创新中心的设立。深圳湾科技非常积极地向波音推介深圳、推介园区，因为像任正非先生所说：我们一定要向美国学习。深圳需要汇聚全球的创新资源，包括波音。但是，可能因为不久后急剧变化的中美经济关系，又或者是波音自身737MAX 事件所带来的巨大影响，波音创新中心项目最后没有继续推进。

不过，从大飞机系列顶级巨头对创新的渴求以及对深圳的充分认可中，深圳湾科技坚定了打造园区产业生态之路的信心。而且，产业生态不仅仅是龙头企业的迫切需求，更是中小企业发展之福。它们加在一起，就成为深圳湾园区产业生态系统的核心——重点细分产业子系统。

第三节　华为鲲鹏产业生态的创新实践

如果说空客生态还有意外惊喜的成分，那么华为鲲鹏产业生态则是深圳湾园区主动布局及直接参与龙头企业产业生态构建的示范案例。在后文园区创新商业模式的章节中还会详细介绍项目落地的过程，本节重点介绍项目运营合作模式及生态合作实践。

在之前的空客等案例中，深圳湾园区所做的是积极推动龙头企业提供行业资源，积极组织中小企业加入大企业产业生态，但在华为鲲鹏产业生态中，深圳湾科技一举打破第三方专业平台的角色，直接成为鲲鹏产业生态的一分子。

为尽快建立鲲鹏产业生态，华为已在全国 18 个省市进行了重点布局。在深圳的核心生态项目是中国鲲鹏产业源头创新中心，并且该创新中心由深圳湾科技与华为共同运营。华为创新中心的选址，便是科技生态园的明星楼——10B 栋，就在空客创新中心的楼上。深圳湾科技倒不是刻意让它们集聚，只不过深圳湾科技一贯的理念是将最好的资源配置给最好的项目。

鲲鹏源头创新中心的运营是实实在在的共同运营，为此深圳湾科技专门成立了一个运营公司作为创新中心的运营主体。双方职责也很明确：华为负责产业资源导入、系统适配与技术支持，同时支持园区生态建设；深圳湾科技负责组织对接园区企业和资源，快速扩大鲲鹏产业生态，支持华为鲲鹏产业发展。可以清晰地看出，双方是在一个频道上，用不同的方式在做同一件事。不管是鲲鹏生态还是园区生态，合起来之后，就是一件事，只不过通过双方合作，使生态搭建的效率更高、价值更大。其实，这就是园区产业生态的价值。

目前，在鲲鹏源头创新中心工作的几百名成员中，绝大部分是华为员工，只有少部分是深圳湾科技的员工。数量的悬殊不完全代表投入力度的不同，华为员工数量多是因为鲲鹏系统技术适配的工作量非常大，需要大量人力。而深圳湾科技的员工主要负责资源对接，不需要人海战术。

深圳湾科技的员工虽然数量少，但他们在做很特别的工作——集聚鲲鹏产业资源。其中将鲲鹏产业链上下游的优质资源集聚到深圳、到深圳湾园区是工作的重中之重。因为只有资源的高度集聚才有资源的高效配置，鲲鹏生态需要快速发展。

深圳市投资推广署为团队培养了一个好的工作习惯——招商之前深度做好产业链研究，通过研究来增强工作的专业性和针对性。鲲鹏源头创新中心的运营也学习借鉴了这个经验，深圳湾科技要帮助华为及园区更快更好地集聚优质产业资源。

鲲鹏产业链是一个庞大的体系，主要包括服务器、存储、操作系统 & 虚拟化、中间件、数据库、大数据、云服务管理与服务、重点行业应用等上下游环节。通过产业链及重点企业筛选和分析，深圳湾科技初步确定操作系统、中间件、数据库、大数据、管理与服务等产业链环节作为重点环节，筛选出统信软件、东方通、宝兰德、人大金仓、瀚高、达梦、东方国信、锐安科技、华傲数据、有孚网络等一批重点企业作为第一阶段重点招商目标。重点引进深圳较为薄弱的操作系统、数据库等领域的市外企业在深圳湾园区设立研发中心或区域研发中心；引导重点软件企业在深圳湾园区围绕鲲鹏创新中心建立技术支持中心、测试中心、实验室等能力中心，共同对外赋能；同时紧抓产业孵化期和发展期机遇，推动企业在深圳湾园区设立项目中心、孵化中心等。

深圳湾园区招商的核心优势不是请客吃饭，不是贴身服务，而是专业咨询与资源配置。深圳湾科技对招商人员的要求是必须能与企业高管面对面深入探讨企业核心需求与行业发展方向，使企业理解选择深圳、选择深圳湾园区是企业发展及价值最大化的最优选择。而与华为共同运营鲲鹏源头创新中心无疑强化了深圳湾科技运营团队的核心能力。

为建立鲲鹏产业招商统一战线，深圳湾科技还在市政府及行业主管部门的支持下，建立了与各区、各部门的协同招商机制，扩大队伍、增强力量，形成合力推动鲲鹏产业优质资源的快速集聚。

2020年疫情过后，深圳湾园区从6月起逐步在全国重点区域开展了一系列专题招商活动，依托鲲鹏源头创新中心主动出击，主动拜访目标客户，很快取得成果。消费级软件龙头企业万兴科技新增多个鲲鹏软件项目；文思海辉新增技术支持中心并落户深圳湾园区；人大金仓已在园区设立华南研发中心；达梦数据库、思协科技已明确投资意向；赛西、赛宝等权威测试机构将设置测试中心项目。再加上已经落户园区的兆易创新和长鑫半导体，深圳湾园区的鲲鹏生态资源大大增强。而且，依托华为在全国的18个鲲鹏创新中心，深圳湾园区同时拥有了更广阔的资源。这些企业不管是否落户在深圳湾园区，但互相依存、互相协同，共同创造更大的价值，这就是园区产业生态的魅力。

2021年春节后，深圳湾科技被通知，华为与深圳市合作的昇腾（人工智能）创新中心项目也确定落户深圳湾园区，并同样交由深圳湾科技共同运营。其实这个项目并不是被动接受的任务，在深圳湾科技与华为沟通鲲鹏创新中心合作的过程中，昇腾创新中心已经是深圳湾科技在同步推动的项目。而且，昇腾创新中心项目与深圳重点优势产业——人工智能产业关系紧密，也将为广东省人工智能专业园区——深圳湾科技生态园及深圳湾整体的园区生态系统带来广阔、丰富的产业生态资源。今后，华为鲲鹏、昇腾双创新中心将必然为深圳湾园区产业生态模式的发展及深圳创新带来深远影响。

第四节　德国产业生态竞争力借鉴

德国没有中国这样的科技园区体系，但不等于在研究园区生态中可以忽略这个重要的国家。相反，德国在产业生态的构建上非常值得学习，只不过它没有一个明确的产业生态规划概念。

德国产业生态体现在三个主要方面：

一、龙头企业的生态引领

德国是一个以实业为主导的国家,体现出极强的"防风险"及"抗危机"性。在2009年，德国制造业增加值占GDP总量的比重高达25%，位居欧盟国家首位。除了汽车、机械设备等我们所熟知的"德国制造"之外，德国在制药、石化、环保等产业方面亦处领先地位，其制造业产品均以高品质闻名于世。德国近年来制造业占GDP的比重始终处于20%以上,而英国、美国制造业占 GDP 比重则处于较低水平 (10% 左右)。奔驰、宝马、大众、西门子、博世、巴斯夫等领先制造业企业都是德国制造的典型代表。而每一个产业巨头后面，都带来了一个庞大的产业生态系统。

二、数字生态的创新发展

德国在汽车、机械制造、化工以及电气技术方面长期保持世界领先地位，但随着互联网经济的迅猛发展，德国企业在尖端技术以及数字化方面的劣势开始显现。因此，德国对内需要尽快实现产业升级，促进数字技术等新兴行业的发展；对外又要同时面对美国等发达国家和以中国为代表的新兴国家在国际市场上的竞争，于是德国工业 4.0 战略应运而生。德国先后出台了《德国 2020 高科技战略》《保障德国制造业的未来：关于实施"工业 4.0"战略的建议》《国家工业战略 2030》等产业规划，不断巩固工业强国优势。2013 年成立的"工业 4.0"合作平台（Plattform Industrie 4.0），已经成为世界上最大、也是最成功的推进制造业企业数字化转型的平台之一。截至 2018 年底，投入实际应用的"工业 4.0"案例已经达到 317 个。如今已经有超过 200 亿件机器设备通过网络连接了起来，预计到 2030 年这一数字将达到 5000 亿。"工业 4.0"成为保持及提升德国产业竞争力的核心战略,而"工业 4.0"合作平台实际上就是一个代表未来的数字化生态系统。

三、中小企业的生态协同

目前,德国拥有 32 家世界 500 强公司,全球排名第四 (数量仅次于美国、中国和日本)，集中在汽车、金融、电信、医药、能源、化工等重要产业领域，龙头企业实力强大。但同时德国中小企业也实力强劲。2019 年统计的 2734 家世界隐形冠军企业中，德国占据了近半壁江山，达 1307 家。这些企业生产的产品类型一般都很少，但在细分市场领域却占据着全球极高的市场份额。2019 年深圳市国资委组织到德国培训，实地调研创建于 1888 年的 FRIATEC 公司，占据着管道连接器世界第一的市场份额；建于 1829 年的格民得造纸厂专为奢侈品生产商提供特殊定制包装用纸以及为政府机关提供证件专用纸张等，目前世界上 70% 的高端香水生产商及多个奢侈品生产商都是该厂客户。而这些优质中小企业是构成龙头企业庞大生态系统的中坚力量。

通过以上三个方面可以发现，德国的产业生态，尤其是在核心产业资源集聚发展方面，与深圳湾科技想要打造的园区产业生态似乎是异曲同工。只不过两个国家的社会制度、经济形态、产业属性有所区别，所以呈现出产业生态不同的体现形式，但产业内在的发展规律和发展经验，非常值得学习借鉴。

除核心产业生态外，德国还有一个特别的资源值得了解，那就是德国的双元制职业教育，它为德国产业发展源源不断地提供了大量优质的人力资源。这在深圳湾园区生态系统里，属于专业服务资源中的人力资源服务（下一节会详述专业服务资源）。

德国双元制职业教育举世瞩目并始终处于世界领先地位，也是德国经济腾飞的秘密武器之一。双元制是指整个培训过程在工厂企业和国家的职业学校同时进行，并以企业培训为主，企业中的一线实践和在职业学校中的理论教学密切结合。培训主体一般为中学毕业生，其智力特征以形象思维为主，培养目标为技术管理人员。德国双元制模式的本质在于，向年轻人提供职业培训，使其掌握职业能力，而不是简单地提供岗位培训。德国双元制模式课程设计以职业需求为核心，由企业广泛参与，与生产紧密结合。学生大部分时间在企业进行实践操作技能培训，培训目标更符合企业的需要，同时真实的生产环境及现实的设施设备，使学生比较接近实践，接近未来工作的需要。对企业来说，以培养生产第一线实际操作人员为目标的职业教育真正受到企业欢迎，并为企业发展提供了强大的人力资源支持。

德国双元制教育带来一个思考，产业生态系统依赖的不仅仅是纵向的上下游企业资源，横向的专业服务资源同样是企业发展必不可少的。下一节本书将转向这个领域的介绍。

第五节　专业服务对园区生态的价值

在深圳湾园区"1+3"的产业生态系统中，德国双元制职业教育所提供的优质人力资源实际上对应的是专业服务系统资源的内容。专业服务系统资源涵盖的范围非常广，也是企业发展必定绕不过去的资源领域。企业在发展壮大的过程中，越来越需要更多的外部高端专业服务资源。

按大类来分，园区专业服务系统包括但不限于科技金融、知识产权、人力资源、法律会计、顾问咨询、专业设计、品牌推广等。看上去会觉得很好理解，但如果一个公司想找到合适的优质资源的话，将会发现现实跟想象的完全不一样。简单来说，一个公司想要的高端专业机构不一定想得到、找得到或者即使找到了高端专业机构，又不一定有时间服务你，因为它忙不过来，或者你不是它的重点服务对象；而不想要的服务机构，它又可能天天围着你的公司转。

曾经有一个初创公司开发了一件产品，产品的创意非常好，需要设计一款有品位的包装盒,公司没有专业设计机构资源,就通过淘宝搜索"设计"两个字,铺天盖地的设计机构和设计师就出现在面前,让公司感到无从选择。无奈之下,凭感觉选择了一位设计师,虽然经过反复沟通交流,但最后出来的设计稿却始终没有让该公司满意。

对众多中小企业来说,与金融机构尤其是银行打交道可能也不容易。按理说,银行现在应该是充分的买方市场,但事实上银行出于成本与风险控制的需要,都在极力争取大企业客户。对于中小企业尤其是中小科技创新企业来说,很难得到低成本的间接融资支持。

股权投资服务能有效解决创新企业的直接融资问题,但是在股权投资机构和创新企业之间,又存在着矛盾:股权投资机构想投资的优质项目往往各机构都在抢,很难投进去;而迫切需要融资的项目,股权投资机构可能又认为风险过高,不愿意投。

所以,专业服务市场看上去是一个空间无限的市场,但交易双方都处于一种尴尬和矛盾的状态,专业服务资源并没有得到最有效的配置。

怎么解决这个问题?最成熟的西方资本主义市场经济体系也没有给出一个完美的答案。如果说有答案,那就是按市场规律优胜劣汰。优胜劣汰本身没有错,但简单的优胜劣汰无法将资源做到最有效的配置。

有了科技园区产业生态系统之后,就为企业更有效地配置资源打开了一条全新的路径。因为,科技园区产业生态系统所形成的产业资源平台将能有效解决这些问题。专业服务资源配置的优化,无非就是要解决成本与风险两个问题,而这两方面都是园区平台的长处。

首先在解决成本问题方面,园区平台的解决方案是规模和效率。以银行贷款服务为例,对银行来说,中小企业就是麻雀,肉不多还容易飞。中小企业贷款数额不大,但审核程序、经营环节一个不少。据测算,对中小企业贷款的管理成本是对大企业管理成本的 5 倍左右，而且风险还高。因此银行自然而然愿意优先做大企业贷款业务。但有了园区平台之后，这种情况将会发生变化，平台将有效降低银行的经营成本。比如，园区能批量为银行提供中小企业客户，工作效率提高、业务推广成本降低。同时，基于园区的规模平台，银行能有针对性地开发新的业务，比如投贷联动业务，能通过投资收益弥补贷款成本等。如果园区平台能支持银行创新服务产品和服务模式，园区平台同样可以赋能其他的专业服务机构。比如为华为提供 IT 技术及产品规划咨询的顶级咨询机构——Gartner 在我们的沟通之下，表示非常乐意以服务华为的优惠价格和高品质为园区中小企业提供最高标准的专业咨询服务。目前，深圳湾园区平台已经集聚了方方面面的高端专业服务机构，它们将为园区企业发展带来强大支撑。

其次在解决风险问题方面，园区平台的解决方案是数据与服务。风险无处不在，关键是如何控制风险。园区具有各种经营、服务数据的积累，能够真实反映园区中小企业的经营状况，也能更好地预警风险。同时园区通过提供全方位专业运营服务，能使中小企业增强对园区平台的依赖度，从而增强其诚信经营的主动性，这都是控制专业服务经营风险的创新路径。2019 年在国家对实体企业加大金融扶持政策出台后，深圳建设银行与深圳湾园区平台紧密合作，向园区中小企业推出纯信用贷款服务。其中一个申请条件是园区推荐的中小科技企业最高可享受 500 万元的纯信用贷款，无须任何担保、抵押条件，也无须园区平台作出实质性担保。2020 年 11 月，我们又与美国知名律师事务所达成合作意向，计划在中国引进诉讼基金模式，共同为园区国际化科技企业提供零风险知识产权诉讼服务。这样的创新服务及产品今后将越来越多地出现在深圳湾园区，帮助园区企业更好地获取优质服务资源。

基于平台的优势条件，深圳湾科技在园区已经推出或即将推出一系列的高端专业服务：

一、金融协同服务

2020 年疫情期间，深圳湾园区逆市打造全新科技金融服务平台——SIHC 金融超市，为园区科技产业培育注入新动力。目前，SIHC 金融超市已与 30 余家合作机构开展合作，包括深投控旗下国信证券、国任保险、高新投集团、担保集团等 10 余家金融企业，以及南山区属地 23 家银行机构及供应链、财税等企业服务机构；可为中小微企业提供涵盖银行、证券、保险、担保、基金、创投等多个领域的金融服务，涉及大类金融产品共 120 余项。SIHC 金融超市成为深圳湾园区产业创新生态系统的重要组成部分。根据发展规划，SIHC 金融超市未来还将针对园区企业特点开发定制化的产品及服务，让园区的企业能真正享受到园区"实惠又优质的金融产品及服务"。目前，深圳湾科技正在与国任保险联合打造 MyBay 线上保险服务平台，为园区企业和员工提供独具特色的科技保险服务；今后还将针对理财安全性痛点，开发更具吸引力的园区理财平台服务。

二、人力资源服务

深圳湾园区与南山区合作，在科技生态园设立了 3 万平方米的高端人力资源专业园，引进专业猎头公司等人力资源服务专业机构 20 家，为园区企业提供人才支持。下一步，深圳湾园区还将与专业机构合作，重点推广中小企业人力资源整体解决方案。今后深圳湾园区的中小企业人力资源部门无须设立招聘岗位，而是将所有招聘业务外包给专业机构一站式解决。

三、知识产权服务

深圳湾园区在与南山区合作设立南山知识产权保护中心的基础上，于2018年9月15日挂牌成立南山知识产权联盟。南山知识产权联盟是政府、园区和企业共同解决知识产权问题的联系枢纽和专业团队。联盟成员包括南山区知识产权优势企业、上市企业、独角兽企业、高等院校、科研机构、金融机构、投资机构、律师事务所等百余家单位。中国知识产权界泰斗吴汉东教授担任荣誉主席，30余位行业知识产权领军人才组成知识产权联盟战略研究、法律维权和运营三个专家委员会。联盟宗旨是实现知识产权业务流、信息流、资金流的互联互通，共同打造开放、多元、融合、共生、互利的知识产权运营生态体系，为实现知识产权强国建设提供支持。下一步，深圳湾园区还将与专业机构合作，重点推广中小企业知识产权整体解决方案。中小企业人力资源部门无须知识产权部门，而是将所有知识产权业务交给专业机构一站式解决。

四、财税顾问服务

深圳湾科技鼓励公司的后台部门积极变身前台部门。公司财务部利用与财税专业服务机构业务熟悉的优势，推动各大知名财税服务机构驻场MyBay线上平台。同时公司通过园区创新基金推出财税顾问服务支持券，鼓励园区中小企业接受最专业的财税咨询辅导，并通过财税顾问服务支持券予以补贴咨询费用。

第六节　园区公共服务的创新示范

公共服务系统是园区产业生态系统三大配套子系统之一。在最早运营的深圳软件产业基地（也是已经声名在外的深圳湾创业广场所在地）虽然也配套了一些公共服务功能，但还未能完全适应园区企业发展的需要。

在深圳湾科技最大的园区——深圳湾科技生态园投入运营后，南山区主要领导提出在科技生态园联合打造南山区创新公共服务示范点，并取名为"深圳湾创新广场"，这样深圳湾园区创新、创业两大地标就圆满了。为高标准打造，南山区先后两任常务副区长亲自蹲点督办，并派出两名正处级干部专职落实。其中一名干部正式挂职任深圳湾科技副总经理，主抓对外协调；另一名具备工程建设经验的干部主抓建设管理。

这是一段热火朝天的日子，深圳湾园区与南山区的合作关系进入最密切的阶段。双方一起上班，一起开会，一起拟定方案，一起研究解决遇到的障碍和问题，很多工作片段值得珍藏。

比如，南山区行政服务大厅创新广场分厅的装修方案几易其稿，最后确定的方案是最不像传统行政服务大厅的方案，它更像是书吧，强调轻松、平等、便捷，并且有品位。其中比较有争议的是为休息区订购了几把舒适的休闲靠背椅，价格远远超过了政府办公椅标准。最后区领导还是拍板买下，理由是要让南山区的贡献者坐得更舒适。

又如，为赶抢进度，6000平方米的南山区知识产权保护中心只有短短两个月的装修时间，但双方齐心协力，按期完成了装修工程，而且装修质量得到了大家的一致好评。

2018 年 9 月 8 日，南山区委、区政府联合深投控、深圳湾科技在深圳湾科技生态园正式举办深圳湾创新广场公共服务平台开放活动。南山区主要领导在开放活动上的讲话提到了几个关键点："营商环境既是竞争力又是生产力""企业到哪里，政府服务就跟到哪里"以及"优质服务，永无止境"。打造深圳湾创新广场公共服务平台既是南山区与深投控及深圳湾科技以实际行动贯彻落实市委市政府营商环境改革的一项重要举措，也是南山区致力于以一流服务惠及辖区企业和居民群众的一个具体行动。深投控主要领导在开放活动上强调，深圳湾创新广场公共服务平台是贯彻落实市委市政府优化产业空间体系、推动营商环境改革的一项重要举措。创新广场公共服务平台的建成将进一步完善深圳湾园区的产业创新生态系统，全面增强产业培育能力。

现在走进深圳湾创新广场，广场空间畅顺通达、景观怡人，通过 2.5 千米空中连廊连贯了 15 万平方米的创新型公共服务空间。

作为创新型公共服务平台，深圳湾创新广场将政府及社会的公共服务资源直接引流到园区里，并规划了四大服务区域：

（1）党群及政务服务区。设置了南山区党群服务中心、南山区行政服务大厅创新广场分厅、南山区公安分局深圳湾服务中心等。

（2）科技创新及产业服务区。设置了深圳科技创新展示中心、南山知识产权保护中心、深圳湾发布中心、深圳湾技术服务中心等。

（3）公共配套及文化服务区。设置了文化艺术中心、文体活动中心、幼儿托管中心、社区健康中心、员工食堂等。

（4）科技金融及孵化加速服务区。集合国际加速器、科技金融、公共技术、人文交流、企业管理、科技活动等功能。

深圳湾创新广场公共服务平台包括五大中心：深圳科技创新展示中心、

南山区党群服务中心、南山区行政服务大厅创新广场分厅、南山知识产权保护中心、南山公安分局深圳湾服务中心。五大中心组成"政务服务大超市"，通过不断努力，以"下班不打烊、周末照服务"为目标，已经成为深圳营造一流营商环境的一张亮丽名片。

（1）**深圳科技创新展示中心。**全方位、多维度展示深圳、南山的创新实践。

（2）**南山区党群服务中心。**践行"跟党一起创业"的理念，让党的领导始终成为各项事业发展的坚强保障。

（3）**南山区行政服务大厅创新广场分厅。**把一流的政务服务送到企业和员工的"家门口"。

（4）**南山知识产权保护中心。**构建企业维权、行业自律、行政执法、司法保护、社会监督、政府服务"六位一体"的知识产权大保护体系。

（5）**南山公安分局深圳湾服务中心。**打造全国首家集"24小时自助服务、法制安全教育、社会人文宣传、综治联动平台"于一体的综合型服务中心。

在政府公共服务的基础上，深圳湾创新广场还集聚了一系列准公共服务机构，包括检测中心、创新中心、发布中心、设计中心、托幼中心、品牌中心、园区食堂、美术馆、博物馆、书店等，其中不乏精彩亮点。

一、深圳湾科技发布中心

发布中心是园区中心的地标性建筑，也相当于园区的总会所。深圳湾园区把它定位为科技发布中心是基于园区的代表性高科技企业云集，希望它成为企业科技新产品和新技术的发布、展示以及高科技论坛、路演等活动的场所。在深圳的核心创新地标发布深圳企业的创新成果，这具有不一般的意义，也是五星级酒店的奢华所无法比拟的。发布中心启用后，已经成为深圳湾园区产业生态节、南山区创新创业大赛等重大活动的固定场所，也承办过中国鲲鹏产业源头创新中心启动仪式、火币科技区块链创新论坛、云天励飞周年庆等系列特色活动。不过有趣的是，发布中心的第一场活动竟然是奔驰的新车发布会。各大品牌厂商也越来越重视科技园区平台所带来的商机。

二、南山工会深圳湾大食堂

第一家园区大食堂是由鑫辉餐饮承办，由南山区总工会支持。鑫辉的创始人王传启是个传奇人物。他当兵退伍后来到深圳找工作，睡过大街，摆过地摊。他的太太就是他摆地摊卖爆米花时的顾客（据他说当时他一袋爆米花卖 1.5 元，但他只卖太太 1 元）。后来机缘巧合，他开始做起了食堂生意。公司靠着口碑发展到已有 2000 名员工的规模，还有自己上千亩的蔬菜基地。他办的深圳湾大食堂据说已是第三代食堂，采用小锅现炒方式提升口味，并采用一口价称重的方式计价。很多参观者都好奇地问一个问题："如果海鲜和青菜一个价，要是顾客都只吃海鲜他不就亏了？"他笑着说他有大数据支撑，现在年轻人有素质，也好面子，光吃肉不吃菜会被鄙视的，女朋友都不好找。他还通过菜品销售数据的分析不断调整供应的品类和数量。此外，鑫辉餐饮还有一条特别的经营准则，即食堂的利润率不得超过 10%，超过就要降价或提质。在利益至上的市场准则和环境下能长期自觉坚持这种原则特别难得。正是靠着这样的良性发展理念，鑫辉得以发展壮大，仅有初中学历的王传启走上了清华大学 MBA 课堂的讲台。深圳湾科技认为，鑫辉的理念与园区生态系统的理念是非常一致的，所以深圳湾科技也很乐意鑫辉成为园区生态的商业合作伙伴。不仅仅在核心园区，像鑫辉这样的生态合作伙伴也将跟随园区平台的拓展而走得更远。

三、博雅艺文空间

"博雅"是创办于 1980 年的深圳本土艺术文化品牌，在时任广东省委书记兼任深圳市委第一书记吴南生的支持下，1980 年 10 月 4 日经深圳市革命委员会文件深革发〔1980〕242 号文批准，由深圳展览馆（深圳美术馆前身）、香港博雅艺术公司共同开办，是深圳市第一家深港合作开办的文化企业。作为国内第一家文化综合体，以图书为核心、围绕文化产业多元化经营发展，业务延伸至书画收藏、文房四宝、美术设计用品、文创产品、体育用品、乐器、文化艺术培训等多领域的鉴赏、展示、交易，有着"北荣宝、南博雅"的市场美誉。博雅作为深圳湾科技兄弟企业——深投文化旗下品牌及公司，2020 年正式迁址深圳湾科技生态园，打造出超过 5000 平方米的博雅艺文空间，极大丰富了园区商业业态及文化品位，成为深圳湾园区科技 + 文化的典范，也是园区公共服务的重要一员。

第七节　园区商务配套重塑"线下"商业

深圳湾园区每时每刻都需要创新，商业配套也不例外，却不容易。

2020 年 6 月，为更好地打造最新的重点园区——深圳湾创新科中心的 3 万平方米配套商业街区，深圳湾科技在专业机构多轮策划方案的基础上召开了专家评审会。深圳湾科技特别介绍了园区商业需要适应园区生态系统发展的特别需求，也介绍了园区配套商业与传统商圈打造在业态、客流、服务时间等方面的差异，希望专家能为园区商业的创新发展贡献才智。

与会者都是来自深圳、香港、广州的顶级商业专家。他们经过研讨后一致认为，园区商业发展确实是一个全新的课题，与传统商业存在很大不同。但他们也认同园区商业是一个充满发展潜力的新领域，他们也需要钻研与学习。最后，评审会变成了研讨会，也是意外的收获。

从行业发展来说，目前商业主要分为线下和线上两种形式，但以电商平台为代表的线上商业已经逐步占据更重要的位置。线下商业由于成本的关系，更多地转变为线上商业难于替代的业态。不过，不管如何转变，它们都有着一个相同点，即虽然理论上谁都可以成为它们的客户，但它们都不能确定谁一定会成为它们的客户。园区商业与传统商业不同，首先科技园区商业的目的不仅仅是盈利，而是服务园区企业和员工，园区需要园区商业同样成为园区产业生态系统的一部分；其次，园区商业客户基于线下特点，客户相对是可以确定的。

园区商业不仅仅是商业，它同时也会具备极大的生态价值。比如，深圳湾科技将要与字节跳动联合推出的办公用品集采平台能有效降低企业的办公成本；又如，深圳湾园区商业无论线上还是线下，各种各样的高折扣、高品质商业服务既能成为园区企业员工的独特福利，也能成为园区企业吸引人才、稳定人才的有效加分项。"五险一金"每个企业都可以做到，但园区的超级 VIP 待遇只有在深圳湾园区才能拥有。有一次深圳某个区的领导与深圳湾科技交流时说，该区的科技企业招人比南山的企业难多了，因为现在的年轻人还是觉得该区是个郊区，而在南山区，尤其是在深圳高新区工作才有面子。深圳湾科技提出的解决这个问题的办法是建议该区与深圳湾园区深度合作，使该区企业也成为深圳湾园区生态系统的一部分。

目前，深圳湾7大核心园区的线下商业面积超过12万平方米，这是一个中等商业综合体体量，而线上是更加广阔的商业空间。目前 MyBay 平台已经上线京东特供、网易严选、顺丰优选、美亚商旅等一系列与园区实行特惠合作的电商平台。今后，随着与华为合作的智慧园区平台的升级，线上商业将为园区带来更大的福利。

对园区商业理念的定位，深圳湾科技早就确定，那就是——品质、优惠、诚信、安全，这也是园区掌握线下客户的特点和优势。对 MyBay 平台上的专业商业平台，深圳湾园区的原则是每个商业业态只引进2家左右最优质的机构，既保障提供最优质的产品和服务，又形成适度的竞争。而对不诚信的机构，则建立严格的剔除管理制度，以保障园区商业的品质与诚信。

基于深圳湾园区商业的示范性，深圳市消费者委员会将2019年"315"品质消费节主会场活动设在了深圳湾科技生态园，而且还大方地给深圳湾园区颁发了全深圳唯一的一块"品质消费示范基地"牌匾。深圳湾园区也不是浪得虚名，园区商家的服务及品质都严格按照深圳市消委会提倡的品质90+概念及标准引进和监管。园区近300个商家中，星巴克就开有4家园区店；乐涧是深圳网红日料头牌；熊猫川菜是大众点评科技园川菜第一名；麦当劳、肯德基都是标配；自营的外卖平台以优惠高质深得园区员工喜爱；苹果、华为旗舰店就在办公楼楼下；线上的电商平台百花齐放，源源不断为园区提供福利。

不过，园区大商业一直是深圳湾园区的心头之痛。科技生态园原本预留了1万平方米的大型商超空间，但与各大传统商超的谈判都不理想。没有想到的是，2020年疫情之后竟然迎来转机。北京新锐生鲜超市品牌 T11 准备进军深圳，他们认为深圳的市场环境比北京更优秀，而且对深圳湾园区情有独钟。当然，商业项目不能光讲情怀，T11 选择深圳湾园区，是基于自身的市场定位和客户群定位与高端科技园区客户群特别吻合。

T11 的品牌释义是这样的："T"代表 Togther&Top，意思是大家一起做最好的；"11"代表一心一意做好零售。

为了感受 T11 到底是不是真的好，2020 年 9 月底，深圳湾科技专门派团队到北京的 T11 朝阳公园店进行了考察。看过之后，团队一致认为这就是深圳湾园区想要的商超，而且团队认为 T11 一定会取得商业成功，因为 T11 很好地解决了生鲜商超的几乎所有痛点：

（1）迎合白领阶层刚需。高品质商品、预包装售卖，有效解决了白领阶层对生活品质的要求，同时有效降低他们的时间成本。T11 将商品的预处理及包装工作全部交由店面的销售人员自行完成，并将销售人员收入与其负责的商品销售高比例挂钩，从而将销售人员的利益与顾客的利益有机地捆绑到了一起，这是商业零售管理的一个创举。

（2）高品质的供货渠道。T11 以进口生鲜为主，国内产品以绿色产品为主，建立了完全自主可控的直供渠道。T11 不追求商品品类的数量，但求精求好。T11 对品质的追求很好地契合了现代城市人群对生活品质的需求。

（3）非常适中的价格。T11 虽然商品品质非常高，但定价与一般的普通商超无明显差异，这与深圳湾园区的商业服务理念高度一致。与某些精品超市的高定价相比，其无疑具有强大的优势及吸引力。

（4）看得见的安全。T11 建立有严格的安全控制体系，同时所有经营环节都实行自营，全部由公司资深员工完成。

（5）复合的经营方式。T11 经营范围以生鲜、食品为主，同时经营中西餐、日料、咖啡饮品、烘焙、鲜花、日杂等多项品类，涵盖餐厨、轻餐饮、休闲食品、洗化等日常生活领域。复合型的经营方式现在更能符合发展的潮流。

不过，T11能不能做得像他们说的那样好，还取决于一个关键因素，即创始人是谁，而T11的创始人是大有来头的。

杜勇，T11创始人、董事长。先后在LG、伊莱克斯、施耐德就任零售负责人。他曾在台风到来的雨夜，跑到别人家仓库帮合作伙伴转移并不属于自家品牌的货品；还曾在当时品牌市场占有率仅为0.5%的情形下，创造10 000台产品的年销售业绩，将市场占有率扩展至10%，一举获得"全国销售冠军"的称号；他也曾是京东生鲜超市7FRESH的创始人和操盘手。T11项目在还未开店的情况下，首期天使轮融资就超过亿元，由IDG、光大控股新经济联合领投，国美、远望资本、壹叁资本跟投。

郭军，T11合伙人，长期在零售巨头国美工作，曾任国美电器高级副总裁，是资深的零售业务专家。

《硅谷生态圈：创新的雨林法则》一书中讲过一个故事。拉里·博客（Larry Bock）被誉为美国最多产的公司创造者之一，他创办或合伙创办的公司达18家。但他并不是一开始就很成功，他事业的转机在于他偶然遇到了风险投资人凯文·金斯拉（Kevin Kinsella）。凯文有一套完全不同的投资理念。一般的科技公司创业模式是从研发到样品，再到市场验证，完成这些之后才会考虑招募团队、募集资金、设立公司。但凯文的模式是花费所有的种子基金来成立团队，而不是用来验证产品概念，他们发现这样做可以迅速创造价值。

具体地说，首先是选择一个突破性的投资领域，称之为最有投资价值的赛道，然后拉里会去寻找这个领域最优秀的人作为合伙人。通过这种方式，拉里最后能组建起一个公司。而这个创始团队就包含了这个领域的所有领军人物和一个可运营这个公司的创业者，以及一个成型的商业战略。

公司从创立开始就能得到业界的高度关注，而且运转效率会非常高，公司也就自然而然容易成功。

以凯文帮助拉里最先建立的两个公司——雅典娜神经科学公司和Vertex药业公司为例，雅典娜神经科学公司最终上市，并被宜兰药业公司以6.25亿美元收购；Vertex药业公司也成功上市，目前市值超过100亿美元。

本来不应该将创业方法的案例放在商业配套系统环节，但不用过于拘泥，只要大家能得到一些启发，那就实现了价值。

T11项目的创始人无疑也很符合这一规则，因此T11成功的概率就更大。在北京，深圳湾科技与T11详细交流了新零售商业与深圳湾园区产业生态更密切结合的形式：包括建议T11扩大以自身渠道中高品质食材为特色的餐饮配套，以带动、提升园区餐饮品质；与园区配送体系合作，为园区员工提供更多元化的、更便捷的快送服务；以及与深圳湾园区的"一区多园"战略结合，成为园区的商业品牌战略合作伙伴等。如果互联网平台还是执意要卖菜，则今后深圳湾园区可能联手T11在园区卖菜。园区卖菜的目的是打破互联网平台的垄断，更好地服务园区客户。而园区平台的底气和优势是在园区卖菜不用烧钱培养市场，园区可以持续提供优质、平价、安全的肉菜。

T11非常认可深圳湾园区的创新模式，并表示一定要在2021年春节后尽快实现新店开业。

深圳湾园区商业不仅仅是园区配套，而且是园区运营商业模式创新的重要部分（这在后文的商业模式章节中有详述）。基于园区平台的可拓展性及必须拓展的要求，园区商业也随之具备无限拓展空间，尤其是园区线上商业的拓展空间。从这个角度来说，科技园区商业最后可能将会深刻影响传统商业及互联网商业的形态。因此，深圳湾科技的目标不仅仅是为园区配套，而且是要通过打造科技园区商业生态新场景、新模式，形成园区商业品牌生态圈，共同创造新的价值。说不定，深圳湾园区又在创造一个商业领域的新历史。

第八节　科技园区的产业生态关系

前文阐述了产业生态系统各类型资源之间的关系。在科技园区产业生态之中，还需要研究园区平台与产业链各环节各种类型企业之间的生态关系，这在园区产业布局中非常重要。

首先要将园区企业按不同标准分为龙头企业、中小企业与孵化器三种主要类型。龙头企业与园区平台不是简单的租售客户关系，而是园区产业生态战略合作关系。比如字节跳动，从它们 2019 年下半年来深圳湾园区选址的第一次见面开始，深圳湾科技就强调与字节跳动之间基本可以忽略租赁关系，从一开始就要建立产业生态战略合作关系。一方面深圳湾科技希望字节跳动能为园区中小企业带来丰富的核心行业资源；另一方面，数字生活的业态特点也使字节跳动需要与产业链上广大的中小企业建立更丰富的生态关系，使自身做大做强，而园区丰富的中小企业就能高效实现这种生态的快速、高质量拓展。2019 年 8 月，区块链的龙头企业——火币科技在来园区之前也只有选址的目的，他们的董事长李林听了深圳湾科技关于园区产业生态的介绍之后，立即做了三个决定：一是由租赁一层办公室改为购买一层办公室，以表示与深圳湾科技生态合作的信心和决心；二是决定在深圳湾科技当年 11 月举办的园区年度产业生态节上，组织一场高规格的区块链论坛活动；三是希望与深圳湾科技深入探讨在开发运营区块链专业园区方面的共同合作。因此，深圳湾科技将园区平台与园区龙头企业定位为产业生态的战略合作关系，由他们牵头构建细分产业子生态，他们相当于是一棵生态树的主干，而园区平台给予龙头企业最广泛的生态资源支持，园区平台相当于生态树的土壤及养分。

至于园区的中小企业，他们是每个园区细分产业子生态中的有机组成部分，相当于生态树的树枝和树叶。可以想象，一棵树怎么可能只有主干呢？因此，引进中小企业是深圳湾园区引进企业的主要任务。传统的科技园区都会认为引进的企业越大越好，但产业生态模式园区则更注重中小企业。因为中小企业具备的更大成长空间，能成为园区运营及投资价值的核心来源。而对于像华为、腾讯、字节跳动这样的企业来说，深圳湾科技既不太可能对他们进行投资，也不太可能为他们提供比他们自身渠道更优质的资源。所以对园区来说，深圳湾科技一方面看重与龙头企业的战略合作关系，但同时又非常清楚，园区的商业运营价值和投资价值更主要来源于园区中小企业。

上述这种关系决定了深圳湾园区的招商策略和原则与传统科技园区大相径庭。深圳湾园区会将中小企业的招商摆到与龙头企业招商同等的位置。对于龙头企业来说，深圳湾园区也不是光看规模与实力，而是更看重企业是否与园区产业生态相符，是否具备强大的产业链带动能力。对于中小企业来说，深圳湾园区设定了一整套招商选商的打分体系和标准，以保证将最有成长性、最有投资和服务价值的中小企业优选到园区来。这种标准也是与产业地产模式科技园区的本质区别之所在。因此，在深圳湾园区，园区平台与龙头企业一起共同推动广大中小企业加入到产业生态系统之中，形成更有价值的生态合作关系。

在园区产业生态关系中，还有一个特别的组成部分——孵化机构。如果对产业规律认识不太成熟，很容易放大孵化机构的作用。尤其是在前些年的双创热潮之后，还形成了一种孵化机构"薅政府羊毛"（套取政府孵化器运营补贴资金）的不良现象。究其根源，是孵化器看上去的高人气比较适合做形象展示。但往深追究，一个城市的产业发展光靠孵化器现不现实？肯定不现实，至少在营收、税收、就业上就无法支撑。所以，那种以双创、孵化作为主要内容的园区策划，要么不专业，要么就是有不良目的。

深圳湾园区孵化机构也经历了一个演进的过程，创新创业也成为深圳湾园区一个漂亮的开局。2015年深圳湾创业广场一开业，便集聚了当时国内最顶尖的近50家孵化机构，包括联想之星、创新工场、腾讯众创空间、3W咖啡、京东奶茶等，个个都是如雷贯耳。但与中关村创业大街不同的是，深圳湾园区不只是有一流的孵化器，还有支撑在孵化器里完成0~1阶段的创业企业去实现1~100~1000的完整产业生态系统。也就是说，孵化器的任务不是支撑园区及城市产业的发展，而是为产业生态系统提供源源不断的优质小微企业，成为园区产业生态的活水之源。

因此，能否成为活水之源，就成为衡量孵化器的唯一标准，而不能单看热闹。深圳湾创业广场经过5年的发展，孵化器形态也发生了很大的变化。有的孵化器一直维持着专业的运作，有的孵化器已经销声匿迹，但总的一个标准，要做好孵化机构，要求运营团队及公司自身必须具备丰富的专业能力和资源能力。通俗地说，孵化器就是"入孵"企业的导师，但不是人人都具备导师的资格和能力。尤其是那些创业型孵化器，自己都是学生，又如何能将别的学生教好，所以被淘汰也是必然。

从目前来看，深圳湾创业广场的孵化器已经顺利完成了升级。比如，IDG顺利替代了原来的某知名孵化器，在创业广场的核心位置设立了体育科技产业育成中心。该中心引进的体育科技项目质量高，国际化程度也高，有 2/3 的项目来自国外，而且，中心内丰富多彩的产品展示和项目路演活动使中心成为了创业广场的热点孵化器。随后，IDG 将广场闲置的一个集装箱街区改造为一个与孵化器联动的集创业展示、产品展示、新消费活动等于一体的创新商业街区，受到了园区年轻人的热捧，成为园区的一个网红打卡点。

又如深圳湾园区在硅谷的孵化器合作伙伴——One Piece，基于对深圳湾园区创新价值的认可，也直接在创业广场设立了一个极具特色的孵化器。这个孵化器最具特色的不仅仅是孵化一个个的创业企业，而是通过设立专业的品牌咨询机构帮助国内企业拓展国外的品牌市场。这个品牌机构——Project Next 不同于往常的孵化器或创投机构，他们从初始团队、品牌战略、初始资金，到品牌运营和业务增长，以投资持股的方式对品牌进行全链条操盘运营。而这种机构不仅仅是服务孵化器本身，同时将在整个园区生态系统中发挥独特价值。

此外，深圳湾园区在空间比例配置方面也对各类型企业有着严格的标准。对于龙头企业，园区提供的产业空间比例为 30%。也就是说，深圳湾园区并不是无限地为大企业提供产业空间。深圳湾园区的逻辑是如果大企业空间占比太大，园区就没有空间形成产业生态。一花独放不是春，万花齐放春满园，就是这个道理。对中小企业园区，平台给予 50% 的产业空间，这也体现出中小企业是园区平台重点服务的对象，这与传统科技园区又形成本质区别。看重中小企业，既为城市产业发展提供丰富的自主创新中小企业（这是深圳产业发展的核心竞争力），又为园区平台提供更多的运营、投资对象和更大的运营、投资空间。对于孵化器、加速器，园区配套 10% 的产业空间，以使它们源源不断地孵化培育优质小微企业。剩余 10% 的空间作为园区服务配套及机动空间灵活掌握。比如，为华为鲲鹏源头创新中心项目所提供的空间，就属于预留的优质空间。

在产业空间之外，深圳湾园区又设计了配套空间标准，包括商业、公寓、酒店、公共服务等。这类空间也非常重要，因为这是园区配套的刚需。比如园区就餐就是一个重大事项，深圳湾园区通过对园区人员容量、员工类型、就餐时间、翻台次数、实体店就餐比例等综合分析园区餐饮的配套档次和规模，配套档次分为高端酒楼、特色餐饮、快餐店、配套食堂四个档次。同时，通过分析配套规模确定每个档次的餐厅数量及餐厅容量，做到既基本满足园区就餐需要，又使就餐业务量能维持餐厅的良性发展。

构建园区产业生态关系实际上既是构建一个有机的系统，又是作出一个最佳选择。原深圳市副市长、现哈工大经管学院教授唐杰在对本书的写作进行悉心指导时特别指出：杜能理论强调空间分布与距离的关系；现代空间经济学对空间聚集成园区的理论更概括为八个字——匹配、共享、学习与临近。这对于科技园区规划及园区产业生态关系的构建都是十分重要的。

第九节　以会员制验证园区生态价值

本章对产业生态的构成进行了分析和论述，但深圳湾园区所构建的产业生态对园区产业、企业及人才所具备的价值不仅仅在于理念、服务及活动等定性层面，还需要通过生态服务产品设计的数量及实际产生的生态价值等定量的指标来验证。为实现这个目标，深圳湾园区计划在园区生态系统构建的基础上，于2021年以会员制服务方式正式对园区企业推出系列资源服务产品。

生态服务产品设计的出发点是基于园区平台的资源优势，瞄准企业从1 到 100 到 1000 甚至到 10000 的全过程，针对企业的核心业务需求设计精准的资源服务产品。主要包括以下类型：

一、高端专业服务资源对接

主要针对中小微企业难以获取高端专业服务资源的痛点，设计定制化服务产品。包括针对初创企业直接融资难的问题，为企业提供投资顾问服务，对接优质投资机构；针对中小企业贷款难问题，联合金融机构设计专门的纯信用贷款、知识产权抵押贷款等贷款产品；针对企业技术攻关难点问题，对接高端科研机构及技术转移机构，为企业提供技术攻关资源支持及专利技术许可；针对中小企业组织管理难题，联合高端管理咨询机构为园区企业高管进行管理咨询培训，并就企业的个性化需求定制组织管理解决方案；针对科技企业对高端人才的需求，联合高端人才机构设计专属服务产品；针对科技企业知识产权保护需求，联合国际顶尖知识产权律所及知识产权服务机构提供与国际接轨的解决方案等。

二、市场推广与产品推广

这是园区企业最希望得到的资源。深圳湾园区将至少从五个方面设计市场推广与产品推广服务产品：（1）通过深圳湾"一区多园"开发运营体系，将园区企业的优质产品和服务植入到外地合作园区的开发建设与运营管理之中，比如智慧城市和智慧园区类企业、规划设计类企业、生态环保类企业等；（2）通过与内地省市政府及园区合作，帮助深圳湾园区企业拓展内地市场，更好地获取内地市场资源，提升深圳企业的竞争力；（3）建立园区内企业间的业务交易协同关系，尽可能打通园区内部业务交易循环，使园区企业之间形成更紧密的相互交易关系；（4）积极向政府及国资国企采购平台推荐深圳湾园区企业的优质产品和服务，为园区企业获取更多的市场机会；（5）建设深圳湾园区严选优质产品的展示推广平台，通过园区络绎不绝的接待、参观、交流等各种机会推广园区企业的优质产品和服务，同时通过 MyBay 平台建立线上展厅等。总之，充分利用园区平台的资源优势，帮助园区企业，尤其是中小企业获取更多的订单。

三、重点产业链资源对接服务

这是深圳湾园区的核心优势。园区拥有 11 家世界 500 强企业的创新中心、研发中心和 52 家上市公司等行业龙头企业资源，通过产业链资源对接，能够为双方实现更大的生态价值。对龙头企业来说，具备产业生态是增强企业竞争力的发展方向，园区平台恰好能成为企业生态打造的好帮手。华为鲲鹏产业生态项目就是最好的例证。而对园区中小企业来说，园区平台能解决其以往难以有效与龙头企业建立业务合作的痛点，包括地位不平等、信息不对称、沟通成本高、初期信任度低等一系列问题，而园区作为一个大家庭就能有效解决这些问题。在会员服务的形式方面，深圳湾园区已经尝试了组织细分产业生态交流沙龙的方式，为产业链企业提供深度交流机会，受到园区企业欢迎。下一步，通过服务产品设计，深圳湾园区将进一步形成定期的分行业产业需求发布体系，为上下游企业建立业务合作撮合机制。此外，深圳湾园区将组织开展中小企业创新创业培训，由行业龙头企业直接指导中小企业如何更好地融入细分产业生态，实现更好的市场定位、技术方向、品牌推广等核心业务的发展。

四、海外资源对接服务

深圳湾园区内的企业经营业务的国际化程度非常高，但企业自身的海外资源渠道比较有限。在这方面，深圳湾园区也具备优势，可以为企业对接海外资源。首先，深圳湾园区本身积累了众多的海外创新机构合作伙伴；其次，园区企业尤其是龙头企业的海外创新机构合作伙伴可以通过园区平台共享。海外资源对接服务一方面使园区企业大大增强资源获取能力，另一方面也能使各类海外创新机构找到新的业务模式和途径，这就是园区平台的生态价值。在具体服务落地上，深圳湾园区将通过市场需求调研科学设计服务产品，使园区平台能真正帮助企业解决海外融资、品牌推广、技术获取、人才引进等核心问题。

五、高端个性化服务

深圳的公共服务已经非常完善，但针对中小企业创始人、高管以及园区企业金领阶层还需要一个巨大的高端个性化服务市场。比如高端的专属财富管理、高端的医疗健康管理、高端的管理培训服务、高端的社交平台等。这些服务项目其实在市场中已经存在，但园区平台具有自身的独特优势。一方面，科技园区是此类高端群体的集聚区，高端客户人群具有强烈的需求，而传统的方式会消耗他们过多的精力，以及存在不可控的风险；另一方面，园区平台具备吸引、筛选最优质专业服务机构的能力，能够为园区高端人群提供最优质的服务，并且解决安全风险以及选择成本等问题。

六、政策建议代言服务

政府在产业政策的制定过程中，需要广泛征求社会各界尤其是企业的意见。在这个过程中，龙头企业和行业协会发挥了重要作用，但它们也不一定能完全代表行业的诉求。比如大企业可能更关注大企业自身的利益，行业协会会更关注本行业的利益，很难从更长远的行业方向以及社会公共利益的方向来提出建议。科技园区平台刚好能补上这个不足，成为园区企业的综合代言人和专业代言人。

深圳湾园区服务产品的服务内容今后将远不止以上内容，但当前的重点是落地。2021年上半年，深圳湾园区服务产品将完成企业需求调研、产品设计及会员制推广，使园区企业通过会员制真正成为一个紧密的生态共同体。到2021年底，将形成比较完善的生态服务产品体系，并为园区企业创造实实在在的价值。为实现这个"小目标"，深圳湾科技正在积极通过内部组织管理提升倒逼运营团队提升专业化水平，并持续引进高素质运营人才。在2020年12月底，深投控正式发布招聘公告，以市场化选聘方式为深圳湾科技招聘分管创新运营业务的副总经理；深圳湾科技也在持续培养专业运营团队，持续招聘高端运营人才，以适应今后会员制专业服务的需要。到2021年底，深圳湾园区将在对所有园区企业及合作伙伴进行精准画像的基础上，为其配备具有高度针对性的生态服务产品。深圳湾科技所称的科技园区对企业的赋能能力，将通过生态服务产品予以体现。也可以说，园区企业愿意成为园区会员、愿意购买园区生态服务产品，说明园区平台具备生态价值，否则价值就并不成立。从更长远来看，园区会员收费的业务规模将与园区平台资源赋能能力形成紧密的正比关系。

　　总结本章关于园区产业生态系统的阐述，深圳湾科技认为，随着产业升级及经营环境的日益复杂，企业的发展壮大对外部资源的需求将占据越来越重要的位置。也可以说，企业的发展就是比拼获取资源的能力。为什么创业企业成功的概率非常小？无外乎就是内部与外部两大因素，而且这两大条件都是必要条件，而不是充分条件。而深圳湾园区的产业生态运营探索，就是通过园区平台为企业提供1+3的全方位资源服务，使企业成长的速度更快，成功的概率更高。

第三章

突破传统：创造科技园区新盈利模式

第一节 科技园区商业模式的彷徨

商业模式是一个企业的核心要素。企业能否生存、能否赚钱、能否持续，良好的商业模式是必不可少的要素。

科技园区商业模式一直以产业地产模式作为核心基础。但与其他行业商业模式相对清晰、统一有所不同，科技园区的商业模式虽然可以统称为产业地产模式，但实际运作中却是百花齐放，甚至千差万别。其他行业商业模式的发展阶段都是三段论——创造、成熟、式微，但科技园区商业模式在任何阶段似乎都难以有规律可循，一直在不断地适应和寻找。

对产业地产，有研究者甚至归纳出几十种商业模式，让人眼花缭乱，也让很多从业者无所适从。而有代表性或有创造性的产业地产商业模式主要有以下几种：

一、华夏幸福：产业新城 PPP 模式

华夏幸福的商业模式，是一种集产业落地、区域开发、园区招商和城市

运营为一体，以产业撬动地产、以地产培养产业的"产业新城"PPP 模式，其本质是以往土地财政框架下政府平台公司片区开发和招商引资的市场化变种与优化。

在一定的阶段，华夏幸福模式具有存在与发展的价值，但有三个明显的局限：一是只适于产业发展初级阶段，因为产业成熟了政府就没有了与其合作的动力；二是只适于三、四线城市，因为一、二线城市的土地资源都很宝贵，园区平台主导不了城市开发；三是华夏幸福园区不可能形成高端产业生态圈，理由很简单，因为三、四线城市不可能引领、协同一、二线城市的产业发展，与中国暂时还引领不了美国产业发展是一样的道理，更直接一点，是华夏幸福不掌握真正的高端产业资源，比如像深圳湾科技园区所拥有的中国顶级产业资源。

所以，中国产业越向高端发展，华夏幸福模式就越受局限，这应该也是华夏幸福一直在积极谋求转型的根本原因。甚至可以说，华夏幸福将来应该不会是科技园区的代表性企业，当然，也可能转型成功，成为其他行业的代表性企业。

二、张江高科：科技投行的前行者

张江高科作为"园区 + 投资"的代表性企业之一，在行业中唯一做到产业投资利润超过科技地产利润，是中国产业园区领域"房东 + 股东"模式的旗帜标杆，开辟了一条"从赚土地的钱到赚产业的钱"的全新道路。张江高科自我定义的战略转型方向为科技投行，着力打造全产品线科技地产商、全创新链产业投资商和全生命周期创新服务商战略（即三商战略）。

张江高科做产业投资，一定程度上是客观条件逼迫与主动战略转型相结合的产物。早年的张江高科也与多数同行一样，主要利润来源于区域开发和物业开发，赚地产的钱。但是随着张江区域的不断扩张，留给张江高科进行房地产开发的空间越来越少，上海对于产业园区各类擦边球式的分割销售政策也日趋严格。对于那些还能依靠一、二级开发和房地产开发反哺产业园区的企业来说，产业投资只是一个管理层考虑的方向问题，对张江高科来说，产业投资的成败决定的是企业的生存问题。

张江高科的短板在于园区产业生态构建尚未成为运营业务的核心。投资的企业很好，回报也很高，但尚未摆脱传统投资机构的投资模式。这一点与后文介绍的深圳湾创新投资模式进行对比，就会非常清楚。同时，园区运营业务的创新还需要进一步提升，这本身也是投资业务创新发展的基础。

三、亿达中国：值得尊重的园区典范

如果要选择一个最值得尊重的科技园区，而且是单选题的话，深圳湾园区会选择亿达，即使亿达的对外扩张之路并不理想。这因为亿达是中国最早真正市场化、专业化探索科技园区专业运营的企业。亿达是一个从产业地产开发商自觉转向园区综合运营服务商的范本，即从以重资产为核心转向轻重并举的路径。甚至可以说中国所有园区的专业运营都是从学习亿达开始的。

亿达的轻重并举，是从产业策划、园区规划、楼宇建设、招商运营到增值服务，能够提供这一揽子的全产业链解决方案。虽然从实际效果来看，亿达并没有完全实现预期的目标，但这并不影响其在中国科技园区历史上的开创性、典范性价值。谋事在人，成事在天，影响结果的因素非常多，不应该简单以成败来论英雄。何况，10 年、20 年前亿达的辉煌，我们谁又曾有过。

四、联东 U 谷：专业运营探索者

尽管逐渐将自己定义为"产业园区运营商"，但总体来看，联东依然是一个典型的产业地产开发商，走的是一条低利润、规模化、标准化下的产业地产高周转之路。联东是目前国内唯一做到全国范围内标准化复制的产业地产商，联东目前已在全国 50 多个城市投资建设 230 多个产业园区，入园企业超过 12 000 家。

如果打个比方的话，联东堪称中国产业地产行业的"太祖长拳"。没有花活，拳拳到肉，以"平衡"和"匹配"的逻辑，以制造业精益生产的体系炼成二级园区的规模化之王。步入第四个发展阶段的联东正在扭转传统打法，加大了运营、自持和金融创新的比重。按照联东的规划，未来几年盈利增长点要落在赚取服务的增量上，在投资、金融、平台类的收益上做文章。

五、招商蛇口：到底该谁整合谁？

招商蛇口"前港—中区—后城"的空间发展模式看上去很完美，但有两个核心问题：一是商业模式的冲突。地产的快进快出模式与园区的长期运营模式本是两个可以独立存在的模式，但放在一个公司，尤其是在一个地产背景、地产根基深厚的公司时，一定是短期赚钱能力强的业务板块话语权大；二是话语权决定资源配置能力，园区专业运营的基础及空间取决于所掌握的运营资源，如果不具备足够的资源配置能力，科技园区专业运营就是一句空话，就更不用谈什么商业模式创新了。

六、天安数码城：教训就是最大价值

如果要选择两个最值得尊重的科技园区，除了亿达，深圳湾园区会选择天安数码城。遥想当年，这两者就是中国科技园区北派与南派的典型代表。但 2015 年和 2018 年的两度人事剧变，两任掌门人皆挂印而去，天安数码城自此不再是当年的天安数码城。

所以，天安数码城最大的价值在于告诉我们，科技园区的创新与发展，专业运营团队是必不可少的核心竞争力。科技园区不同于其他行业，专业运营需要高度的跨界复合知识能力，却没有专门的理论指导，大学里没有科技园区运营管理专业，市场上也很难找到现成的专业运营人才。自己好不容易培养出来的团队却未能好好珍惜，那还能怨谁呢？后文关于科技园区运营平台转型专业机构的论述，也离不开对天安数码城经验与教训的学习、借鉴。

七、产业龙头模式：强强合作才是方向

当前实体产业龙头介入科技园区开发也很盛行。充分发挥产业巨头的产业资源优势和金融资源优势，利用储备的优质土地资源，形成产业资本、金融资本、土地资本融合的优势，强势介入产业地产，理论上来说非常完美。不过，产业巨头什么都不缺，唯独缺了园区的必备资源——专业运营团队。而且，在产业龙头本已完善的组织体系内凭空加入园区业务板块，将会对既有组织体系带来诸多管理难题。因此，产业巨头做园区很成功的似乎很少，除非是像华为、阿里这样做自用园区的公司，但这样的园区实际没有

专业运营业务，因为内部不需要运营。后文讲深圳湾科技与华为合作智慧园区建设时会详述。

其实，在这样一个协同、共享的时代里，产业龙头应该转变思维，为什么要自己那么辛苦来做园区呢？找一个最优秀的园区运营平台合作，岂不是两全齐美的双赢！

八、地产巨头模式：专业的人应该做专业的事

受行业周期影响，前几年地产巨头均奋不顾身地跳进科技园区圈子，其中尤以产业小镇为盛，但结果多以一地鸡毛为主，最后不约而同地偃旗息鼓。

地产巨头进军科技园区的目标不是产业，而是拿地，这在地产专业上叫"勾地"。勾地是舶来品，是香港土地批租制度的一个衍生操作。但在内地，勾地发展成为对地方政府承诺足够的贡献，开发商低价获得定向出让的优质土地。所以，勾地的本质是土地，而不是产业。在商言商本无可厚非，但企业长远发展不能光讲故事。

地产巨头做科技园区，不可避免地受到既定的地产商业模式的束缚和影响。虽然都会盖房子，但商业模式完全不同。地产虽然已过黄金期，却也远未日落西山。隔行如隔山，建议地产巨头还是把自己的专业做好。

在此特别感谢"火花园区智略"，以上产业地产模式介绍素材主要源自他们的研究。

事物总会按照自己的规律发展，山重水复疑无路，柳暗花明又一村。谁也没有想到，科技园区行业最稚嫩的深圳湾科技园区，竟成为探索园区产业生态模式的"无心之柳"。

第二节　MyBay 平台的启程之旅

深圳湾园区的产业生态探索，最初的动力竟来自考核。

2017 年，市国资委对深圳湾园区下达了一项考核指标——年底前建立智慧园区系统。市国资委认为，这么核心的园区，应该有配得上它的智慧园区系统。因为有了这项任务，深圳湾科技才专门招兵买马，成立了智慧园区部。而这时，深圳的另一个明星园区——天安云谷的智慧园区系统早已声名远扬，既有自己庞大的智慧园区信息技术公司，又有总裁驾驶舱、半小时办公用品配送等炫目亮点。那深圳湾怎么办？怎么定位？怎么创新？怎么超越？这一系列的问题，都成为深圳湾智慧园区建设中一道道费解的难题。

从 5 月份起步，到年底也就半年左右的时间，这似乎是一个不可能完成的任务。

经过两次重大创新创业活动的历练，当时的深圳湾科技开始意识到，深圳湾的智慧园区不能停留在物业智能化，不能停留在服务便利化，也不能停留在参观接待用途上。企业才是园区最核心的资源，企业的需求既是园区服务的根本，又是运营模式创新的机遇。当时深圳湾园区已经有超过 700 家优质创新企业，员工超过 10 万人。所以，深圳湾科技决定，将解决园区企业核心需求和刚性需求作为其根本。

应该说，深圳湾科技那时对智慧园区在产业生态和商业模式创新的认识上还没有足够清晰，公司上下对智慧园区投入的认识也没有完全一致，包括前文介绍的园区产业创新生态发布大会所确定的的产业创新生态系统概念，也是在 2017 年 9 月才形成的。

为完成考核任务，深圳湾科技要求必须做到两点：一是年底必须上线；二是要能体现出科技园区平台的价值，也就是深圳湾园区独特的亮点。

这两点其实都不容易，但团队的潜力都是无限的，倒逼一下，说不定就实现了。应该说，当时公司刚刚成立的智慧园区部非常给力，对理念、战略的理解非常到位，执行能力也非常强。当时深圳湾科技招标的技术服务公司左邻科技也非常看重深圳湾园区这个标的非常小的项目，因为他们认定深圳湾园区会成为智慧园区的标杆，所以也是倾尽全力支持、配合深圳湾科技的工作。这些年深圳湾园区的发展也证明了他们的独到眼光，他们在深圳湾园区的实践经验已经反哺公司，成为左邻科技在全国拓展业务的核心竞争力。

开发进度的问题基本解决后，平台亮点成为更大的难点。经过反复思考、讨论，深圳湾科技确定将商务配套刚需的解决、示范作为重点。而且，如果刚需能够解决，打通的系统渠道就同样可以解决其他的服务领域（这也是"平台的平台"概念的雏形，后文详述）。

在此讨论过程中，深圳湾科技还完成了线上 APP 的内部征名。公司员工响应活动的热情非常高，一下子就推荐了二三十个名称，中文、英文都有，但都不是特别令人满意，缺乏眼前一亮的效果。当时时间已经非常紧张，因为涉及定名后还有一系列的登记注册手续要办。最后深圳湾科技组合了几个名称的闪光点，定下了"MyBay"作为正式名称，既与深圳湾园区的概念非常贴切，又很亲近，朗朗上口。

接下来的核心任务是寻找最合适的商务合作伙伴，否则系统开发再好，也是白纸一张。经过反复筛选、比较，深圳湾科技选择了两家来重点突破。

第一家是顺丰，因为顺丰非常有代表性，且顺丰总部及顺丰科技都在深圳湾园区，是园区的代表性企业。而且顺丰有自己的商业板块，当年的顺丰优选一度成为生鲜及进口食品电商的代表性平台。

第二家是美亚商旅。其实深圳湾科技首先并不是必须要选美亚，而是要找一家合适的机票酒店服务平台，因为园区企业和员工的机票酒店需求本身就是一块巨大的蛋糕。深圳湾科技最先也在跟排名第一的商旅平台接触，但发现对方并不是很认可园区平台的价值。其实也好理解，人家已是龙头老大，自然对自己的商业模式十分相信，也似乎没有必要在创新上投入太多精力，何况这种创新在一定程度上是一种自我革命。不过，随着这种思考的深入，深圳湾科技渐渐发现，互联网平台可能才是深圳湾园区今后的主要竞争对手（后文再详表）。

经过这个曲折，深圳湾科技找到了排名第二的美亚商旅。美亚商旅刚开始也并不认可跟我们的合作，因为他们主打的是企业商旅服务，业务模式是跟大中型企业月结，并且会提供短期融资并以此获利，跟园区平台合作需要投入额外的人力物力，但并不能非常肯定地看到业务的新增长。

美亚商旅深圳总经理项威威是个很棒的小伙子，但他开始也还是走不出自身业务的固有思维。比如深圳湾科技要求订酒店时园区中小企业也能享受华为这样的世界 500 强的价格，理由是深圳湾园区企业非常优秀，员工总量也跟华为差不多。项总提出的条件是园区应该给他一个交易量的保证。深圳湾科技提出不能保证，也不应该保证，而美亚对交易量应该有充分的信心，因为园区企业和员工就摆在面前。而且，与园区平台合作，能够充分降低成本，提高业务效率，使美亚有机会切入原本他们并不擅长的中小企业领域，这将成为他的业绩亮点，也能使深圳区域在其内部具备更大的竞争力。经过沟通，美亚接受了深圳湾园区的独特理念，这单合作也就达成了。

虽然 MyBay 平台刚刚起步，但深圳湾园区的平台准则从一开始就非常明确，即平台上的所有商品及服务都要充分体现出平台的价值，包括价格的优惠、服务的提升以及诚信与安全的保障，而不只是品牌。顺丰和美亚的加盟，都充分体现了这一原则。

顺丰的优惠是直接为园区所有员工减免会员年费。顺丰优选的年费是99 元，以园区 15 万员工计算，仅此一项便让利 1500 万元。同时，顺丰在位于深圳软件产业基地的总部办公室的一楼专门做了一个线下旗舰店，方便园区员工实现线上 + 线下的购物体验。而美亚，除酒店提供 VIP 客户折扣外，还承诺国际机票全网最低价；对于价格非常透明的国内机票，则承诺诚信无欺。这些承诺是很难得的，因为消费者在其他互联网平台上遭遇的机票销售"套路"一直层出不穷。

经过"艰苦卓绝"的努力，一个看似不可能完成的任务竟然真的完成了。2017 年 11 月 17 日，在深圳一年一度的高交会的前一天，在深圳湾科技园区产业创新生态发布大会上，深圳湾智慧园区的基础平台——MyBay 正式启用。

自此，深圳湾园区开启了源源不断的运营创新。

第三节　开创园区顾问咨询业务

MyBay 是被考核指标倒逼出来的，而深圳湾顾问咨询业务则是被一个特殊的客户倒逼出来的。不过，深圳湾科技一直都很喜欢被倒逼。

2019 年初，深圳湾园区来了一位特殊的客人——浙江省台州市高新区党委书记、管委会主任王荣千。他的特殊不在于职务，因为每天来园区考察的内地省市领导络绎不绝。他的特殊在于他的"三顾茅庐",他真的来园区密集考察了三次,每次都盛情邀请深圳湾科技去台州看一看,也特别希望深圳湾科技成为台州高新区新规划的中央创新区的规划顾问。深圳湾科技没有飘飘然地答应,原因有两个:一是业务工作实在太忙,而地级市园区并不是深圳湾科技的业务合作的重点方向;二是对自身能否担起咨询顾问责任缺乏自信,这不是讲讲故事,而是要真刀实枪地干啊。

黑石创始人苏世民在自传中谈到他的体会:如果有一个人向你提出了一个你从来没有听说过的新产品或新服务需求,那一定不会是一个个体需求,或许代表着一个新的市场。应该说,王荣千书记就是为深圳湾科技带来了一个新的市场——园区开发运营顾问咨询市场。这对传统咨询机构来说不是新市场,但对深圳湾科技来说就是。

碍于情面,深圳湾科技安排团队去了台州高新区考察。团队回来后说台州之行的收获很大。原来深圳湾科技并不完全了解台州,台州是中国乡镇企业发源地,是中国股份制经济发源地,也是中国市场经济发源地。台州的产业基础非常好,2018 年 GDP 接近 5000 亿元,全市上市公司达到近 30 家。如果将台州放到省会城市中排名,这两个数据它都能排进前20 名。

这次台州之行也正式带回了顾问咨询的任务。不过,任务是带回来了,但深圳湾科技的信心明显不足,经验、专业、团队等方面均有不小的短板。公司最担心的是如果贸然进军专业咨询领域,达不到客户预期的话就等于砸了深圳湾的招牌。

记得专题会上团队讨论得很热烈。既剖析不足,也探讨解决方案。最后大家达成一致:台州的热情和期盼无法拒绝,即使做不到完美,但总可以为台州高新区出一份力。更何况,台州可能为深圳湾科技业务创新打开一扇新的窗口。

会上大家对业务模式也有了共识，即立足自身园区开发运营的经验与教训，充分发挥深圳湾核心园区产业资源优势，再适当引进产业研究外脑合作开展完成咨询任务。这一模式也成为此后深圳湾科技开展顾问咨询业务的固有模式。

2019 年 6 月初，深圳湾科技再次赴台州，与高新区正式签署中央创新区台州湾创新广场及创智大街专业咨询合同。中央创新区是台州市科技新长征的主阵地；创智大街占地面积 2 平方千米，为中央创新区的高科技产业集聚区；创新广场是创智大街的标志性项目，肩负最新发展理念、最高开发标准、最集中产业资源等重要使命。

在这次台州之行的招商座谈会上，深圳湾科技的一个观点得到台州市领导的认同。深圳湾科技建议台州园区的招商核心不要放在招引市外大企业、大项目上，重点要围绕台州 20 多家上市公司及重点产业链，通过打造创新的科技园区平台，深入研究企业对发展资源的核心需求，真正为本地重点企业及配套企业的做大做强提供有价值的资源服务。这些企业发展好了，产业圈就自然形成了。至于产业圈形成的过程中，如果有必要新引进重点企业，则根据需要再考虑。这个思路与内地省市强调的招大商、招好商有本质的区别，而其来源，就是深圳湾园区产业生态系统和产业资源平台概念的延伸。作为专业机构，就是要体现这样的专业能力。

也正因为如此，园区平台变身专业机构，深圳湾科技拔得头筹。这个头筹，也为深圳湾科技带来了第一笔数百万元的咨询收入。服务能够换钱，深圳湾科技的团队用实际行动证明了。

签约后的那天晚上，深圳湾科技发出了关于签约仪式的公众号新闻，标题就是《这是一小步，却是深圳湾的一大步》。

台州咨询项目之后，深圳湾科技又迎来了另一个代表性咨询项目——山东淄博项目。两个项目的共同点是项目都源自内地省市领导考察，深圳湾科技把这种业务叫做"接待便是生产力"，而且应该把"接待变成生产力"。

2018年底，山东省委书记率领庞大的代表团考察深圳，其中重要一站便是考察深圳湾园区。山东省委书记回山东以后，要求全省各市各部门积极向深圳学习，而且必须有具体合作项目落地。2019年春节后，深圳湾科技收到一个辗转而来的淄博市考察函——淄博市委书记想带队来园区考察，并明确有园区合作意向。

淄博与台州有很相似的地方，产业基础都比较好。淄博市是重要的老工业基地，也是陶瓷、新材料基地，还是齐文化的发源地。因为有了台州项目在前，深圳湾科技便欣然安排了淄博市委书记的考察。

记得在园区考察座谈会上，淄博市委书记对淄博的介绍让大家记忆深刻。这位书记简直就是一个齐文化的专家，淄博的历史典故、文化渊源，他都是信手拈来，了然于胸，也表现出对淄博的发展充满了期待和感情。无论是做园区工作还是原来做招商工作，让大家有太多的机会与优秀的人交流学习，这是一个很大的乐趣。而这位书记是一个既有趣，又有水平和魄力的领导。

按照正常的"套路"，在这个座谈会上，深圳湾科技与淄博签署了一个战略合作协议，这门亲戚就此结下了。接下来，就是深圳湾科技与淄博的园区平台公司——淄博城运集团做具体的项目对接。

淄博项目比较特别。首先它是将核心科技园区规划在新的中心城区的城市，500亩的园区规模虽然与内地省市动辄千亩、万亩的产业片区规划相比不算太大，但将城市核心优质土地资源拿出来做园区的并不多见；其次是深圳湾科技遇到了一个难题，这个项目在对接一期工程时就已经处于挖坑阶段，已在开工建设了，这对咨询来说是一大难题，因为产业定位、产业规划、建筑功能都应该与前期规划设计进行协同。

比如，该项目的一期便是一栋巨无霸的多层单体建筑，建筑面积高达30万平方米，但它的定位竟然是孵化器。这可能是深圳湾科技见过的最大的孵化器规划。孵化器好不好、要不要，其核心要搞清楚孵化器在产业生态系统中的定位，而不能根据一股热潮来大干快上。深圳湾创业广场算是孵化器集聚的标杆了，但深圳湾园区每年都在调整优化。

孵化器在园区产业生态系统中，属于重点产业子系统中的一个部分。产业生态就是两个体系：一是上下游的协同协作关系；二是大企业与中小微企业的生态合作关系。所以可以看出，孵化器的定位与使命就是孵化、培育小微企业。在产业生态中，孵化器是不可缺少的一环，但不能成为独立存在。独立存在的孵化器缺乏实力承担一个区域产业的整体培育使命，对当地 GDP、税收等积极贡献也有限。

非常难得的是，淄博的各级领导思想非常开放，接受新生事物也非常快。深圳湾科技与淄博城运集团很快达成了轻资产顾问咨询合作共识。淄博也成为深圳湾科技 1+7 全链条咨询（后文详述）落地的第一个城市。2019 年 9 月，深圳湾科技与淄博城运集团就淄博创新谷项目签署合作协议，为项目提供全周期专业顾问服务，将助力淄博打造首个融产业孵化、科技研发和总部办公于一体的创新高地。淄博需要创新模式、创新理念和创新资源；深圳湾需要完整产业链资源的支持，以及完整的园区产业生态模式实践。

淄博项目还具有特别的意义，它是深圳湾科技提供开发运营 1+7 模块、全链条服务的第一个项目，合同金额也正式迈上千万元级台阶，这更让深圳湾科技看到了顾问咨询业务的价值空间。对淄博项目 80 亿元的总投资来说，以千万元级的费用使项目更加科学、更好落地，而且能与深圳及深圳湾园区共享资源与经验，也绝对是物有所值的交易。

第四节　向 IBM 学习

经过台州和淄博两个项目的实践，深圳湾科技也逐步形成了在顾问咨询业务中独特的优势、原则、目标和模式。深圳湾科技的顾问咨询业务与传统的专业咨询机构不一样，其拥有两个核心优势：

一、深圳湾科技本身就是科技园区平台

在中国所有做园区咨询业务的机构中，深圳湾科技是真正开发运营过大规模、高品质科技园区的。这与 IBM 开发管理咨询业务类似。1997 年圣诞节前夕，时任 IBM 总裁的郭士纳迎接了一批来自中国的客人。郭士纳向中国客人介绍了 IBM 先进的企业管理经验，中国客人决定向 IBM 学习企业管理。中国客人回国后，经过公司内部紧张激烈的讨论后，同意了 IBM 咨询服务的报价——20 亿元人民币，并且没有砍价。这个以当时看来是"天价"的价格请 IBM 做管理咨询的中国公司就是华为。而给华为做管理咨询的并不是一家专门的咨询公司。所以，深圳湾科技有理由相信，深圳湾园区的经验，尤其是教训，是具备输出价值的。深圳湾园区在开发建设上已经梳理出了自己的标准，可以避免园区开发少走很多的坑；在专业运营上深圳湾科技一直走在前面，自然也可以让更多的园区少走弯路，更多地创造价值。因此，更快提升自身开发运营能力，并积极向 IBM 学习顾

问咨询业务模式，成为深圳湾科技一个重要的创新业务方向。

二、深圳湾园区具有独特的高端产业资源以及丰富的产业生态

传统专业咨询机构可能在产业理论能力上强于深圳湾，但产业研究、产业导入的目的是落地，离开了落地，就不具备价值。深圳湾园区拥有的11家列入世界500强企业的创新中心和52家上市公司，这是深圳湾科技能实实在在掌握的优质产业资源。深圳湾科技不是简单地为内地招商引资，而是提供产业载体和产业规划指导，同时替园区重点企业的全国区域布局、市场布局提供平台，提高效率，降低风险。实现三方多赢，是这项业务的基本商业逻辑，也符合深圳湾园区一贯强调的提供的任何服务都必须实现多赢的原则。

当然，深圳湾科技对咨询合作项目的选择有自己的原则和标准。一般来说，目前深圳湾科技只做一、二线城市的园区项目，或者产业基础好的地级市的重点园区项目。这不是深圳湾科技嫌贫爱富，而是尊重产业协同规律。深圳湾园区希望能在全国乃至全球构建科技园区产业创新生态，需要的是优质产业资源和创新资源。而这些优质资源，自然更集中在上述重点区域的重点园区之中。所以，深圳湾科技做顾问咨询并不只是为拓展业务而拓展业务、为创收而创收，也不是项目完成后收钱走人，深圳湾科技一个更终极的目的是项目完成后、园区建成后，这些园区都成为深圳湾园区产业生态联盟的重要组成部分，大家共同扩大园区资源平台，共同开展园区产业生态运营。

在具体的模式上，基于现有园区开发建设运营经验，深圳湾科技进一步总结提炼了深圳湾科技园区生态体系。目前可提供全链条咨询顾问服务、

招商运营服务及智慧园区软件平台开发与实施三项轻资产服务。

深圳湾科技轻资产服务的总体思路是以"深圳湾"品牌和标准为依托，以深圳湾核心园区为标杆，探索咨询服务、委托运营、加盟共享、合资运营等多样化的合作方式，面向全市、粤港澳大湾区及国内核心区域和城市进行模式输出，积极推进市国资委、深投控"一区多园"战略，有效抓住市场机遇，扩大产业储备，拓展丰富客户网络，提升区域产业合作层级，领先布局全国，统筹整合运营深圳市内外园区资源，带动土地、技术、资金、人才等产业资源及要素优化配置，建立功能协调、产业互补、成果共享的园区产业资源平台，实现深圳湾产业创新生态跨地区链接和资源协同，充分发挥深圳对大湾区及内地省市的辐射带动作用，增强深圳的产业地位与城市竞争力。最终实现深圳湾科技"专业机构、资源平台、价值再造"的战略定位。

具体合作模式是合作方根据项目情况及需要，按模块选取所需服务，通过服务采购方式聘请深圳湾科技为项目产业运营总顾问。深圳湾科技统筹公司资源和专业机构开展相关工作，合作方负责组织协调各类资源，与深圳湾科技共同科学引导项目按照深圳湾科技园区标准打造创新产业生态标杆园区。

目前深圳湾科技提供的服务包括以下几方面。

（一）全链条咨询顾问服务

由深圳湾科技统筹开展项目的专业研究工作，包括产业规划研究、园区规划研究、产业导入及招商策略、效益平衡策略、运营管理方案、智慧园区规划、设计管理咨询等 7 个模块的咨询顾问服务，即 1 个技术统筹 +7 个专项研究。具体内容包括：

1. 产业规划研究

梳理上位规划以及政策文件对项目区域产业发展的要求，分析项目发展面临的机遇与挑战；组织开展全面市场调研工作，厘清产业发展基础，了解政府及企业对项目产业发展的期望；提出项目战略定位，明确项目产业定位和产业发展目标；进一步分析项目核心产业、主导产业、配套产业、产业链环节、产业发展次序、产业协同关系等；围绕选定的产业方向，在每个方向上选择 2~4 个重点发展的细分领域；分析产业载体与配套需求，规划生产制造、研发、配套等功能空间配比。

2. 园区规划研究

结合产业规划研究成果和深圳湾科技实践经验，组织开展园区概念性规划和功能规划研究。通过调研项目所在区域发展背景、周边环境与现状产业条件，结合上层次和相关规划的要求，分析项目发展面临的机遇与挑战，研判项目的发展目标与定位，从用地功能、规划结构、交通分析、市政与公共配套设施、空间规划与城市设计等方面提出符合项目特质的概念性规划方案；并以概念规划方案和产业规划定位为前提，围绕建设产业服务平台为核心，落实产业研发用房、产业生产用房、产业配套用房及公共配套设施的空间需求，合理规划园区的功能空间配比，实现园区规划的愿景，承载产业的发展。

3. 产业导入及招商策略

根据产业规划及概念性规划，对主导产业、核心产业、配套产业进行深入调研。如龙头企业、产业链带动型企业、重点配套企业，分析企业落地意愿及落地诉求；拟定产业导入所需的产业、人才、住房等配套政策；分析项目产业导入的实施路径，明确产业导入分步实施目标及推进建议。

结合项目开发情况和合作方要求制定招商推广工作目标、工作计划、实施方案、保障措施等。编制项目总体招商推广、重点招商活动等策划方案，包括合作模式分析、客群分析、招商政策、招商策略、招商计划、招商渠道、广告宣传、活动筹划等内容。

4. 效益平衡策略

根据规划指标、建设内容、建设及运营成本、功能配比、租售比例等基础条件和市场调研实际情况搭建测算模型，分析项目投融资、现金流和投资损益结果等情况，并根据产业规划、市场调研和政府扶持政策、产业导入预判等不同边界条件进行多方经济平衡测算，评估项目总体的经济效益、社会效益、项目风险，从经济平衡角度提出合理实施建议。

5. 运营管理咨询

参照深圳湾科技园区运营标准构建项目运营管理体系和园区产业创新生态系统，以园区运营思维，从组织、人员、空间、资产、生态运营等方面提出运营管理思路及方法。重点包括组织架构、部门和岗位配置及职责的公司管控体系设计；产业资源、资源性资产及经营性资产的业务流程、质量标准及考核办法；运营风控及园区安全管理制度；产业创新生态系统构建方法及措施等。

6. 智慧园区规划

以产业创新生态运营的理念，运用感知化、互联化、智能化的技术手段，以信息化平台为依托，构建包括智慧招商与资管、智慧服务、智慧物联、智慧能源四个模块的智慧园区运营体系。结合项目建设进度，从园区全生命周期运营的视角参与设计评审，提出弱电智能化系统建设标准或设计变更意见、注意事项、构建时序及优化建议。通过智慧运营平台 MyBay 将项目纳入深圳湾科技园区生态体系，依托、共享深圳湾科技园区乃至深圳的全球性、全产业链资源平台，突破项目的区域性资源限制，为园区产业及企业提供源源不断的优质资源支持。

7. 设计管理咨询

结合深圳湾园区规划设计、开发建设经验，对项目的幕墙、景观、泛光、装饰、标识等 5 个专项的方案设计提供咨询服务。根据项目规划、策划定位报告、建筑设计方案、专项方案设计、地方政府要求，重点把控各专项方案的设计效果、实施效果，给予咨询建议。同时对项目前期设计招标、后期现场监管、图纸深化及运营维护等工作给出指导性建议，力争把项目打造成地区的标志性、标杆性、代表性项目。

（二）招商运营服务

根据项目情况，合作方与深圳湾科技可选择运营顾问服务、全权委托运营及成立合资公司共同运营三种合作模式。由深圳湾科技组建专业团队提供相应的招商运营服务，联合合作方项目运营团队落实运营管理方案，保障智慧园区系统运营，链接深圳湾科技园区优质资源，构建项目产业创新生态及产业资源平台，锻造具备产业运营能力的专业团队。

（三）智慧园区软件平台开发与实施

由深圳湾科技统筹智慧园区软件平台的开发建设、实施及运维，链接深圳湾智慧运营平台，共享深圳湾资源平台。软件平台开发建设主要基于智慧园区规划方案，建设涵盖智慧资管、智慧服务、智慧物联、智慧能源四个应用模块的智慧运营中心、园区综合门户、园区运营管理端（PC+ 移动端）、企业服务端（PC+ 移动端）、个体服务端（移动端）等服务端口。

结合项目运营管理场景化需求和运营模式要求进行平台部署及初始化，支撑智慧园区平台实施，并在平台交付后首年持续对系统平台提供在线系统运维服务，保障智慧园区正常运行。

至此，深圳湾科技已经形成了一套比较完整的轻资产顾问咨询业务模式，不仅对外输出深圳湾园区模式，使顾问咨询业务成为园区运营创新收入的重要部分，而且顾问咨询业务成为深圳湾园区产业生态伙伴拓展的重要途径。同时，顾问咨询业务也倒逼深圳湾科技自身能力的提升，如果不能永远走在行业最前面，深圳湾科技就会失去业务、失去价值。

第五节　鲲鹏故事带来的商业空间

《庄子·逍遥游》中有这么一个典故：北冥有鱼，其名为鲲。鲲之大，不知其几千里也；化而为鸟，其名为鹏。鹏之背，不知其几千里也；怒而飞，其翼若垂天之云…… 蜩与学鸠笑之曰："我决起而飞，抢榆枋而止，时则不至，而控于地而已矣，奚以之九万里而南为？"适莽苍者，三餐而反，腹犹果然；适百里者，宿舂粮；适千里者，三月聚粮。之二虫又何知！小知不及大知。

译文是这样的：北方的海里有一条大鱼，名字叫鲲。鲲非常巨大，不知道有几千里长；变化为鸟，名字叫鹏。鹏的脊背，不知道有几千里长；当它振动翅膀奋起直飞的时候，翅膀就好像挂在天边的云彩……寒蝉与小灰雀对此觉得很奇怪，它们说："我猛地起飞，力图到达榆树和檀树的树枝，有时还飞不到，也就落在地上而已。为什么要到九万里的高空再而向南飞呢？"到近郊去的人，晚餐前就可以返回，肚子还没饿，不需要干粮；到百里之外去，晚上就要准备第二天的干粮；到千里之外去，就需要三个月的时间来准备粮食。寒蝉和灰雀这两个小东西当然不懂得这些道理，小智慧不如大智慧。

化鲲成鹏，就是庄子所述的从相对幸福向绝对幸福转化的过程。华为将自主计算产业命名为鲲鹏产业，应该也是这么一个寓意。

2019 年 10 月，深圳湾科技获悉华为要与深圳合作成立鲲鹏产业源头创新中心。这时深圳湾科技对鲲鹏产业是什么还一无所知，但深圳湾科技认为华为在这么一个关键的时刻成立一个创新中心一定不是一件小事。

做招商工作的最大好处就是拥有无数学习的机会，鲲鹏产业就是一个很好的范例。争取鲲鹏产业源头创新中心项目的过程，就是一个学习新产业的过程。经过学习，深圳湾科技了解到，社会各行各业现在所用的信息系统，从底层技术到核心硬件与软件其实都是美国公司所掌控的，包括英特尔的 CPU、微软的操作系统、甲骨文的数据库等。华为创立鲲鹏产业，相当于要牵头构建一个完整的国产自主可控的信息化系统，要可靠、好用而且经济。华为把它叫做第二计算平面。

如果从这个角度看，与鲲鹏相比，华为的 5G 和鸿蒙对华为乃至中国创新的影响力可能远远不在一个量级，只不过大众对 5G 和鸿蒙接触比较多而已。任正非先生也因此说，如果美国想要，华为可以把 5G 技术卖给他们。

但深圳湾科技从这个项目信息中嗅到了机遇，把握这个机遇来源于深圳湾科技对产业生态的敏感。前一章已经详述了深圳湾科技园区产业创新生态的构想与实践，但深圳湾科技意识到，可能园区已有的重点细分产业纵向子生态都比不上今后的华为鲲鹏生态那么宏大、那么深入，能为深圳湾园区带来这么大的价值。所以，深圳湾园区必须拿下这个项目。

决心是有了，但深圳湾科技遇到的困难比历年来所有的重大项目带来的困难都要大。那些 500 强跨国公司论品牌、论实力，哪个公司可以说都不在华为之下，但面对这个就在自己家门口的 500 强，深圳湾科技的团队深感力不从心。根本的原因是深圳湾园区遇到了强劲的对手，而且是一个跟园区完全不在一个量级的重量级竞争对手。华为深圳代表处其实就在深圳湾园区办公，业务沟通一直都非常紧密，但当深圳湾科技打电话给华为深圳办时，他们直接说这个项目已经确定选址了，让深圳湾科技不用再做努力。

面对当头一盆冷水，深圳湾科技的团队并没有放弃。一盆盆冷水对于招引优质项目来说那是常态，冷水越多说明项目越好。深圳湾科技的团队经过深入讨论，确定了两个努力方向：一是尽量与华为高层沟通，让华为更好地了解深圳湾园区企业和园区生态对华为更快更好地构建鲲鹏生态具有更大的价值；二是通过市国资委、工信局等政府部门渠道为园区积极争取。

在与华为沟通方面，深圳湾科技通过各种渠道向华为可能关系到鲲鹏项目落地的各个业务板块传递深圳湾园区产业生态体系的信息，包括华为各相关事业部及广东代表处、深圳代表处等。古话说，得道多助，在此过程中，深圳湾科技得到了园区内外好多企业及朋友的帮助，他们也都认为华为选择深圳湾园区将是最正确的选择。

在争取政府支持方面，深圳湾科技也做了最大的努力。其中，市国资委一直在积极帮深圳湾园区做工作。在这个过程中，市政府召开了多次专题会议。每一次会议上，市政府分管国资的领导、市国资委主要领导等都大力支持深圳湾园区，阐明鲲鹏产业源头创新中心落户深圳湾园区是最佳选择。市国资委主要领导还对深圳湾科技特别强调，深圳湾园区的使命就是探索专业运营之路，一定要全力争取这个难得的机会。

坚持正确的方向，事物就会发生有趣的变化。一段时间过后，华为正式通知深圳湾科技，他们将派出一个外部专家组对候选地址进行专业考察。这对深圳湾科技来说是一个天大的好消息，意味着深圳湾园区终于进入了公平竞争行列。

专家组很快就过来了，深圳湾科技甚至来不及做太多的准备。其实也无须特别的准备，深圳湾的生态运营模式已经深深刻在深圳湾科技团队人员的心中，PPT 也已讲过无数遍。深圳湾园区杂志的 4 期生态专刊不仅仅是很好的考察材料，也详细记载了园区生态实践的方方面面。所以，功夫在平时，就是这个意思。

专家组的专家对深圳湾科技都不熟悉，组长是金蝶 CTO 张良杰，几位成员也都是行业内的知名人士。张良杰博士是 ACM（美国计算机学会）杰出科学家以及 IEEE Fellow（国际电气与电子工程师协会会士），并兼任深圳市千人专家联合会会长。加入金蝶之前，曾任 IBM 服务计算学部的首任主任、IBM 软件集团工业化标准的首席架构师，并于 2003 年创立了面向全球的"服务计算"学科。专家组在深圳湾园区的考察是轻松愉快的，绝大部分时间似乎不像在考察，而是双方对产业生态的深度交流。考察结束，深圳湾科技心里稍微有点底了，只要华为真心为生态着想，那么深圳湾园区获取这个项目就有信心。而深圳湾科技相信，华为之所以取得今天的成就，靠的就是市场化和专业化。

经过这次考察，专家组的成员后来均成为了深圳湾园区的生态合作伙伴，这就是深圳湾园区的吸引力。生态创造价值，何愁朋友与知己。

转眼到了 2019 年 12 月，突然有一天，深圳湾科技被通知，鲲鹏产业源头创新中心正式确定落户深圳湾科技生态园，并明确由深圳湾科技与华为共同运营创新中心。要求深圳湾科技尽快筹备、尽快投入运营，因为华为鲲鹏生态的构建刻不容缓。虽然办公室还没开始装修，但深圳湾科技胸有成竹，因为园区产业生态是现成的，双方的团队也是现成的，这个时候就能体现出深圳湾园区的生态价值。深圳湾科技一天也不耽搁，创新中心的筹建工作和鲲鹏生态的推动工作立即双轮驱动。

最后，鲲鹏创新中心正式定名为"中国鲲鹏产业源头创新中心"。12月17日，创新中心在深圳湾科技生态园正式举办合作签约暨启动仪式，活动由华为和深圳湾科技共同主办。中国鲲鹏产业源头创新中心成为深圳打造全国鲲鹏产业示范区的重要平台载体。深圳湾科技将承接创新中心日常运营工作；华为公司将向鲲鹏生态合作伙伴提供鲲鹏云资源、技术支持、联合创新、标准制定、测试认证等全方位生态服务。

目前，鲲鹏已成为园区生态与产业生态的融合样本。一方面，深圳湾园区已经具备的丰富产业资源将有效支持华为鲲鹏生态平台高质量、高效率构建；另一方面，以华为生态平台为代表的科技创新战略平台代表着深圳从应用技术创新向基础核心技术及产业生态发展两大方向延伸发展，其所带来的上下游广阔市场空间和丰富产业资源也将极大地帮助园区中小创新企业获得行业珍贵的发展资源和发展机会。

华为鲲鹏生态与深圳湾园区生态以融合发展拉开深圳产业创新序幕的同时，也将极大地丰富深圳湾园区的创新商业模式。

商业模式就是企业盈利、赚钱的模式。虽然支持华为是深圳湾园区的责任与使命，但华为鲲鹏产业同样为深圳湾科技构建新的园区商业模式提供了重要范本。

首先，深圳湾科技一直强调鲲鹏产业源头创新中心必须具备良好的自我造血能力，实现可持续运营，而不仅仅是一个成本中心。为此，深圳湾科技已经为创新中心设计了一系列可以直接产生收益的业务模式。包括：
（1）人才培训业务——以鲲鹏工程师认证为核心的培训业务，将鲲鹏工程师逐步打造成为像微软工程师认证那样的权威证书；**（2）测试认证业务**——与专业机构合作，或者在条件成熟时设立专门机构，拓展鲲鹏软硬件产品和解决方案的测试认证业务，并牵头制定标准；**（3）品牌会展业务**——基于鲲鹏产业链上下游业务需求及协同协作，打造鲲鹏品牌会展以及相关延伸业务等。

其次，华为鲲鹏生态极大丰富了深圳湾园区的产业资源平台。鲲鹏产业作为进口替代、国家信息安全战略及内循环的重要产业，产业链成千上万的生态合作伙伴事实上已经成为深圳湾园区产业资源平台的一部分。今后深圳湾园区与华为合作的智慧园区平台（园区线上服务平台）完善之后，鲲鹏产业链上下游的生态合作伙伴都将成为园区平台的运营客户，也将为深圳湾科技产生源源不断的运营收入和价值。

再次，华为鲲鹏生态对园区招商已经产生了直接的收益。最高境界的招商是不需要招商。鲲鹏产业源头创新中心所积聚的产业资源及整合产业资源的影响力，已经使深圳湾园区成为鲲鹏产业的一块吸铁石。兆易创新、长鑫存储、人大金仓、文思海辉等一批鲲鹏核心企业已经落户园区。在2020年疫情及国际环境的双重影响之下，深圳湾园区出租率及企业经营情况表现出令人惊讶的稳定性，除长期以来园区坚持的入园企业高品质标准外，这几年来园区所潜心打造的产业生态也明显发挥出了重要作用。

最后，未来投资也将成为深圳湾园区商业盈利的更广阔空间。在直接运营收益的基础上，随着内循环的发展，鲲鹏产业的重要性及市场空间都将越来越大，那么，园区平台基于鲲鹏产业源头创新中心，就能掌握越来越多的产业链上下游优质中小创新企业的经营状况，并选取最优秀的企业进行投资。这部分的收益空间，可能是无法估量的。

所以，华为鲲鹏产业源头创新中心并不是一个简单的招商项目，而是深圳湾园区运营商业模式的重要支撑，和园区其他的重点产业链生态一起，共同构成了无限的商业想象空间。

第六节　科技园区如何创新投资模式？

前文已经多次提到对园区优质企业的投资。可能大家会问，园区拓展投资业务并不是一个新的概念，你们是不是新瓶装旧酒？确实，前面章节还介绍了张江高科的园区投行模式。不过深圳湾科技强调的是投资模式的创新，而不是简单的、传统意义上的投资。

首先介绍一下深圳湾园区投资的三大方向：

一、强制跟投

虽然叫"强制"，其实一点也不强制。每一个入驻深圳湾园区的企业，在租赁合同中均有一个强制跟投条款——企业每一轮融资，深圳湾科技享有不高于 5% 的跟投权。从理论上讲，深圳湾科技拥有园区企业无数的跟投权，深圳湾科技可以选择其中最优秀的企业进行跟投。而且，园区平台投资园区企业还有风险低、成本低的优势，因为优秀的项目，一定会有优秀的投资机构进行主投，他们都眼光独到、技术专业，园区平台根本无须做重复的尽调和复杂的研判。而且园区企业的具体经营状况与发展态势，园区平台比任何尽调机构都清楚。后文还将介绍深圳湾园区独特的投资合作模式。深圳湾科技作为国有园区大平台，目前还没有企业拒绝这一强制跟投条款，反而都特别欢迎，都愿意跟园区成为一家人，这也是强制跟投一点也不强制的缘由。

二、服务换股权

服务换股权也不是新鲜事，但深圳湾园区可能还是有点不一样。经过深入探讨，深圳湾科技与IDG达成合作运营企业加速器的协议，并拿出两层办公用房作为第一期用房。房屋租金由IDG承担，入驻企业进驻后需全额分担租金。在此基础上，深圳湾科技与IDG分别以园区运营服务和专业服务换取入驻企业的部分股权，少则5%，多则两位数以上。以目前已签署协议的两家企业为例，按照企业的融资估值，深圳湾科技无偿获得的股权已经超千万元。随着公司估值的提升，股权价值也还将提升。预计到2020年底，至少还可以再获取3家公司的股权。而这种模式，后续还可以继续拓展：一是IDG希望在深圳湾园区拓展加速器空间，也希望与深圳湾科技在全国的园区布局中一起拓展新的市场；二是这种模式也可以像强制跟投权一样，应用到所有的园区企业上。只要他们认可园区运营服务价值，相信相当部分的企业会接受这种创新合作模式。另外，深圳湾科技正在与园区其他的头部企业商谈，采用类似的模式，共同孵化他们产业生态体系的优质小微企业。

三、重点产业链投资

基于园区重点细分产业生态、产业链的项目投资。一般的投资公司也会选择细分产业，但园区的优势不仅仅是有着丰富的选择，而且实实在在掌握着这些产业链的资源。除鲲鹏产业链外，深圳湾园区还有字节跳动产业链、空客产业链、人工智能产业链、金融科技产业链、智能硬件产业链等众多的产业链投资资源。投资标的才是投资的核心所在，其他都是围绕标的服务。

投资业务主要分为投前和投后两个阶段，而园区参与投资业务具备独到的优势。首先，在投前阶段，园区运营数据分析将成为项目筛选和项目尽调的重要依据，尤其是在智慧园区平台日益完善之后，运营数据分析的重要性将越来越突出，运营数据分析将成为降低投资风险的有效手段；其次，在投后阶段，深圳湾园区资源平台的所有服务，都将成为全方位的投后服务。也正因为园区资源平台可以无限拓展和无限丰富，所以比传统投资公司靠投资项目积累资源更具优势。同时，园区平台对园区企业经营状况发展变化的掌握，也非常有利于及时控制企业投后的经营风险。

深圳湾园区之所以能够改变投资模式，正是基于这些核心优势。而且这些优势具有几乎无法复制的门槛，因为深圳湾园区是独一无二的，园区拥有深圳最核心的创新资源。但其他园区以及投资机构也不用担心，因为深圳湾园区是一个开放的平台，园区的投资模式也是一个创新的合作模式，而不是封闭的模式。

专业的人做专业的事，但专业的人不能只做专业的事。深圳湾园区的投资业务模式，就是一种跨界、混搭的模式。以深圳湾科技与投控资本合作成立的深圳湾园区产业投资基金为例：投控资本作为专业投资公司，负责组建投资团队作为基金管理人。但深圳湾科技也不是单纯的基金投资人，深圳湾科技的运营团队将与投资团队分工协作，共同推进投资项目。目前这个基金的主要任务是作为行使深圳湾科技强制跟投权的投资平台，以及作为服务换取股权的承接平台，今后深圳湾科技将进一步拓展重点产业链投资基金业务。

对于深圳湾科技来说，其自身并没有付出太多额外的精力和成本，但成功实现了投资收益。对投控资本来说，它们找到了一条投资的捷径，特别是增强了它们在行业内的竞争力。这就是深圳湾园区新商业模式最基本的理念——通过园区平台的打造，让专业机构帮园区平台赚钱，深圳湾科技认为这才是好的商业模式。同时，帮园区平台赚钱的专业机构自身也创新地借力深圳湾园区平台赚到了更多的钱，而且还实现了业务模式的创新。

所以，今后拥有优质园区资源的投资公司可能才是优秀的、领先的投资公司。

第七节　园区商业逻辑：平台的平台

深圳湾科技一直在思考：什么才是最好的商业模式？园区商业模式的基础是什么？以及商业模式如何创新。总结来看，好的商业模式可以分为两类：一类是技术创新模式，一类是平台运营模式。前者如美国的高通、英特尔、甲骨文，英国的 ARM，荷兰的 ASML 等。能掐住中国科技产业"脖子"的美国企业，都属于这种类型。后者如美国的苹果、谷歌、Facebook，中国的百度、阿里和腾讯（以下简称 BAT）等。为什么中国有BAT 能作为代表？因为技术不是这类型商业模式的核心门槛，资本能力、市场空间才是关键。

很显然，中国绝大部分企业目前还没有直接对抗美国科技产业打压的能力，科技园区的任务就是帮助园区企业实现更高的竞争力，因为科技园区就是一个资源平台，有企业发展所需的各种资源。所以，园区商业模式创新的方向一定是基于园区资源能力的平台化模式。

深圳湾园区已经是一个优质的资源平台，我们拥有 1000 家优质创新企业、15 万高端员工。从商业角度来说，这已经是一个非常优质、非常有价值的客户群体，这是深圳湾园区商业模式的基础客户。不过，这个平台还不能支撑一个完整的园区产业生态。如果热带雨林是一个优质、完整的生态系统，那深圳湾核心园区就相当于曼哈顿的中央公园。很显然，曼哈顿中央公园周边虽然环绕着全球顶级的金融巨头，但仍然不能称之为生态系统。

那深圳湾科技园区怎么才能成为适应、构建产业生态系统的园区呢？可以设计两条路径：

一、园区模式输出路径

包括轻资产和重资产两种模式。深圳湾的轻资产顾问咨询业务不仅仅是赚专业服务的钱，更深层次的目的是要同步将外地优质园区项目的产业资源和员工资源整合到深圳湾园区资源平台上来，有效扩大深圳湾园区资源平台的规模和质量。还有一种轻资产模式，深圳湾科技正在与内地一重点省会城市商谈，共同运营其 500 万平方米的科技园区，这些优质园区的资源同样也将整合到深圳湾园区资源平台上来。至于重资产模式，相对会比较困难，主要是因为内地省市很多都有被房地产或产业地产公司深刻忽悠的惨痛教训，存在"一朝被蛇咬，十年怕井绳"的问题。科技园区其实不可能完全市场化，政府不可能依靠简单的招拍挂即能坐等来优质的产业，也基本不要指望地产商能带来产业。深圳湾科技对重资产投资非常谨慎，必须在可研性上严格符合国企对外投资的基本要求。另一方面，深圳湾科技更看重当地政府是否真正认可科技园区的产业生态模式，愿意给予资源及政策支持，共同朝着产业生态打造的方向前进。

二、优质园区加盟路径

在拥有深圳湾核心园区之后，重资产园区项目其实不是深圳湾园区平台扩大的必选项，因为园区平台已经具备了打造核心资源平台的基础和能力。在此基础上，深圳湾科技设计了优质园区加盟模式。打一个比方，可以将深圳湾智慧园区平台当成美团平台，深圳湾园区的每一个园区就相当于美团的一个城市频道。园区平台每加盟一个园区，就为这个园区增加一个园区频道。加盟园区不仅可以依靠深圳湾智慧园区平台强大的功能实现园区内的资源服务功能，更能使加盟园区共享深圳湾核心园区乃至所有园区的所有资源。所以，对加盟园区来说有三个直接的好处：一是零成本实现智慧园区服务覆盖，不需要另外投入 IT 资源；二是瞬间提升自身园区的资源服务能力，尤其是内地的园区也能共享深圳等一线城市的高端产业资源和优质专业服务资源；三是加盟园区在平台实现的交易提成，深圳湾科技将与加盟园区对半分成。要知道，这部分收入，如果没有深圳湾智慧园区平台强大的资源整合能力，加盟园区自身是无法实现的。

美国正式打压华为后，任正非破例接受了中央电视台的专访。记者董倩问他：“我们都知道华为的产品又便宜又好，但美国就是不买怎么办？”任正非露出婴儿般的纯真微笑，回答说：“不买就亏了。”

深圳湾园区相信，所有的优质科技园区，是不会让自己亏了的。

按照深圳湾园区对园区平台规模的规划，在深圳湾智慧园区平台完成升级后，要在 2 年内使平台达到 10 万家高新技术企业和 1000 万高端员工的规模。从更长远来看，这个规模还可继续增长。

这两个数据不是拍脑袋来的，其逻辑是两个 10 倍。首先是深圳区域在核心园区基础上用户增长 10 倍，达到 1 万家高新技术企业和 100 万高端员工的规模。以深圳 300 万市场主体和 2500 万人口规模来看，应该不是天方夜谭。在深圳实现 10 倍增长的基础上，深圳湾园区平台在全国各省市再扩大 10 倍的规模，那么这个初步目标就实现了。

10 万家高新技术企业、1000 万高端员工，这是多少互联网企业梦寐以求的客户群。不过，虽然深圳湾园区将拥有一个庞大的线上平台，但深圳湾园区平台与互联网平台有着本质的区别。这个问题先放一放，先解释一下什么叫"平台的平台"。

"平台的平台"最通俗的说法就是自己尽量不直接赚钱，尽量让别人为自己赚钱。看上去不是很厚道，但其实最厚道。深圳湾园区发挥聪明才智、倾尽全力做好智慧园区线上服务平台系统，也就是打造最坚实的园区基础平台。在此平台上，深圳湾园区使最优质的企业和机构成为平台产品和服务的提供商，这些企业都是深圳湾园区平台上的细分专业平台，比如顺丰、美亚、京东、怡亚通、国任保险等。这些企业的服务得到平台客户的认可，就能赚到更多的钱；能赚到更多的钱，深圳湾园区平台就能赚到更多更多的钱。所以深圳湾科技一直让运营团队一定要明白一个道理：你能力再强，你直接赚钱的能力也是有限的，园区平台需要团队学会的是具备让别人帮你赚钱的能力，这就是平台思维。

所以，深圳湾园区运营的基本原则是自身不提供直接服务，而是让优质生态合作伙伴提供服务，深圳湾园区为大家提供生态发展的平台和机会。而且基于深圳湾的园区生态平台，专业服务、商务服务的各行各业都能创造新的业务模式和商业模式。比如前文提到的美亚商旅，它原本难以覆盖中小企业业务，但通过园区平台就实现了；比如银行原本都是侧重优先大客户业务，现在也积极与园区平台对接了；比如人力资源机构，可以依托园区创新提供的中小企业的人力资源需求整体打包服务了……在园区生态平台的支持下，只要你有创新思维，你就有创造价值的无限可能。所以从这个角度看，园区平台赚钱也是行善积德。

再来看一看深圳湾园区平台与互联网平台商业模式的区别，这是一个很重要的问题。线上＋线下是互联网平台商业模式的基本逻辑，广阔的线上平台提供了无限的商业想象空间，但线上平台的虚拟性使流量与获客存在不确定性，因此获客成本也居高不下。为解决获客问题，互联网平台的通用手法便是通过补贴、优惠等方式"烧钱"。但"烧钱"的成本又倒逼营收与利润，因为资本的目的是赚钱而不是慈善。为了营收与利润，只能迫使平台在取得市场垄断地位后采取涨价、压迫合作伙伴或者使用各种不诚信经营方式。这就形成了一种恶性循环，使互联网平台天生具备的消除中间层、实现资源共享的优势逐一消失，也使消费者陷入深深的困惑——这是我们需要的平台吗？这真的是新经济模式吗？比如当前最热的蚂蚁金服确实做到了业务创新与快捷方便，却无法掩盖其小额贷款高达18%年化利率的本质；比如这次互联网平台卖菜为什么遭遇劈头盖脸的批评？就在于社会各界都不再相信互联网平台是单纯抱着卖又便宜又好的菜的"初心"。

再来分析科技园区平台。与互联网平台正好相反，科技园区平台的商业逻辑是线下＋线上，先有了线下的企业和员工资源以及他们的需求，再用线上的技术方式去实现服务。而这种线下资源是园区平台实实在在的资源，并不需要通过"烧钱"的方式去获客，园区平台所需要做的就是做好服务。因此，科技园区平台的商业模式是建立在园区服务基础上的商业模式，而不是互联网平台那种资本驱动的纯商业模式。基于服务、基于线下平台，就自然拥有了规模化的高黏性、高净值客户，就自然形成商业机会，形成商业模式。

所以，科技园区平台与互联网平台的商业模式相比有三个根本特点。一是商业模式的驱动力源于园区服务，而不同于互联网平台的资本驱动；二是平台服务的本质是实现园区资源配置、资源整合，平台的交易行为是实现资源配置和资源整合的具体形式，而互联网平台是单纯为实现商业利益而驱动交易；三是科技园区平台能有效解决互联网平台无法解决的诚信与安全问题。电商平台的售假、商旅平台的"套路"欺诈、打车平台越来越高的价格、外卖平台对餐馆的高提成盘剥等已经成为其自身无法解决的问题。也因为互联网是一个虚拟平台，所以不诚信的成本非常低。但园区平台是一个线下平台，就好比微信群中诚信度最高的家人群和同学群，如果在园区平台出现诚信问题，不诚信的代价将非常高。同时园区平台作为一个本质是提供服务的平台，会有无限的动力控制平台的不诚信问题。

从这个角度来看，科技园区平台代表了平台型商业模式的发展方向。

本节最后，举例介绍一下深圳湾园区平台与国任保险在 MyBay 平台上共同建立线上保险与理财平台的计划。国任保险前身是信达财险，2017 年深投控控股信达财险后更名为国任保险。国任保险依托"粤港澳大湾区"和"中国特色社会主义先行示范区"的"双区"地缘优势，以建设成为一家具有核心竞争力的数字化科技型现代财产保险公司为发展愿景，将努力打造成为保险行业创新转型的先锋、服务客户的典范和科技应用的标杆。总结为一句话，就是国任保险要成为深圳乃至中国独具特色的科技保险公司。国任保险既是深圳湾科技的兄弟企业，也是深圳湾园区的入园企业。

深投控控股国任保险的目的就是为园区科技企业服务，创造更大的金融价值。所以国任保险与深圳湾园区平台的合作既是必然，也将是"平台的平台"的范本。

深圳湾科技与国任保险的合作计划是在 MyBay 平台上建立一个类似于微信微保的服务平台。用户体验以微信微保为标准，但提供独具科技园区特色的保险及理财产品。在保险产品方面，深圳湾园区平台将推出针对中小创新企业的知识产权抵押贷款保险，帮助企业解决贷款难的问题；我们也会针对园区员工推出优惠的天天车险产品，按实际开车天数缴纳车险费用。今后，深圳湾园区平台还会开放这个平台给其他能提供优质产品和服务的保险公司。此外，针对目前大家对理财产品安全性存在顾虑的痛点，该平台将建立园区自有的理财平台。一方面客户限定为园区企业、员工及国资国企系统员工；另一方面，理财资金将通过国资国企自身专业金融机构进行管理，并仅选择园区优质项目及国资国企优质项目进行投资，以保证理财产品的安全性。

由此可以看出，MyBay 线上保险与理财平台看上去与微信微保技术及表现形式相同，但商业逻辑、服务理念大不一样，因为园区平台的目的是提供服务，然后园区平台又可以依托园区产业生态系统这个巨大的平台，使服务与收益达到平衡。

第八节　字节跳动加盟深圳湾园区

2019 年底，深圳湾科技从特别的渠道获悉字节跳动在深圳将有重大的项目布局，深圳湾园区平台由此开始了与字节跳动团队的接触。当时，深圳有若干优质写字楼项目都在极力争取字节跳动入驻，而且都开出了深圳湾园区很难开出的优惠条件。深圳湾科技的团队按照深圳湾园区一贯的专业运营理念，以园区产业平台与生态合作作为园区的独特竞争力，与字节跳动进行沟通、谈判。而且，深圳湾园区的深圳湾创新科技中心刚好即将竣工，其区位、品质、景观以及各种配套都可以说是无与伦比。所以，字节跳动在选址的过程中，虽然出现过一些小曲折，但还是毫不犹豫地选择了深圳湾园区。深圳湾科技从一开始就对字节跳动表示，双方之间不是简单的租赁关系，深圳湾科技更看重的是生态合作关系，而且一定是多赢（不仅仅是双赢）。

确定租赁细节的过程，实际也是双方沟通生态合作的过程。很快，双方就碰出了一系列的火花。包括共建园区办公用品集采平台、共同推广字节跳动的移动办公工具——飞书，以及共同打造数字经济企业加速器等。

经历了特殊的疫情之后，2020年9月29日，深圳湾科技的团队来到了字节跳动北京总部，开始正式探讨生态合作的落地。

关于园区办公用品集采平台，灵感来源于字节跳动自用的办公用品货柜。字节跳动利用其自身员工规模优势，联合京东建立了极具价格优势和服务保障的办公用品供应渠道，但数万员工领取办公用品却成为一个难题，占用了大量行政资源。为解决这个问题，字节跳动自主研发了一款类似于自动售卖机的办公用品智能货柜，设置在办公区的各个角落，员工可随时随地按配给数量自助领取所需文具。同时后台又可以自动统计、分析办公用品使用状况，并根据需求调整采购品类、数量。这套系统既提高了员工工作效率，又降低了行政成本，还杜绝了浪费。

但如果将字节跳动办公用品货柜引进作为园区服务，还存在两个不足：一是货柜基于内部供应而生，没有运营的概念；二是货柜内办公用品的品类太少，难以满足园区企业的多方面需求。

为此，深圳湾科技建议字节跳动利用 MyBay 联合共建园区办公用品集采平台，建立线上货柜＋线下仓库双渠道供应模式。员工最常用的基本需求（包括笔、笔记本、纸巾等），可由企业在集采平台系统中自主设计自身员工在货柜自助领取的权限及数量，以货柜供应为主；其他重点办公用品（比如电话机、饮用水、打印纸等）由企业行政人员集中在线上平台下单订购，集采平台在每个园区设立小型线下仓库，并建立园区内快递平台，订单确认后由物业管理人员兼职抢单送达。既保证敏捷反应，又为物管人员提供增加收入的机会。

园区办公用品集采平台能带来良好的效益。对园区企业来说，办公用品采购会占用很多行政成本，集采平台既便宜又方便，没有理由不选择。对深圳湾科技来说，集采平台就是园区平台线上的一个专业商业平台，园区成千上万家企业的办公用品业务量集中起来会是巨大的，这将会成为园区平台运营收入的一个稳定来源。对字节跳动来说，本身是一个创新的企业，与深圳湾园区合作后，将变得更加创新。不仅可以通过内部服务系统切入园区线上＋线下商业平台的运营，而且可以使作为公司后台的行政部门变身前台部门，由成本中心转变为利润中心。哪里还有比这更有意思的事呢？

关于飞书推广，更需要园区平台的创新支持。这次深圳湾科技在字节跳动总部体验了他们的飞书视频会议系统，因为会议有他们在北京另一个办公区的同事及一位深圳的同事线上参加。让深圳湾科技团队惊讶的是，飞书视频会议系统的效果远超大家使用过的其他视频会议系统，真正做到了跟在一个会议室开会相差无几的效果，这又增强了双方合作的信心。

飞书是一款办公工具，上市时市场上已经有多款非常成熟、非常强大的竞品。而且，多款竞品推出时间已经很长，积累的用户也非常多。所以，飞书虽然很不错，但如何后来居上，却不是一件容易的事。但是，以园区生态支持园区企业发展不是一句空话，何况飞书本身就是一款非常棒的应用。

深圳湾科技给字节跳动的建议是，必须将飞书以及飞书的应用功能与深圳湾园区智慧园区平台的技术和商业模式融合深度对接。在技术对接上，深圳湾科技当前正在推进的智慧园区系统迭代工程中，除实现系统对接外，基础服务功能应直接在MyBay平台中应用。即实现飞书是MyBay的一部分，MyBay也是飞书的一部分，你中有我，我中有你，成为一个整体。在商业模式融合上，在尽可能多的园区线上运营服务功能上以园区平台引导用户，让用户逐步认可基于飞书的MyBay服务更方便、更优惠、更有价值。比如，园区办公用品集采平台得到企业的肯定，则可以设定先下载飞书才能享受集采平台服务，当然前提是飞书真正能体现这些价值。如果集采平台能行得通，那么园区门禁、访客、停车、会议室预定、视频会议、物业服务等方方面面都可以嵌入飞书应用系统。也就是说，深圳湾园区平台并不是以在园区打压飞书的竞品来帮助飞书，而是通过提升运营服务来帮助用户了解飞书，以及逐步培养园区用户的应用习惯。用户开始时可能需要并行两套办公工具，但慢慢地他们会发现基于园区平台的飞书更能满足他们的需要，并更有价值，这就叫"不战而屈人之兵"。在深圳湾园区新的商业模式中，这样的例子将不胜枚举。

关于数字经济企业加速器，其设计原理与深圳湾科技跟IDG合作的企业加速器模式相似。不同的是，字节跳动是一个具有强大平台、强大资源的数字生活顶级龙头企业，其本身就在引领一个庞大的数字生活产业生态。而在其中，产业链上的中小创新企业具有极大的投资价值。所以，深圳湾科技建议字节跳动在深圳办公室中拿出部分办公用房来合作，一起来做数字生活企业加速器，由深圳湾科技与字节跳动联手直接为创新企业提供双重平台资源支持。从商业模式设计上，一方面，参考深圳湾科技跟 IDG 合作的企业加速器模式，对入驻企业要求无偿贡献一部分股权给两个平台，这就是服务换股权；另一方面，对真正优秀、潜力大的企业，双方可以共设投资基金进一步投资，以实现更大的投资收益。

从这个案例，就可以清楚地看出，深圳湾科技所设计的园区产业生态运营模式不只是一个愿景，也不只是一种情怀，完全可以实实在在地成为一种创新的商业模式。同时也可以看出，在这个逻辑之下，大企业让自身的创新和生态插上了翅膀，中小企业可以依托双重平台的资源更快更好地发展，而深圳湾科技同样获得了创新的发展机会。所以最好的商业模式一定是多方共赢的模式，一家独享的商业模式一定不可持续。

字节跳动最后认为，大家所期盼的共享经济模式，在科技园区平台上就能得到有效的实现，而目前其他类型的平台，都还不能称得上是真正的共享经济。相谈甚欢之后，已经到了午饭时间，字节跳动盛情邀请深圳湾科技团队体验他们的员工餐。在北京中航广场字节跳动的负一层餐厅，大家端起盘子，与字节跳动的员工一起排队打饭，吃了一顿免费的午餐。

第九节　园区数字化对战略及商业模式的意义

2020 年 7 月，深圳湾科技生态运营中心为公司推荐了一家美国咨询机构——Gartner，说他们在业内影响力非常大。任正非先生说过，任何时候，我们都应该向美国学习。不过，在看过 Gartner 的业务介绍的 PPT 之后，大家仍然没有完全弄明白 Gartner 是一家什么样的机构。

7月底，深圳湾科技与 Gartner 深圳办公室进行了首次座谈。座谈中，深圳湾科技首先了解 Gartner 到底是干什么的？ Gartner 介绍说他们是专注于做 IT 技术咨询的专业公司，他们也是华为 10 年的 IT 技术和产品规划的咨询服务机构，这也就说明了 Gartner 的顶级专业水准。然后他们介绍的一点让人印象深刻：Gartner 作为美国上市公司，其市盈率远高于其他上市咨询公司数倍。这是了不起的指标，说明他们在细分领域的竞争力很强，也说明业务价值很高。

9月23日，Gartner 在深圳举办了一场小型的专业咨询讲座，主题为"数字化转型：数字化时代的九问及全新 IT 运营模式"。参加的企业包括万科、华润、招商、美的、广汽、华大基因、中国燃气、深圳能源等知名企业的 CIO，深圳湾科技也应邀参加。

分析师首先列举了一个案例：2019 年 11 月 14 日，耐克集团正式发布公告，称公司决定结束与亚马逊零售平台的合作。同时公司将继续投资于耐克与其他零售商和平台的牢固、独特的合作关系，以无缝地服务全球消费者。耐克与亚马逊的两年试水合作戛然而止，震惊了整个零售业。2017 年，耐克入驻亚马逊平台，被认为是传统零售业最后的倔强臣服于渠道转型之下。但耐克结束与亚马逊的合作并不等于耐克放弃电商渠道，反而是选择了一条新的电商之路，即自建电商渠道。为此，耐克更是聘请贝宝 (PayPal) 董事长、eBay 前首席执行官多纳霍 (John Donahoe) 担任公司的首席执行官。此举表明，耐克不是放弃电商，反而是对电商越来越感兴趣，只不过它认为应拓展新的电商模式。

而耐克之所以放弃亚马逊平台，除电商渠道成本高，以及电商平台的售假、恶性竞争、腐败等其他争议行为严重影响耐克品牌形象外，背后还有一个非常重要的因素，就是亚马逊这样的电商平台虽然提供了强大的销售渠道，却使品牌商无法获取全面的客户数据，耐克从亚马逊这样的电商平台那里只能得到基本的销售数据。电商平台会把其他更重要的客户数据当作自有数据资产，要么不会提供，要么需要品牌商购买。这对于数字化时代的品牌商来说，是不可能接受的事实。所以，耐克放弃亚马逊平台就在逻辑之中了。

因此，耐克自建电商渠道之后，一定会将数据业务作为数字化战略的核心。基于耐克强大的运动产品优势及市场占有率优势，耐克很快就能积累天量的运动用户数据。这些数据一方面会成为耐克自身产品规划、研发的有效依据；另一方面，耐克完全可以成为一个细分领域的健康大数据平台，面向医疗保健、运动新材料，甚至生物医药等众多专业领域提供数据产品，并通过投资并购、业务合作等方式构建大健康生态体系，耐克也将可能从传统消费品企业变身为一家新公司。

不过，是不是自建电商渠道、下定决心进行数字化转型就能解决问题？肯定不会这么简单。数字化转型的核心，首先是要明确战略及目标，所以公司数字化转型不是一个简单的 IT 问题，而是事关公司战略的大事。

两位专业分析师用很短的时间为大家梳理了企业数字化转型的发展方向与关键点，为参会人员带来很大收获：

（1）数字化转型意义远大于 IT。一般企业对数字化转型的认知其实是不到位的，基本是将数字化转型等同于 IT 服务业务。这会带来两个问题：一是没有从战略层面规划数字化转型，从而无法真正适应数字化时代的到来；二是正因为缺乏战略眼光，从而会导致在数字化转型的资源配置上达不到转型的需要，最终无法实现转型目标。

（2）数字化转型的三大价值。分析师列举了汇丰银行数字化转型的案例。汇丰银行通过建立业务撮合数字化系统，通过提供智能搜索服务为 30

万家自身客户提供合作机会，并为自身带来三大价值：一是以差异化服务体现出了汇丰银行在多如米铺的商业银行中的特有价值，提升了自身的竞争优势；二是发现新的业务机会，在撮合业务的过程中银行可以根据企业需求开发新的产品和服务，甚至拓展新的业务领域；三是有效增强原本商业模式的韧性，也带动自身金融业务的提升。

（3）**转型价值如何衡量。**数字化转型的价值方向毋庸置疑，但不宜过早强调价值。过早强调就等同于业绩考核，这往往会扼杀创新。数字化转型是公司发展战略，在公司战略中，成熟业务以保生存为主，创新业务决定公司的未来。数字化转型就属于创新业务，所以有一个从量变到质变的过程，要看长远。创新业务到了成熟阶段后会呈现爆发性增长，并逐步演变为成熟业务。从短期来说，创新业务也不是没有价值，公司的创新战略对提升股价和估值都有很大好处。

（4）**数字化转型路径。**在起步阶段，特别需要关注的是IT技术必须与业务需求紧密结合。IT是为业务服务的，业务的创新发展又需要IT的有力支撑；在发展阶段，不能追求完美。发展阶段需要关注的是根据业务需求快速迭代、不断迭代，在探索中逐步完善。所以需要锤炼的是敏捷反应能力，不怕存在问题，就怕不能快速解决问题。在成熟阶段，需要完成转型，将创新业务转变为成熟业务，从而实现商业模式的创新与颠覆。从渐进到颠覆，这就构成了数字化转型的路径。

（5）**数字化与信息化的矛盾。**很多时候，大家会将数字化与信息化混淆，其实这是两个不同的概念。数字化更多地意味着创新与颠覆，但信息化更侧重的是流程的优化与效率的提高。同时，由于数字化大量采用人工智能算法，强调数字系统的自我决策、智慧决策，这与信息化的流程规范化存在矛盾。所以说信息化是为改造传统模式而生的，而数字化是为创新新模式而生的。

（6）**IT 如何与业务握手**。这是一个难题，往往理想很丰满，现实很骨感。IT 人员深入理解业务不容易，而业务人员也很难具备 IT 创新思维。所以，数字化开始时不要追求完美，可以先定大方向，先做大模块，做出来给业务部门先试用，然后根据业务部门的反馈意见再反复修改、完善。同时，应让 IT 部门深度参与业务规划，让他们更好地理解业务，这样才能使 IT 更好地与业务握手。

（7）**未来趋势**。数字化是一场变革，而不仅仅是变化，既包括业态与商业模式的变革，也包括与之相适应的组织管理的深刻变化。只有从战略的角度来看待数字化转型，才能真正适应数字化转型。在此过程中，一个显著的特点是要求企业全员、全方位拥抱数字化。

在与分析师的互动交流中，深圳湾科技提出了自己的思考：首先是建议将数字化转型改为数字化创新。因为"转型"的含义带有被动性，而且没有很好地体现变革的特征，而"创新"既代表主动的态度，也体现了更强的变革特征；其次，建议在数字化过程中应增强企业的外部资源能力，因为创新与变革的难度都非常高，单纯依靠自身资源和能力成功的机会非常小，但如果有强大的外部资源支持，结果可能就大不相同。

之所以提出这两个建议，是因为深圳湾园区平台既体现了主动创新，同时也具备为企业提供丰富的外部资源的能力。

深圳湾智慧园区平台建设已经确定了与华为进行战略合作的思路。一方面，因为鲲鹏产业源头创新中心的缘故，深圳湾科技必须将深圳湾智慧园区平台打造成鲲鹏产业的示范性和标杆性项目；另一方面，深圳湾科技已经与华为沟通好，共同制定智慧园区的中国标准，华为侧重制定智慧园区的技术标准，深圳湾科技侧重制定智慧园区的运营标准。

在这个指导思想下，深圳湾科技对深圳湾智慧园区平台的方向与定位进行了分析。与一般科技园区的智慧化不同，深圳湾园区关心的不是智能化，不是配套服务，而是让智慧园区平台成为商业模式创新的核心平台。所以深圳湾科技与华为沟通，深圳湾智慧园区平台不是物业智能化集成，也不是信息化系统，深圳湾园区需要的是一步到位，按照 BAT 平台的模式构建园区统一的线上交易平台。线上服务既是资源整合，也是商业交易，而且从园区平台信息系统构建的角度来看，更强调的是必须适应交易的需要。同时，它还需要有强大的加盟功能，能够像美团一样，快速地、无缝地将自有园区和加盟园区的资源联通起来，并以良好的用户体验来实现交易。

现在很多科技园区做智慧园区系统时都非常强调数据的积累和应用，这本身没有错，但问题是数据从何而来。单靠智能化系统和配套服务所积累的数据，还远远达不到大数据的概念，离数据的商业化应用也就更远。而百度、阿里、腾讯之所以具备强大的数据积累和数据产品化能力，正是因为其平台从一开始就是交易平台而不是数据平台。如果交易平台做好了，用户规模越来越大，交易功能越来越强，在不断交易的过程中自然而然就形成了天量的数据，等数据积累到一定的阶段，自然成为一个大数据平台。所以大数据平台不是规划出来的，而是交易出来的，这就是深圳湾智慧园区平台的根本要求。

第十节　科技园区新商业模式展望

商业模式创新的核心是"创新"，但创新并不容易，受到的制约因素非常多，也需要天时、地利、人和的客观条件，所以，每个时代真正创新的企业少之又少。而那些跟在后面的企业，虽然也打着创新的旗号，但其实还称不上创新。而且，商业模式创新与技术创新不一样，技术创新是靠提升市场准入门槛来获取利益；而商业模式创新靠的是理念、逻辑创新，以及资源整合。

如果要举一个经典的案例，那就是苹果手机。因为苹果成功的核心因素不是技术，而是商业模式。苹果开创了智能手机时代，但当时并不是只有苹果掌握智能手机技术，比如诺基亚是当年更大的手机巨头，也掌握智能手机技术。那为什么是苹果成功、诺基亚陨落呢？其根本就在于战略的区别。苹果认定未来的市场是智能手机的时代，并据此制定了新的商业模式——生态模式；而诺基亚仍然停留在功能机的巨大成功之中，因为已有产品的利润太丰厚了，又怎么舍得放弃到嘴的肥肉呢！何况，对于公司经营层来说，每年的 KPI 指标天天都悬在头上，而且经营层所有激励的实现都依赖于已有成熟产品的利润，那为什么要花很多的精力、代价和风险去做还存在太多未知和不确定性的创新呢？所以对诺基亚公司的经营层来说，他们是没有战略创新的动力的，而且相信当时的诺基亚也没有一位像乔布斯那样的战略领袖。"一失足成千古恨"，战术与战略的区别就在这里。

说到这里，需要展开谈一个问题，即纯粹市场化是不是企业的最优选择？诺基亚无疑是一个纯粹市场化的企业，它也做出了最市场化的选择，但结果是诺基亚倒下了。华为也是一个市场化的企业，但它在市场化的同时其实干了好多不是特别市场化的事，比如它高昂的基础研究投入及那么多的"备胎"。如果没有特朗普，华为的这些投入可能就打了"水漂"。还有国有企业经营班子的市场化选聘，如何建立良性的长效激励机制？又如何适应国企特殊的要求及特殊的创新？这都是需要思考的问题。

言归正传，可以来总结，诺基亚卖的是手机，赚的也是手机的利润，所以可以把它归结为传统的商业模式；而苹果卖的也是手机，虽然也赚手机的利润，但它更能通过智能手机的应用生态赚钱，而且业务和利润的空间远远超过单一的产品收入，这就是生态的价值，也是商业模式的变革与创新。

如果对科技园区的两种商业模式总结一下，可以发现，产业地产模式的科技园区就好比诺基亚，卖的是单一产品——房子。当房子好卖、利润高时，日子自然是好过的；但当政府对园区产业的要求越来越高时，时代就已经在发生变革。而产业生态模式的园区，其商业模式的核心是从园区产业生态平台中创造价值，这一点与苹果的商业模式非常类似。同时，园区产业生态平台的构建与政府产业培育的要求是相辅相成的，所以一定是代表未来的商业模式。

不过，真正创新的企业在初期往往是可能受到质疑的，深圳湾园区的创新商业模式也是如此。原因非常简单，因为还没赚钱给大家看，很多的人也都还停留在诺基亚式的思维里。这个问题实际是上一节在园区数字化转型中解读过的，对一个创新的商业模式来说，它代表着行业的战略方向，甚至是在创造新的行业。既然认定它是战略方向，所以就不能太着急，更应看它是否代表未来，需要重点从产业方向、商业逻辑、技术发展等核心因素去洞察，而不能光盯在眼前的利润上。当然，既要仰望星空，也需脚踏实地，战略也是一步一步实现的，不可能在未来某一天睡醒之后突然实现了。

从科技园区来说，商业模式的变革可以分为三个阶段。即产业地产阶段、探索变革阶段及产业生态阶段。产业地产阶段即完全是地产业务的阶段；探索变革阶段是在自发的创新及政府政策的推动下，开始探索新的业务方向；产业生态阶段即已形成全新的商业模式，完全突破了地产模式。

目前的阶段主要处于探索变革阶段，科技园区行业内当前处于一种彷徨状态。一方面，业内已经形成共识，纯粹的产业地产模式已经前行乏力，也越来越难以得到政府的支持，大家也都开始在摸索专业运营与产业投资，但总感觉很难真正突破。这时候，其实科技园区行业需要一个"苹果"的出现，而深圳湾园区已经勇敢地走在了前面。

深圳湾园区探索产业生态模式并没有停留在概念上，前文论述的产业生态系统搭建和商业模式构建已经是深圳湾科技不断探索、推动的过程。而且，也如前文论述产业生态系统一样，在构建全新商业模式方面，深圳湾园区同样具有得天独厚的优势。除产业优势外，深圳湾园区还代表了深圳科技园区的"深圳模式"和"深圳标准"。这对于产业资源平台的拓展及轻资产运营业务对外影响力的形成均是独一无二的优势，深圳湾科技既不能浪费机会，更不能辜负深圳的厚爱。

从商业模式的业务基础来说，科技园区创新离不开开发、运营、投资三大领域。所不同的是，如何对三大领域进行科学定位以及依托园区资源进行开创性创新。

科技园区平台一般将三大业务板块的顺序这样排开——开发、运营、投资。但这是一个保守的排序，也是妨碍创新的排序。深圳湾园区商业模式中的排序是这样的——创新运营＋创新投资＋创新开发。这里面的逻辑关系是：首先要确定以产业资源平台专业运营为中心的逻辑，这是商业模式的战略方向。同时产业资源平台代表了平台式商业模式的发展方向，这是整个商业模式最创新、最有商业价值的核心板块。在确定方向的基础上，依托产业资源平台，再创新地发展投资与开发业务。也就是说，没有创新的运营，就没有创新的投资与创新的开发，所以这是一个全新的商业逻辑。

前文对各环节具体业务的创新探索已经进行了介绍，这里再对各板块的战略发展目标进行一下阐述：

一、创新运营板块

它是战略的核心基础，因此它的想象空间也异常巨大。我们认为，科技园区运营平台至少可以成为以下几种让人振奋的平台：

（1）**创新的电子商务平台。**基于科技园区线下用户优势及科技园区联盟的用户规模、质量优势，10万家高新技术产业和千万级优质高净值员工资源完全可以支撑一个具备巨大商业价值的电子商务平台，而且这个平台可以完美解决互联网平台所带来的诚信与安全问题。

（2）**高效高价值的供应链平台。**供应链是企业发展的核心要素。园区产业资源平台本身的任务就是对接、整合产业资源，可以通过将行业顶级龙头企业的供应链资源与专业供应链公司结合起来，创造一个基于园区运营平台的高效高价值供应链平台。

（3）**创新的科技产业化平台。**目前，深圳湾科技正在与一家世界500强科技企业创新平台对接，双方计划共同设立一个创新的科技产业化基地，将各大500强企业已经完成研发但无法列入主业的研发项目进行产业化，并带动项目投资业务发展。这也将真正使深圳湾科技的"科技"属性名副其实。

（4）**最靠谱的金融服务平台。**深圳湾科技与国任保险合作的线上保险服务平台只是园区平台金融服务的第一步。基于园区线下企业及员工海量的金融服务需求，今后理财、信托、融资租赁等金融服务都将具备无法想象的市场空间，因为园区平台的项目资源优势与安全、诚信优势无可比拟。

（5）**独特的大数据平台。**前文已述，在交易平台的基础上，数据的积累和大数据的形成是一个自然而然的结果。到了这个阶段，深圳湾科技就会成为一个大数据公司。基于园区大数据，深圳湾科技可以开发各种大数据产品。比如可以为银行、证券、保险、担保、投资机构等提供园区数据报告。

（6）领先的人工智能平台。深圳湾园区之所以要高标准地开发智慧园区系统，核心在于园区复杂的运营服务需要强大的 IT 技术支撑，比如高效搜索、智能撮合、精准推送等。这其中，人工智能技术必不可少，而且应该越来越强大。也可以说，园区平台完善的过程就是人工智能平台形成的过程。

（7）最可信的信用平台。线下平台最基本的要求就是诚信。深圳湾园区已经在智慧园区系统中规划了"深圳湾信用指数"板块。基于园区大数据，今后 MyBay 平台对每个入园企业和每位入园员工都将自动生成其在园区系统中的信用指数。深圳湾园区也在同步与建设银行等专业服务机构建立数据共享系统。今后凭借自身"深圳湾信用指数"就可以直接办理纯信用贷款等金融业务。同时，深圳湾科技还可以依托园区信用数据与金融机构合作开发金融服务产品，进一步拓展创新运营业务空间。

……

其实，基于园区资源平台及园区用户需求，深圳湾园区还可以设计出无限多的产品与服务，比如住房、汽车团购，房屋中介，外卖、打车平台等。或许应该问的是还有什么是园区平台做不了的，或者是深圳湾园区没必要去做的？

二、创新投资板块

前文介绍了深圳湾园区参与投资的三种主要模式，即强制跟投权、服务换股权以及重点产业链投资。在这里需继续阐述的是，园区参与投资将会给投资行业带来什么样的深刻变化。

社会对现有投资行业的印象是：投资团队每天西装革履进出高端写字楼办公室；每天匆匆忙忙飞来飞去满世界看项目；邮箱每天收到无数的商业计划书及 PPT；每天要参加各种项目路演、活动……好不容易拿到好项目之后，又是大量的谈判工作、技术工作压得投资团队喘不过气来；投资之后，又要操心被投企业无数的发展问题，以及各种不可控风险。因此，看似无限光鲜的背后，却也饱含不为人知的艰辛。

而当投资机构与园区平台合作后，或将极大地改变投资的业务模式：你的办公室可能会从 CBD 搬到科技园区，与科技公司在一个园区甚至是同一栋楼办公。渐渐的你的着装会像在科技公司一样轻松舒适；你也不用再飞来飞去，因为园区已经有足够多的优质项目供你选择；你也不用再为优质项目抢不到投资额度而发愁，要么你是捷足先登，要么园区企业也会愿意为园区平台及合作机构留出份额；商业计划书也变得没有那么重要，因为园区企业早就成了你的朋友，你对他们的商业模式早就了然于胸；尽调也变得简单，因为有园区大数据提供最真实的经营状况；投后服务也不用操心太多，因为所有的园区运营服务都等同于你的投后服务；园区平台比你还关心园区企业的成长，因为园区平台与你已经成为投资利益的共同体，只要园区企业的蛋糕变大了，你们就都会有更大的收益……

所以，投资与园区的有机结合，就能开出创新的花朵。如果我们持续创新，或许我们很快会构建出全新的投资模式。

三、创新开发板块

之所以将"创新"放在前面，是因为产业生态模式下，具备地产属性的开发建设板块也会创新。

（1）**创新的建筑设计。**基于园区运营对产业需求的深刻理解，园区平台最了解企业对园区载体的功能需求。园区平台可以指导传统建筑设计公司做专业的科技园区设计；园区平台也可以考虑收购合适的建筑设计公司，使其转型为专业的科技园区建筑设计公司。

（2）**创新的建设管理。**基于园区平台对科技园区开发的深刻理解，园区平台可以拓展专业的建设管理外包服务，或者开发科技园区代建服务。这些服务可能不是最有营利性的业务，但可以帮助园区平台加深对园区载体的理解，并为园区平台培养一支专业的科技园区开发队伍。园区平台可以打造或收购基础设施建设管理的专业公司，使建设管理的创新业务变为现实。

（3）**创新的咨询服务。**在深圳湾科技的轻资产咨询业务中，设计咨询、智慧园区咨询、能源设备管理咨询等都是直接与开发业务相关的，是园区平台可以创新拓展的业务范畴。

（4）**创新的定制开发。**科技园区开发的最高境界是定制园区。既不需要招商，也不需要为园区规划设计绞尽脑汁。因为即使是绞尽脑汁，最后园区功能要求可能也不能完美满足企业的需求。但在园区生态系统和产业资源平台的基础上，园区平台可以批量掌握园区企业的区域布局需求。按照这些需求，园区平台就可以在合适的区域与当地政府合作，定制化开发相应的科技园区。即园区项目的确定不是基于产业规划或城市规划，而是基于园区产业生态系统中产业链上下游企业的现实业务需求，再通过园区产业资源平台的组织、整合，得出规模化的企业需求，并找出最适合满足这些需求的城市或区域落地。所以，这样规划出的园区可以按企业需求实现完全的定制。园区入伙之日，就是全面运营启动之时，当然也不再需要任何招商。

商业模式的创新其实是一件非常难的事情，得益于深圳湾科技园区独特的资源条件，使深圳湾科技有了积极探索的机会。虽然很难，但目前的进展令人欣喜：以空客、华为、字节跳动为代表的重点产业生态在实实在在运转，招商、投资效益已经显现；深圳湾产业投资基金合伙企业终于落地，商业闭环得以形成；与华为战略合作的线上资源平台——全新 MyBay 已经全面启动升级，多个商业合作项目即将全面推出；轻资产顾问咨询、园区培训、售电业务等稳步发展……更难能可贵的是，深圳湾科技全体团队越来越思想一致，创新运营的战略共识越来越坚定，越来越深入人心。2020年12月18日，深圳湾科技召开年度务虚会，公司对深圳湾园区基于产业生态模式的全新商业模式及发展战略做了深入动员和全面部署，并邀请专业机构对公司经营管理进行深入分析、诊断，公司各部门也创新思维，跨越式地提出了各项创新运营目标。因此可以相信，产业生态模式将在深圳湾园区走出一条全新的道路，并将可能创造出科技园区全新的商业模式。

第十一节　深圳湾科技将变成什么？

基于商业模式的创新，不妨再畅想一下，作为创新的科技园平台，未来的深圳湾科技及深圳湾园区将演变成什么模样。

2019年8月，国务院国资委研究中心来深圳湾园区调研，调研的主题是国资国企如何更好地促进国家战略性新兴产业发展。战略性新兴产业是以重大技术突破和重大发展需求为基础，对经济社会全局和长远发展具有重大引领带动作用，具有知识技术密集、物质资源消耗少、成长潜力大、综合效益好的特点。我国确定的战略性新兴产业包括：新一代信息技术产业、高端装备制造产业、新材料产业、生物产业、新能源汽车产业、新能源产业、节能环保产业、数字创意产业、相关服务业等9大领域产业。

调研组深入调研了深圳湾园区的产业生态系统及产业生态运营模式之后说，在调研之前，他们认为前面8大产业非常好理解，但他们对什么样的相关服务业将对经济社会全局和长远发展具有重大引领带动作用还比较困惑。不过在调研深圳湾园区之后，他们认为园区所探索的产业生态运营服务应该可以归入战略性新兴产业。这既是对深圳湾科技的极大肯定，也使深圳湾园区增强了继续创新探索的信心。

调研结束后，深圳湾科技结合多年来的思考，逐步归纳出了深圳湾科技及深圳湾园区未来发展的三大目标与使命：

一、转型专业机构

在传统思维中，园区平台就是产业地产公司。但深圳湾园区经过前文的探索，已经证明自身跟产业地产越来越没有关系。尤其是从人才需求的角度，深圳湾园区需要越来越多的专家，包括产业运营专家、金融投资专家、平台运营专家、管理咨询专家、开发建设专家等。似乎离开了专家，深圳湾园区就无法运转。没错，只有专家型人才才能适应深圳湾园区开发运营的需要，那么，由专家组成的公司，不就是专业机构吗？

从深圳湾园区运营与咨询两大板块的业务来看，也证明了这一点。

最近深圳湾科技一直在持续招聘高端专业人才，但效果不是特别好，因为深圳湾园区运营创新走在行业前面，所以很难从市场上找到现成的人才。而一些看上去是从事园区运营的现成人才，却往往与深圳湾园区的需求相距甚远。记得一位应聘产业招商岗位的先生，曾经在知名产业地产公司招商岗位工作多年。面试时问他怎么才能招到商，他说主要靠渠道、靠沟通、靠感情攻势。然后他反问深圳湾园区的招商奖励政策是怎样的。深圳湾园区强调招商团队要了解产业情况与方向，深入掌握企业的核心需求，否则无法与企业对话与沟通。在他看来，把客户哄进来，把提成和奖金拿到手，那才是重要的。面试官直接告诉他："你跟深圳湾园区不在一个频道。"当然，这是一个比较极端的例子，也不代表行业的全部。

在产业招商与运营板块，核心的要求是园区及招商运营团队集聚资源与配置资源的能力。懂得产业、掌握产业资源，才能真正有效集聚优质产业资源。这就是深圳湾园区为什么那么重视空客、华为鲲鹏、字节跳动这样的项目入园的原因，而不仅仅是他们招牌响亮。优质企业入园之后，将园区内外产业链资源进行有效组织、整合，这才是关键所在。不过要做到这一点，运营团队必须成为产业专家，否则，一手好牌肯定被打坏。而牌打得好不好，事关园区大小企业的发展，这是多大的责任啊。所以深圳湾科技要求公司招商运营部门团队必须成为产业专家，或者在成为产业专家的路上，如果不具备这个素质，请趁早撤退。

在轻资产顾问咨询板块，要求会更高。产业招商与运营还是干自己的活，干不好影响的是自己，但顾问咨询就是当老师，就是要教内地省市的园区平台怎么把园区规划好、建设好、运营好，所以首先必须把自己的经验与教训精炼归纳、高度浓缩。只有自己对业务了然于胸，才能走上咨询的岗位。IBM的管理咨询当年就是这么发展起来的，也才可能教出华为这么一个好学生。所以说，能做好顾问咨询业务，那就是专业机构。

如果深圳湾科技在这两方面都做到了，就可以说转型成功了。

不过，这里需要提出一个问题。虽然深圳湾科技的目标是专业机构，但不是传统的专业机构。现在是一个高度创新的时代、一个变革的时代，过于执着传统的专业性可能就是自己的束缚。比如在科技园区的顾问咨询领域，深圳湾科技就在逐步替代传统的专业咨询机构，所以一定不能墨守成规，而应该不断学习与创新。对于企业来说，整合资源、利用资源的能力就是创新能力。

二、打造资源平台

这里有两个关键词，一是"资源"；二是"平台"。都非常关键。

无论是企业发展还是个人发展，所需的条件其实都可以理解为资源，但大家可能没有完全科学地理解资源。资源可以分为有效资源和无效资源、长远的资源和短期的资源，以及合规的资源和非合规资源等等。深圳湾园区已经非常明确，自身使命就是通过专业运营，帮助园区企业尽可能高效率、低成本地获取发展所需的全方位合规资源，即1+3的产业生态资源。而且，深圳湾园区平台从园区产业生态系统的角度将资源进行了完整的归纳，企业无需盲人摸象，避免因企业或个人的思维限制导致走向资源的误区。

科技园区本身就是一个资源集聚的区域，大量的园区优质企业和人才本身就是优质资源。而园区企业和人才又是产品和服务的优质客户，所以还能吸引大量的优质园区外资源流向园区。园区因良好的创业发展环境又会吸引更多的企业加入，这些企业又带动、吸引更多的外部资源汇聚园区。如此螺旋式发展，形成了良性的资源循环。

但资源作用的充分发挥光靠纯粹的市场机制不一定就是最佳的选择。因为市场的核心准则是利益导向，利益导向不一定就是最好的导向。可能在经济的原始积累阶段，利益导向能有效地解决市场活力的问题，但一定不是永恒的真理。

那如何才能对海量的产业资源进行有效的组织？在西方市场经济中主要靠的是"看不见的手"。但近十年来的西方经济发展状况让大家对"看不见的手"逐渐产生了困惑：这只手真那么有效吗？虽然还没有一个可完全量化的指标来判定，但从哲学的角度去思考可能会找到一些答案。大家应该可以接受，没有任何一个制度和理论是长久适用于社会发展的所有阶段的。中国古话"三十年河东，三十年河西"，说的也是这个道理。

那么，在不能绝对相信市场那只手的情况下，可能更需要找出另一只手来。深圳湾科技认为，可能科技园区平台是"另一只手"的重要选择。

这里所称的科技园区平台是一个特定的概念。

首先，不是所有的科技园区都能成为引领型产业资源平台。成为引领型产业资源平台需要具备多个特殊的条件：（1）必须拥有大量的核心高端产业资源。因为产业链从来是高端引领中低端，无法反过来运行。就好像目前的中美产业关系，由于美国产业占据高端环节，所以中国就会非常被动。当然，中国并不是没有超车机会，下一章将会重点来阐述这个问题。（2）必须有完整的商业模式。有商业模式的平台才是可持续的，才是真正具备市场价值的，而不是一个单纯的公共服务平台。（3）不能追求短期利益，追求短期利益与持续服务园区企业的原则是矛盾的。所以首先需要排除产业地产模式的园区，因为产业地产的本质就是地产，无法突破地产的快进快出利益准则。

按照以上三个条件，可以对可能成为平台的园区进行精准画像。这又包括三个核心要素：（1）必须是一线城市的园区平台，因为一线城市的产业链环节才足够高端。即使目前中国还引领不了美国，但必须具备引领国内省市产业的条件。（2）必须是市场化运作园区，市场化园区才具备、才看重可持续发展的商业模式。（3）必须是国有园区，因为国有园区可以接受长期运营规划，而不太追求短期利益。以这三个标准，只有北京、上海、深圳三个城市可供选择。广州的科技园区距前两个条件差距尚远。而北京、上海的科技园区一直未考虑建立统一的产业运营平台，而且在市场化及产业生态的核心要素——拥有大量的本土中小自主创新企业方面也不够成熟。因此，深圳就成了唯一的选项。在深圳的科技园区中，最符合以上三个要素的，就应该是深圳湾科技园区了。当然，这里考虑的是核心平台的引领性问题，其实以上城市各类型的园区今后都可以成为生态合作伙伴。

为什么美国做不了这样的平台，因为美国坚持必须完全市场化，所以美国也没有科技园区。即使在大家最为膜拜的硅谷，能看到的也只是企业，并没有园区。

其次，科技园区平台必须是中心化的。这里也有两个关键点：第一要有核心园区平台作为基础，比如实行统一运营的深圳湾核心园区。美国其实也有不少的小园区，但更多的是产业空间的概念，无法形成资源平台。第二是由中心园区与其他园区形成加盟合作关系，共建统一的产业资源平台。对加盟园区来说，可以共享平台的所有优质产业资源，提升自身园区资源服务能力，同时还能分享平台运营收益和投资收益，增加园区收入来源，丰富商业模式。

所以，从产业生态模式和诸多特定条件角度来看，中国不太可能出现若干完全平行运作的科技园区产业资源平台；从商业模式角度来说多平台也不是最经济的；从园区企业发展角度来看，多平台会分散资源能力。从这几方面来看，科技园区产业资源平台跟互联网平台类似，可能只有第一，没有第二。即使出现多个并行平台，它们之间也应该形成合作关系，而不是竞争关系，合作关系更有利于各平台的发展，这又是与互联网平台完全不一样的。

因此，打造好科技园区产业资源平台，其本质就是推动中国最核心的产业资源实现、资源配置、资源整合和资源共享，这也是共享经济的最好体现。

三、实现价值再造

科技园区的价值再造分为三个层次。这里只阐述第一个层次——直接经济价值和第二个层次——营商环境价值，第三个层次——创新发展价值放到下一章更合适。

直接经济价值是园区平台公司本身的价值。科技园区开发运营能够突破产业地产模式，核心依托便是园区资源平台，运营收入的拓展直接有赖于平台，投资空间的拓展本质也是依托于平台。

首先，平台经济是当今时代最有商业价值的商业模式。在美国，谷歌、苹果、亚马逊、Facebook 都是平台经济的典型代表，中国的 BAT 亦是如此。互联网平台的持续热度使得资本烧钱无数，但这其中也带来了很多过度市场化的问题，严重影响了互联网的社会价值。而且到一定阶段，还会直接影响其平台的商业价值。而科技园区产业资源平台是一个基于服务的平台，而非纯商业平台，用户的扩大及商业价值的提升是基于优质资源服务，而不是资本运作，这也是园区资源平台的独特优势。只要充分利用好这个平台，科技园区平台就可以建立全新的商业模式，创造非凡的商业价值。

其次，园区平台该如何更好地创造价值。科技园区所需要做的就是两点：（1）将最好的资源引进园区平台，并提供最优惠的价格和最优质的服务。

市场价格与园区平台价格的差价就是园区平台为园区企业创造的价值。园区中小企业从市场上获取不到而从园区平台上能够获取到的资源，也是园区平台创造的价值。（2）科技园区要做好平台的平台，要让服务园区的企业和机构成为园区平台上的专业平台。深圳湾科技经常对团队强调，一个人再专业，直接服务的能力和领域也有限，所以运营团队的任务是做好专业的组织工作，能够让专业平台为园区平台服务。能够让别人帮自己赚钱，那才是更高能力的体现。

营商环境价值是园区平台第二个层次的价值。这里通过一个小故事来说明。2019年11月11日，广西壮族自治区党委书记、人大常委会主任率党政代表团考察深圳湾科技生态园。虽然深圳湾科技接待高级别领导有比较多的经验，园区运营情况也了然于胸，但深圳湾科技仍然在思考怎么才能使接待介绍更符合领导考察的需求。而且领导考察时间非常紧凑，深圳湾科技需要高度归纳需汇报的情况。

深圳湾科技考虑到，作为主政一个省的最高首长，领导所关心的肯定远远超过行业内平时最关注的科技园区开发运营新模式。不过虽然站位不同，但其实二者是有密切联系的。

经过反复思考，深圳湾科技在园区产业生态模式的基础上，提炼出科技园区对于城市产业及区域发展的作用的两大意义：

（一）为城市培育产业

如果说创新创业的众创空间是企业孵化器，那么科技园区就是产业孵化器。而政府与其自己直接发展产业，不如更大力度支持园区发展（后面章节还有详述），因为产业的属性毕竟以市场性为主。政府可以通过制定产业政策、调整资源配置等确定战略方向，引导、支持产业发展，但政府不需要过多介入市场环节，这是政府与市场的职责分工确定的。在这一点上，政府与园区平台的平台特征类似，要达到发展产业、发展城市的目的，自己干不一定是最好的选择，能让别人按照自己设定的方向干可能会有更好的效果。比如深圳湾核心园区全部位于南山区，而深圳湾科技是市属国企，相互之间并无隶属关系，但深圳湾科技所有的工作以及园区所有的创新发展都是直接为南山区作贡献的，南山区也成为如雷贯耳的科技产业创新区。所以可以设想一下，如果南山区自己来做科技园区，应该也不会有比深圳湾园区更好的运营效果。

（二）优化营商环境

中国各级政府非常重视营商环境，但很多时候大家并没有真正理解什么才是企业真正需要的营商环境。大家一般把营商环境等同于政府的一站式办事、精简行政审批、设立企业绿色通道等。这些当然也属于营商环境的范畴，但还不等于营商环境的全部。对企业来说，能够充分、便捷、低成本获取发展所需的各种优质资源，才是真正的营商环境。从园区产业生态系统的分析中大家知道，政府服务属于公共服务资源，而专业化、市场化资源只能通过市场渠道供给。但光靠市场的"手"又会出现过度市场化问题，而科技园区平台则可以有效解决这个问题，所以国有科技园区有机会成为最好的资源集成平台，按照政府的产业导向，高效集聚和整合、配置资源，既能提升资源服务能力，又能帮企业有效降低成本，这不就是最好地优化营商环境吗？

按照这个思路，深圳湾科技完成了对广西领导的接待与汇报，也得到了广西领导的充分肯定，广西领导高度评价了深圳湾园区在科技园区开发运营中所体现出的探索创新精神。

在本章的最后，再谈一谈如何从机制上保障平台持续快速发展。从深圳湾科技本身角度，需要找到可持续发展的路径；从服务园区众多企业角度，也需要保障园区产业资源平台的持续快速发展。

2017 年，按照市国资委的安排，深圳湾科技尝试过与深振业的重组，但最后因为政策性障碍而中止。但现在看来，那次没有成功的资本运作未尝不是一件好事。因为那次重组的本质还是重资产上市，但重资产上市将会有两种不同的选择：一种还是遵循产业地产模式，但这肯定不是重组的初衷；另一种是尽量遵循产业培育方向，但重资产之下，收益又无法达到上市公司的要求。假设以产业地产模式上市了，将会对深圳湾带来两个问题：一是市值管理要求可能迫使深圳湾园区过度依赖地产业务；二是过度依赖地产业务势必会影响深圳湾园区创新探索产业生态模式。

从目前来看，以轻资产模式上市可能是深圳湾科技的最优选择。既能解决园区平台着眼于长远服务的导向问题，又能解决开发运营团队的机制与活力问题。而且上市应该成为迫切需要进行的工作，因为一旦园区平台快速扩张，就需要良好的机制来保障资金、人才、激励等相应资源的配置。

从业务成长的角度，深圳湾科技已经具备良好的成长性和拓展性。目前，深圳湾公司已经有两个下属公司——深圳高新区开发建设有限公司和信息技术时代杂志社有限公司。前者以两个老园区的物业租赁为主，每年能贡献超过 1 个亿的收入；后者正在转型为园区产业研究、顾问咨询和园区培训业务平台，业务成长可期，应该很快能达到 1 亿元以上的经营业绩。目前深圳湾科技刚刚新成立了两个公司——鲲鹏产业源头创新中心有限公司和深圳湾（保定）创新发展有限公司。接下来，深圳湾科技与投控资本合作的深圳湾园区产业投资基金即将设立；深圳湾科技可能将售电业务单独成立公司进行运营；与字节跳动成立合资公司开展园区办公集采业务……未来依托园区平台,深圳湾科技还将会有无数的创新业务可以开展。这种独特的业务拓展性,也将带来巨大估值。

从商业模式角度,园区平台又具备客户几何式规模增长的空间。按照线上平台规划,深圳湾科技保守预测的园区客户目标是 10 万家高新技术企业和 1000 万高端员工。当这个目标实现时,深圳湾园区已经成为中国新一代的代表性平台公司。

目前,深圳市国资委及深投控正在积极推动将更多的国有园区进行统筹运营。虽然并没有指定深圳湾科技作为今后的统筹运营主体,但"有为才能有位",深圳湾科技必须加快创新步伐,在园区平台打造、商业模式创新与运营团队专业化等核心领域夯实基础、主动作为。

2019 年 5 月 28 日,国务院发布《关于推进国家级经济技术开发区创新提升打造改革开放高地的意见》,明确提出积极支持符合条件的国家级经济开发区开发建设主体申请 IPO。在此之前,因园区开发企业还是以地产业务为主,同样受到国家房地产调控政策的影响,中国 A 股仅有 17 家业务涉及产业园区运营的上市公司,且近十年来未有新增案例。

国务院政策出台后,已有两家此类企业过会上市。第一家是 2019 年 12 月上市的中新集团(601512.SH);第二家是 2020 年 4 月上市的锦和商业(603682.SH)。

中新集团作为苏州工业园区运营主体,早在 2008 年就披露了招股书,但随后在 11 年多的漫长时间里一直未能上市。2019 年,中新集团集中处置了一批房地产项目,包括吴中置地、和瑞地产等,最终才借助政策东风得以上市。从该公司财务报表可以看出,土地一级开发及地产开发业务仍然占到了营业收入的七成以上。为符合上市监管要求,虽然在尽量处置住宅及商业地产资产,但仍然没有真正看到中新集团在专业运营方面的营收突破。

而锦和商业作为民营产业园运营类企业，主营业务是产业园区、创意产业园区的定位设计、改造和运营管理。公司主要采用"承租运营"的经营模式（亦即常说的"二房东"模式）。锦和商业承租运营的项目共 24 个，可供出租运营的物业面积约 53 万平方米，规模并不是很大。从该公司的财务指标可以分析出，公司在盈利能力、收益质量以及营运周转方面的表现都非常不错，但因为过于依赖转租收入，缺乏创新运营收入及创新业务的拓展性，因此在市值及成长性方面会受到较大的局限。

2020 年 9 月，创业板又过会了一家产业园区运营类企业——上海德必文化创意产业发展股份有限公司，但其业务属性、商业模式与锦和商业也是高度类同的。

从以上案例可以看出，虽然今后可能有越来越多的公司以园区运营平台的概念上市，但都还未真正摆脱产业地产的本质。构建产业资源平台、以产业生态模式进行上市，可能将是历史赋予深圳湾科技的使命。到那时，深圳湾科技就能彻底转型为创新的专业机构、成为现代服务业企业，深圳湾园区也能成为真正的产业资源平台。

这就是未来的深圳湾科技和深圳湾园区。

第四章

拥抱时代：科技园区不仅仅是园区

第一节　从认知看时代发展方向

鉴于科技园区对于产业发展、经济发展乃至城市与国家的创新发展均具有深远的意义，因此，在探讨科技园区的未来时，就不能局限于园区本身，而应将视野放到更广阔的社会发展格局之中。而当前，没有比中美之争更大的格局了。

既然讲到格局，不妨从人生境界来谈起。一个人的境界，就是精神和心灵所能达到的层级，是一个人的人生意义和价值所在。人生境界不同，人生格局也不同。不同境界的人，人生的意义和人生的结局也是不一样的。

钱钟书先生说："做人的成功，不仅意味着事业上取得成就，还包括人生境界的提升。"而哲学家冯友兰更是在《中国哲学简史》中提出了人生境界学说，冯先生认为人生有四重境界：自然境界、功利境界、道德境界、天地境界。

第一重境界：自然境界

冯友兰认为，自然境界的人的行为完全依照本能或约定俗成的习俗，就像小孩和原始人一样，他对其所做的事情并没有思考。

如同有个冷笑话所说，一个小孩在放羊，大人问他："你放羊干什么啊？"答曰："放羊卖钱。"再问："卖钱干什么啊？"答曰："娶媳妇。""娶媳妇干什么啊？""生娃。""生娃干什么啊？"放羊。"

他看着别人怎么过，自己也怎么过，稀里糊涂地活几十年，最后稀里糊涂地离开这个世界，这就是自然境界。活在自然境界的人，展现得更多的是一种动物性。而人和其他动物的根本区别就在于人有思想。正如哲学家帕斯卡尔在《思想录》中说："人只不过是一根芦苇，是自然界最脆弱的东西，但他是一根有思想的芦苇。"

第二重境界：功利境界

冯友兰说："他可以做些事，其后果有利于他人，其动机则是利己的，他的人生境界就是功利境界。"

在这个境界中的人的行为动机就是"利己"。处在这种境界的人的行为的一切出发点都是为自己谋利益。可以说，现实中大多数人都处在功利境界。正如《红楼梦》中道士所唱的《好了歌》："世人都晓神仙好，唯有功名忘不了；世人都晓神仙好，唯有金银忘不了"；以及"道义放两旁，利字摆中间""无利不起早"等，这些话就是对功利境界中的人最好的形容。

但功利境界也是有区别的。如果一个人做事完全是损人利己，甚至损人不利己，这是一种比较低级的功利境界。很多无良商家，为了利益不择手段，就是比较低级的功利层次，比如大家看到报道的毒大米、毒蔬菜，商贩自己从来不会吃，却卖给别人。但如果人能做到利己的同时也能利人，则是一种比较高级的功利境界。

第三重境界：道德境界

冯友兰又说："了解到这个社会是一个整体，他是这个整体的一部分，有这种觉解，他就会为社会的利益做各种事，他所做的各种事都有道德的意义，他的人生境界就是道德境界。"

道德境界就是把别人的利益和自己的利益看得同等重要。功利境界的人追求个人利益，道德境界的人追求社会利益。道德境界中的人，出发点不是自己，而是社会和大众，以社会之福祉为自己奋斗的意义。

儒家学派中的君子，就是道德境界中的人；小人，就是功利境界中的人。《论语》中反复谈君子和小人的区别，比如"君子喻于义，小人喻于利""君子成人之美，不成人之恶，小人反是""君子求诸己，小人求诸人"等等。儒家推崇君子，希望人们以君子为榜样，向君子看齐。而小人则是被当作反面教材，希望大家引以为戒。

第四重境界：天地境界

天地境界是一种至高的境界。冯友兰对此解释说："他不仅是社会的一员，同时还是宇宙的一员。有这种觉解，他就为宇宙的利益而做各种事。这种觉解为他构成了最高的人生境界，这就是天地境界。"

在冯友兰看来，天地境界的人不仅能尽人伦人职，而且能尽天伦天职，即能事天、乐天。也就是说，只有达到天地境界的人，才深悟人之所以为人之理，尽人之性，成就理想的人格。

天地境界的人，他的生命力量来源于天地，真阳充沛；他以自然界的最高法则为信仰，不计得失，不惧生死。天地境界的人，消除了"我"和"非我"的境界，是天人合一、万物一体的境界，这是一种超越了自我的有限性的审美境界。

柏拉图在《理想国》中说，哲学家必须从感性世界的"洞穴"上升到理性世界。哲学家到了理性世界，也就是到了天地境界。天地境界的人，其最高成就，是自己与宇宙同一，而在这个同一中，他也就超越了理性。

庄子说："天地与我并生，而万物与我为一"，这就是一种独与天地往来的至高境界。只有达到这种境界的人，才能"乘云气，御飞龙，而游乎四海之外"。

这种境界，我们绝大多数人虽不能至，但也总会心向往之。

从公司管理的角度，笔者总结了类似的职业认知境界：自然层、知识层、管理层、领袖层。按照庄子的幸福论，前两层对应相对幸福，后两层对应绝对幸福。

一、自然层

就是所有人，包括文盲都自然而然具备的认知。这是一种自由发展、自然本性、自然快乐，就像你吃了一顿美食而感受到的幸福。这个认知层次的人比较适合做最简单的体力劳动或重复性劳动。

二、知识层

是人通过对"六艺"的学习所能达到的高一阶的认知。除了哲学、历史之外的大部分内容都属于技能知识的范畴。人们通过对知识的学习来掌握技能，有了技能之后体验幸福的领域就拓展了。对知识的深入思考也可能引发认知的跨越，这也能解释为什么顶级科学家到最后都走上了探寻哲学世界的道路。

三、管理层

是指将具备管理思维作为认知跨越的标志。理由是前两层实际都只与自身个体相关，而管理层则是与群体相关，认知进化为将社会责任作为自己更重要的追求。在公司，你要对团队、公司管理负责；在家里，你要对家庭、家族管理负责。如果你胜任了，代表你获得了绝对幸福的入门券；如果你只是占据了一个管理职位（夫、妻、父、母也是一个管理职位）而不能进化认知，那你依然还处于前两层，而管理思维是离不开哲学指导的。在这个层次中，核心的体现是做人做事的出发点是利他大于利己，或者说是能够充分理解利他就是利己。如果达不到这个认知，你就带不好团队，也管理不好家庭。

四、领袖层

类同于古时的圣人。圣人对万物的本性有着完全的理解，所以不为情所乱。有时看似无情，但其实心怀天下，因而他的幸福是绝对的，也就是绝对幸福。

　　华为的 45 岁退休政策让很多人觉得很残酷，但用职业认知境界解释就会很好理解。45 岁退休其实是针对前两层认知境界的员工的。即使你是名牌大学毕业，但如果你的认知仍停留在知识层，那么 45 岁的年龄肯定已经缺乏竞争力及应有的价值。如果员工又达不到管理层的认知，无法晋级和适应管理岗位，那你只能被淘汰，除非你在知识层面能够保持对专业的持续学习及进步、保持你的价值。任正非也否认华为存在 45 岁一刀切的做法，他说如果是这样，华为最应该退休的就是他自己。因此可以看到，在华为，具备管理层认知的员工是不存在提前退休一说的，甚至他们才是华为的核心人力财富，其中就以任正非为代表。当然，不等于知识层员工就一定需要被淘汰，只要你还能胜任执行层面的工作，则仍然可以发挥出自己的价值。但如果你已跟不上岗位的要求，那么自己必须作出主动调整，而不是怨天尤人。

　　前面谈这么多的人生境界，看似已经跑题，但实际上是非常必要的铺垫，否则无法真正探寻到时代的发展，以及中美之争的实质。

　　人类社会发展的一般规律指出，生产力决定生产关系，生产关系对生产力有反作用，生产关系一定要适应生产力的发展。伴随着生产力的发展，人类社会从原始社会、奴隶社会、封建社会、资本主义社会、社会主义社会最终走向共产主义社会。

　　而哲学家冯友兰通过横向比较，总结过三个主要社会发展阶段的特点，即：封建主义贵贵；资本主义尊富；社会主义尚贤。意思是在封建主义社会，大家看重的是阶层与权贵；在资本主义社会，大家看重的是财富的创造；而在社会主义社会，大家更崇尚贤能。从社会文明进步的方向来看，这无疑是正确的，除非社会走向倒退。社会走向倒退应该是绝大部分人不愿意看到的，例外的情况就是既得利益者。

由此可以看出，人生境界与社会发展规律是高度吻合的。因为历史的主体是人，历史不过是追求自己目的的人的活动的集合而已。继而可以看出，中美之争，其实是基于不同价值观和认知境界之争。

2020年8月，内地一个城市的市长考察深圳湾园区时重点考察了中国鲲鹏产业源头创新中心。他一直追问华为方面的负责人，问华为还能坚持多久？华为肯定地说没有问题，深圳湾科技也相信没有问题，理由是华为不是一个人在战斗，现在华为是中国自主创新产业的代表之一，全中国都将支持华为的发展。

同时，大家应该对美国企业坚持不了多久一直充满信心。美国作为一个"尊富"的国家，真正的政策主导者是资本而不是总统。不能代表资本利益的总统做不了长久的总统；能做长久总统的总统迟早要将资本的利益放在首位。以高通为例，它60%的营收来自中国市场，如果它完全失去中国市场，可以说高通比华为倒得更快，因为高通只会做芯片设计，而华为依靠祖国可以做很多事情。

这位市长考察后大概仅仅过了一个月，9月19日，在德银虚拟技术大会（Deutsche Bank's Virtual Technology Conference）上，美国处理器大厂AMD证实，该公司已获得向其美国"实体清单"中某些公司销售其产品的许可证，并因此预计不会因为美国对华限制而对AMD业务产生重大影响；几天后，美国英特尔向供应链公司透露，他们也已经获得了许可，可以向华为供货；10月，荷兰顶级光刻机厂商ASML公司正式宣布，无须白宫授权即可向中国客户提供DUV光刻机；而台积电也在加紧开展"去美化"研发……这一系列的离奇反转说明美国政府的算盘打得固然很好，但对于美国企业而言，实力雄厚的华为及广阔的中国市场是他们无法放弃的。自

2019 年以来，美国政府将华为列入"实体清单"之后，很多美企一直在劝说美国政府放松管制，因为美国政府干扰市场交易本身加大了美国企业的交易成本，更无形间给这些企业带来巨大的市场风险。因此，从社会发展规律来看，谁能坚持到最后已经一目了然。

当然，前文更多的是从社会发展规律角度作出的分析判断。对具体企业来说，挺过目前最艰难的时期、坚持活下去更为重要。美国自由市场经济制度虽然已开始出现问题，但整体实力依然十分强大，我们必须充分认识、充分准备，并拿出创新的办法。企业在面临类似的市场困境时，一般会有两种解决方案：一是企业依靠自身能力和资源自救；二是希望政府伸出援手。但是，在中国还会有一个重要的途径，也将是一个独特的创新路径——科技园区平台的支撑。具体的分析放在第五节再表述。

第二节　湾区经济与科技园区的关系

虽然华为被美国肆意打压，但任正非一直反复强调华为必须坚定地向美国学习。他在华为内部讲话时说："我们要正视美国的强大，看到差距，坚定地向美国学习，永远不要让反美情绪主导我们的工作。在社会上不要支持民粹主义，在内部不允许出现民粹，至少不允许它有言论的机会。全体员工要有危机感，不能盲目乐观，不能有狭隘的民族主义。"

任正非的讲话其实是有两层意思：一是当今的美国仍然是中国最好的学习对象，中国需要学习的地方还非常多，批评美国不等于否定美国，向对手学习本身就是一种境界；二是学习美国的目的是超越美国，你连对手的水平都达不到，又怎么战胜对手呢？所以要谦虚地、坚定地、持续地学习，直到我们有能力战胜它。

对科技园区平台来说，最应该学习美国的方面就是学习美国湾区的经济发展经验。

湾区，是指由一个海湾或相连的若干个海湾、港湾、临近岛屿共同组成的区域。世界银行数据显示，全球 60% 的经济总量集中在入海口，75%的大城市、70% 的工业资本和人口集中在距海岸 100 公里的海岸带地区。

纵观世界三大知名湾区（纽约、旧金山、东京），湾区早已成为带动全球经济发展的重要增长极和引领技术变革的领头羊。而世界三大湾区中美国就有纽约和旧金山两大湾区。一个以金融为代表，一个以科技为代表。不过，最典型、最完整、最具有代表性的还是纽约湾区。

纽约湾区地处美国东北部、大西洋西岸，以纽约市为中心，包括纽约州、新泽西州、康涅狄格州以及宾夕法尼亚州的 35 个郡，主要有纽约、新泽西、纽瓦克等城市。该地区总面积 2.14 万平方千米，人口数约 2370 万，2019年地区生产总值超过 1.8 万亿美元。纽约主要产业包含金融、贸易、传媒、旅游、生物和制造业，知名企业有 IBM、花旗、AIG 等。纽约湾区是美国经济核心地带、国际金融中心、美国最大商业贸易中心，同时也是美国重要的制造业中心、航运中心。

纽约湾区自 19 世纪起经由港口、贸易开始逐步发展，随着工业化、现代化的推进，经历了产业升级和专业化分工。而今的纽约湾区以其发达的金融业和制造业、便利的交通、高水平的教育、优良的环境吸引着全球的目光。

纽约湾区固然是世界经济的中心，但纽约模式不可能复制，也无法复制、无需复制。中国需要学习的不是纽约湾区本身，而是纽约湾区经济、产业发展历史所体现出来的产业发展规律与相关经验，亦即湾区经济发展规律及特征。

普遍来说，湾区经济具有以下特征：

（1）海洋特征：湾区必须具备港阔水深的优良海港，并据此形成发达的海港经济区，因港而生、依湾而兴。

（2）创新引领：湾区经济的起点是工业，而且是全球化时代开启之后才有的经济现象，引领相邻地区的产业升级、科技创新。

（3）高度开放：湾区的地理位置决定了它天然的开放属性、强烈的外向型经征、多元化的人口与文明特征。

（4）集聚发展：湾区具备现代化的交通体系、完善的基础设施和良好的投资环境，为产业、资本、人才集聚提供保障。

（5）宜居宜业：湾区往往是生态环境资源卓越的宜居。

但以上特征主要还停留在表象的范畴，没有深入产业规律的实质。如果单纯按以上特征，缺乏海洋条件的城市就无法学习了。事实上，湾区经济只是在地理条件的基础上更集中地反映了产业规律，因此，在这里我们更主要从湾区经济的产业发展阶段来分析。一般来说，湾区经济会经历五个产业发展阶段：

一、港口、贸易阶段

湾区经济之所以形成，肯定与海洋及港口密不可分。1492年，哥伦布发现美洲大陆后，欧洲各国殖民者纷纷涌来建立殖民贸易点，逐渐形成自由港，这就是纽约的前身。在美国开发的前期，纽约港作为与欧洲大陆最便利的港口，自然在航运与贸易方面占得先机。而之后的旧金山湾区、东京湾区及粤港澳大湾区，也是因为产业的发展高度依赖便利及低成本的海运物流而逐步形成的，这是市场所决定的规律，也是非常难打破的规律。

如果一定要打破这个规律，则必然与科技园区相关，这在后文将再做阐述。

二、生产加工阶段

因为航运与贸易的高度发展，自然而然会使越来越多的加工生产集聚在港口周边地区。依托于海洋贸易，纽约本土制造业在 19 世纪初开始发展，至 1860 年，纽约制造业产值已攀升为全美国第一，形成了以制糖业、服装业等为主要支柱的产业格局，纽约成为美国制造业中心。东京作为"产业湾区"，其制造业是随着东京城区产业转移发展起来的。20 世纪 60 年代，东京都已步入经济高速发展时期，此时便开始实施"工业分散"战略，将一般制造业外迁至距离不远的东京湾区。至此，东京湾区工业发展拉开序幕，历经从初级加工工业到重化工业再到高附加值制造业的转变。而粤港澳大湾区，则从中国改革开放之后，依托香港及全球产业转移，逐步发展成为"世界工厂"。

这里重点要说明的是，一个城市千万不要看不起生产加工，生产加工阶段是城市产业发展的必经阶段。深圳 20 世纪八九十年代也是"三来一补"加工厂遍地开花。如果没有经历这个阶段，各种生产要素，包括创新要素就无法足够积累，也就没有条件实现产业的转型升级，前文所举的富士康案例就是一个典型。当然，也不是经历了生产加工阶段就一定能实现转型升级，南美国家的"中等收入陷阱"就是突出案例。在生产加工的基础上，需要获取足够的创新资源去推动转型升级，而科技园区就是绝佳的资源平台。

三、科技产业阶段

第二次世界大战后，纽约湾区对日益衰退的生产加工业进行了多方面改造，发展小型制造业和高科技产业，将能源密集型产业与劳动密集型产业大量淘汰或者向远郊迁移，利用纽约市完备的基础设施和减免税收政策及金融政策吸引科技创新型企业到纽约发展；同时利用纽约市及都市圈内大学、研究机构众多的优势，研究和开发高科技产品，适应后工业时代经济社会发展的新趋势。东京湾区也基本同样经历了从初级生产加工到重化工业再到高端制造业的产业发展过程。

深圳就是科技产业阶段的典型代表，也正因为如此，深圳科技产业的创新发展应更加科学和冷静。因为在粤港澳大湾区与世界三大湾区的对比中，我们虽然在经济总量方面并不落后，但人均 GDP 差距还很远。而人均 GDP 的差距体现的就是产业档次的差距。世界三大湾区基本上都已发展到第五阶段了，但以深圳为代表的粤港澳大湾区仍然在第三＋的阶段，因此一定要清醒。

四、金融、现代服务业阶段

纽约湾区的产业结构是一个集群系统：第一个集群是以金融业为引领的高端生产性服务业，带动各种实体经济的发展；第二个集群是以高端人才为支撑的创意产业，包括广告业、娱乐业、传媒业、文化产业、艺术品收藏等。金融业是纽约湾区的核心产业，创造了最大的附加值，也是纽约作为世界经济中心的基础，同时形成对美国和全球经济的巨大影响力。华尔街是世界金融的核心，拥有纽约证券交易所和纳斯达克证券交易所，美国 7 家大银行中的 6 家，以及 2 900 多家世界金融、证券、期货及保险和外贸机构。正是因为金融业对实体产业的控制能力及高附加值能力，使得金融及现代服务业在产业发展阶段上高于一般的科技产业。

在这里有一个问题需要探讨，即湾区经济是否可能存在产业空心化问题。从纽约湾区发展的实际应该可以看出，纽约本身基本不存在产业空心化问题，因为纽约的金融及现代服务业与纽约湾区乃至美国及全球的实体产业融合得非常好。那大家为什么常常讨论香港产业空心化问题呢？主要是香港本身的产业政策、产业引导能力方面出现了相当的问题，再加上粤港澳大湾区"一国两制三关税区"的现实障碍，使香港的金融及现代服务业无法充分服务粤港澳大湾区实体产业。

五、创新经济阶段

创新经济阶段是一个经常被忽视却是最高层次的产业阶段，也很容易与科技产业阶段相混淆。那两者的区别在哪里？股权投资人经常会有一个感叹：不看好的项目踏破门槛想吸引投资却无法投资，而看好的项目又往往投不进去。这其实就代表了科技产业与创新经济的区别。当然，这是一种比较理想化的表述。科技产业具备一定的科技含量和技术门槛，但往往不具有原创技术和核心技术。对创新经济来说，核心竞争力就是基础原创技术。比如，美国在半导体产业链中的高端设备、材料、制造工艺、工业软件等方面的核心技术就构建出了创新经济。因为事实上的行业垄断，这类实业行业的利润率甚至可能超过金融和现代服务业。正因为这类经济具备的创新引领能力，所以叫创新经济。

此外，商业模式创新也是创新经济的核心内容，这是容易被忽视的价值。比如，看似风光无限的 BAT 实际上模仿的是美国公司的商业模式。既然是模仿，就很难具有全球化的领先优势。当然，基于中国广阔市场空间发展的企业另当别论，不属于同一个层面讨论的话题。什么时候中国创造的商业模式能引领美国企业的发展，那说明中国的发展就到了新的阶段。从目前来看，产业生态模式的科技园区可能会创造一个全新的商业模式。

从湾区经济的产业发展阶段可以看出，湾区产业发展与一般地区其实并无本质差异。稍有不同的是湾区因为产业集聚度高，产业发展阶段的完整性非常高，每一次转型升级体现得就非常明显。也可以说，湾区经济就是产业升级历史的典型代表。因此，研究湾区产业发展史对认识和把握产业发展规律非常有好处，对科技园区的创新发展也是至关重要的，因为园区就是产业的载体，园区运营必须适应产业发展规律。

前文介绍了湾区经济的特征，但更需要认识的是湾区经济的优势。作为世界以及区域的经济中心来说，湾区经济可以总结出无数的优势，但更需要总结出普遍性的、所有地区都可以借鉴、适用的经验，否则湾区经济就成了"别人家的孩子"。

归纳湾区经济优势，无外乎两点：一是产业资源高度集聚，二是产业资源高效配置。前者是基于湾区独特的地理优势及长期的产业积累而成，而且这种高度集聚是难以模仿的。从全球产业发展的现实来看，产业集聚化就是规律。比如美国产业集中在东、西海岸；中国产业集中在东部沿海，都与"海"密切相关，而且集聚的趋势还在加大。而人为地强调各地区均衡发展似乎很难取得明显的成果（东西部的产业协同不在这个讨论范围，后文将有论述），且在发展成本方面付出的代价会更高。后者是基于湾区产业资源的高度集聚，因此具备高效配置的条件，因为实在是太方便了。比如说珠三角对智能硬件制造行业来说，一个企业所需的方案、设计、加工、零部件配套、物流、贸易等全流程、全环节资源，都可以在两小时车程内轻松实现，这就叫资源的高度集聚和高效配置。这样的区域，经济和产业怎么会发展不好？如果还有疑问，那就是能发展到多好的程度？而这个问题的答案就与科技园区息息相关了。

针对湾区经济的两大核心优势可以发现，原来科技园区更应是湾区经济优势的核心体现。因为，即使在产业资源高度集聚的湾区中，还有一个产业资源更集聚的存在——科技园区，没有载体及区域比科技园区更能集聚产业资源。但另一方面，科技园区能否实现资源的高效配置却不完全是自然形成的。高效配置依托传统的市场机制其实并不能达到价值最大化的效果，因为传统的市场机制可能有失灵，也可能有不到位的情况。比如我们居住的社区，大家发现，高楼大厦的现代化小区看似是人的高度集聚，但相比原来的四合院，邻居可能老死不相往来，而不相往来的结果就是资源无法高效配置。

深圳湾园区初期也未能达到资源的高效配置。如在深园区的明星楼——科技生态园 10B 座，上市公司金信诺有业务想跟空客合作，但他们不知道楼上有空客的中国创新中心。这件事反映了一个非常关键的问题——科技园区价值虽然一直被低估，但它的价值不可能完全自发实现，它需要专业运营来实现价值。这种专业运营，就是按照产业生态系统的要求来主动构建园区产业链上下游的紧密协同协作关系，并以这种创新的资源整合方式来实现、来体现、来提升湾区经济的核心优势。

对于内陆省市来说，科技园区更应是创新发展的核心抓手，因为内陆省市在基础资源条件上已经与湾区差距甚远。湾区产业走入了良性循环，而内陆省市刚好相反。这看上去是一个死结，但并不是无解，解决方案就是与湾区重点科技园区平台加强合作，以产业生态模式大批量打造科技园区，并与湾区科技园区形成协同协作和资源共享关系。这样，不是湾区的地区依托科技园区就可以借力湾区优势——产业资源及创新资源，以提升资源获取能力，弥补地理位置短板，达到虽然不是湾区，但可以成为湾区产业体系的有机组成部分的目的。这在第五章再进行详述。

第三节 深圳发展的核心优势

40 年来，深圳创造了举世瞩目的发展奇迹。从 1979 年到 2019 年，深圳从一个边陲小镇发展成了一个超过 2000 万人口的国际化大都市。常住人口增长了 42 倍；GDP 从 1980 年的 2.7 亿元增至 2019 年的 2.7 万亿元，年均复合增长 20.7%；经济总量位居亚洲城市第五位，位列全球第 21 位；财政收入从不足 1 亿元增加到 9424 亿元，让全世界知道了深圳速度，实现了由一座落后的边陲小镇到具有全球影响力的国际化大都市的历史性跨越。

深圳市投资推广署在做创新资源引进工作时，内地省市及国内外优秀企业经常会问一个问题，即深圳的优势到底是什么？经过总结，深圳优势可以概括为三点：

一、科技产业创新优势

深圳在科技产业创新方面独具特色。这从一组数据可以看出来：（1）R&D（研究和开发费用）占 GDP 的比重。2019 年深圳 R&D 为 4.9%（中国为 2.23%），达到 1328 亿元，与发达经济体国家相比也是处于最前列。（2）深圳 PCT 国际专利申请量达到 1.75 万件，占全国的 1/3，已经连续 16 年位居全国各大城市首位；当然，有人质疑这个比例中华为、中兴等核心企业占比太大。但一方面一个城市占全国 1/3 本身就是一个强大到不可思议的数据；另一方面，如果论城市内部企业分布是否均衡，那别的城市怎么就没有华为、中兴呢？（3）2019 年深圳国家级高新技术企业已经超过 17 000 家，科技型中小企业超过 5 万家。这是什么概念？如果把深圳当作一个省，则深圳能排第三，只在广东和北京之后。当然，如果广东剔除深圳的国家级高新技术企业数量之后，就得屈居第三了。（4）"六个90%"。即 90% 的创新型企业是本土企业；90% 的研发人员在企业；90% 的科研投入来源于企业；90% 的专利申请来自企业；90% 的研发机构建在企业；90% 以上的重大科技项目发明专利来源于龙头企业。（5）深圳集聚了全国 1/3 的创投机构，是名副其实的创投之城。

数据已经说明一切。曾经深圳还被问一个问题：如果深圳和上海对比，优劣怎么看？应该说，深圳跟上海不能对比，因为上海是独有的全国经济中心，定位、地位、职责与深圳大不一样。而深圳的任务主要是在改革创新上率先探索示范。如果一定要对比，那么深圳的优势就是占了便宜。因为上海虽然强大，但上海要完成的任务太多。原来上海就已定位为国际经济中心、国际金融中心、国际航运中心、国际贸易中心等四个中心，后来国家又加了一项任务——国际科创中心。所以说，上海人民是同时在干五件大事，但深圳人民一直只用干一件事——科技产业创新，这就是深圳与上海的区别。

虽然深圳一直致力于科技产业创新，但大家都很担心深圳的原创技术能力。因为不要说与国际创新高地差距甚大，即使与北京、上海相比，深圳在基础研发领域差的距离也不是一点点。这其实是一个好问题，没有必要从一开始就把深圳的发展宏图规划得详尽完美。深圳是一个创业型城市，不可能拥有全面的资源，也不应该一开始就全方位布局。就好像腾讯与阿里，在创业初期都曾徘徊在倒闭的边缘。而它们的发展，明显不是靠规划和布局发展起来的，而是顺应时势，顺应规律，抓住机会，真抓实干。不用去过多思考困难与风险，而是多去思考如何解决实际问题。如果一定要把企业的困难与风险考虑得更周全的话，那就一起把科技园区资源平台及园区运营服务做得更专业吧，这就是对企业最好的支持。而且，从管理学的角度来讲，大家已经达成共识，如果要搞垮一个创业公司，最好的办法就是将它按成熟大公司的模式来进行管理。相信大家都会赞成目前还是将深圳按创业公司进行管理，以维持它持续的创新能力。

二、产业配套优势

产业配套现在越来越被各个城市所认识和重视。尤其是华为被美国打压以来，大家都深刻体会到了供应链的重要性。而供应链的背后，就是产业配套。深圳在电子信息产业方面的地位是无与伦比的，产值已占全国1/6，全球的1/10。实际上，现在整个粤港澳大湾区都是深圳电子信息产业的配套基地，深圳已经成为全球最重要的智能硬件集聚基地。华为、苹果、微软、高通、三星、小米、vivo 等全球核心企业都在围绕深圳产业链进行布局。离开了深圳，不算进入了电子信息产业的顶级圈子。那些说华为总部会搬离深圳的人基本都是外行。那么多的全球科技创新企业想方设法都要共享深圳的创新资源，华为这么有远见的企业怎么可能放弃深圳？如果说这方面深圳可能存在什么危机的话，那就是深圳是否能够保持持续的创新能力。企业都是以脚投票，深圳要做的不是左右企业的脚，而是吸引企业的脚。

深圳还有一个显著的特点是第二产业优势明显。从北上广深的对比来看，2019 年四个一线城市第二产业占 GDP 的比重分别为 16%、27%、27%、39%。深圳基于产业空心化的忧虑，曾经有第二产业占 GDP 比重要死守 45% 的说法。这个观点也不能完全说是错的，但要具体来分析。首先，从国际化城市的发展规律来说，现代服务业比重越来越大是必然的，前文在分析湾区经济的产业发展阶段时已经阐述过；其次，死守一个比重肯定不符合发展的观点。一个超大城市的产业发展非常复杂，外部环境也错综变化，我们哪里能肯定知道哪个比例就是最科学的呢？我们可以这么来理解：在合理的阶段尽量保持适度的"二产"比重是必要的，但核心不是对抗空心化，而是让这个城市在向更高层级的现代服务业及创新经济转型中具备更扎实的产业基础，这是纽约和东京的成功经验，也是香港的教训。这样的话深圳往后可以有两个选择：一个是纽约和东京的类型；另一个是创新的实业型城市。如果做单选，我们当然应该选前者。

靠第二产业发家致富的国家其实并不多，主要有德国、瑞士、以色列等。新加坡也可以算一个，虽然它不仅仅是以第二产业为主。本书中对德国、以色列、新加坡的发展经验都会有专门章节介绍。至于瑞士，主要是国土面积太小，与科技园区关系不是特别密切，所以没有专门阐述。靠第二产业发家致富的国家的产业特点，是保持自身在部分先进制造业或科技产业创新方面的优势，以得到稳定、持续的经济发展。但它们的共同点是都不属于龙头型大国，主要靠强化自身在产业链核心环节的高附加值能力发展。但对于中国这样的大国来说，无法选择这条路，因为这是一条发展风险不可自主掌控的道路，华为就是一个典型的例子。华为特别推荐阅读《美国陷阱》，目的就是要随时牢记命运要掌握在自己手中。

三、市场化优势

中国自改革开放以来，虽然已全面进入社会主义市场经济阶段，但深圳在市场化程度方面仍然独具优势。这种优势主要体现在两个方面：

（1）**能够培养且已经培养了大量的本土民营创新企业。**作为我国科技创新和民营经济发展的重要基地，深圳不断优化营商环境，激发企业活力和创造力，民营经济持续快速健康发展，成为深圳高质量发展的重要动力。统计显示，截至 2019 年年底，深圳民营企业数量已接近 200 万家，占全市企业总量的 96% 以上。在深圳 8 家世界 500 强企业中，华为、腾讯、正威、恒大都是民营企业。除了数量优势外，更重要的是民营企业带来的市场氛围与生态环境。按照市场化、专业化规则经营发展是深圳企业的共识，而不是想方设法寻求垄断资源、人脉关系以及政策支持。这种产业生态环境也是深圳湾科技园区开展产业生态模式探索所必不可少的产业基础。

（2）**形成了非常良性的政企关系。**深圳在总结 40 周年的成功经验中就有这么一条，也是不太好学的一条，即非常良性的政商关系。通俗地说，就是企业不需要政府的时候，政府完全隐形；但一旦企业有市场解决不了的问题时，政府一定会出现在你的身边。在这一点上，已经得到了深圳企业的一致认同。过去，也有个别深圳企业被内地招商引资条件吸引，将总部迁离，但往往是几年后又悄悄地迁回深圳。当然，这并不是单纯批评内地政府部门，而是在不同的发展阶段，就会有不同的政商关系。

此外，移民文化对深圳的促进作用巨大，这一点与纽约非常类似。大量移民的流入刺激了纽约城市经济的发展，加速了资本积累和工业化进程，推动了纽约城市基础设施建设以及商业、服务业的迅速发展，而这一切又反过来使纽约成为全美吸引海外移民最多的城市。正是这种良性循环，使得纽约成为历史上城市化最为迅速的城市之一。而且大量国际移民往往以青壮年、高学历为主体，有利于纽约提高人口素质，优化人口结构。

深圳移民的市场化精神、商业精神远也高于内地城市。我们可以通俗地说，来深圳打拼的人都不是十分"安分"的人，他们都有自己更多的梦想和更高的追求。而一旦他们来到深圳之后，就一定要拼尽全力去实现目标，否则就无颜回乡见江东父老。一个人这么想的力量是微薄的，但如果全深圳超过两千万人都这么想、这么做，那就会形成一股强大的创新活力。

关注深圳创新和深圳湾园区创新的人非常多，王煜全便是其中一个。

王煜全，全球科技创新产业专家、科技投资人，海银资本创始合伙人，全球企业增长咨询公司 Frost & Sullivan 中国区首席顾问；是 APP "前哨·王煜全" "全球创新 260 讲" "全球创新生态报告" "全球创新生态报告" 等栏目主讲人。

2017 年、2018 年和 2019 年，王煜全连续三年主讲全球科技创新趋势的 "前哨大会"，并由深圳卫视向观众直播。正是从 2018 年的 "前哨大会" 开始，该活动将最有价值的资源对接环节放在深圳湾园区举行，由此深圳湾园区与王煜全先生有了交集。

深圳特区成立 40 周年庆祝大会之后，王煜全也分享了他对深圳创新经验的认识。他认为，全世界从无到有创造一个城市，深圳不是第一个也不是唯一一个。美国有拉斯维加斯，中东有迪拜，中国有深圳。但拉斯维加斯靠的是赌场，迪拜靠的是石油，而深圳靠的是对推动经济贡献最大的高科技。经济学家科斯把深圳特区称为中国改革开放的 "四大边缘革命" 之一，深圳是中国建立社会主义市场经济的一个试验场，深圳经验带动了中国的改革开放。

王煜全认为，深圳的试点意义不仅是带动中国的改革开放，更重要的是帮助中国找到和建立了在全球创新生态中的核心竞争力，也就是中国的科技制造能力。这个能力也是中国经济保持 40 年高速增长的核心原因。

那么，什么是深圳成功的独特原因呢？他认为是深圳独有的 "能力圈层" 文化。

深圳这样的移民城市，在对接科技产业、解决科技制造问题的时候，发展出了高效支持创新的、面向未来的文化，这种文化才是深圳崛起的深层原因。

从全球的角度看，像深圳一样，全世界有很多移民城市，比如美国迈阿密，加拿大温哥华，阿联酋迪拜等，但为什么只有深圳发展成了全球科技制造的重镇，而且科技创新能力越来越强？这是因为，要想做好科技制造需要具备两个要素：

一是强强协作，越是先进的科技产品，越需要顶尖高手的相互合作；二是协作需要有足够深度，这需要足够的信用和信任，且建立这种信用和信任需要足够长的时间。同时由于科技产品变化快，周期短，协作又需要快速高效地完成，并且能够适应创新的快速变化迅速调整。

这其中是有矛盾的，深度协作往往需要花很长时间建立。像汽车产业的传统协作，一辆整车的零配件有上万个，国外花了几十年的时间慢慢建立了一级供应商、二级供应商这样的分级供应和协作体系，使得汽车的量产顺利完成。可是这种协作往往很难快速调整，所以当特斯拉这样一家新兴的创业公司以一己之力单挑美国汽车产业的时候，整个传统汽车产业只能被动挨打。

所以这种传统协作体系不是现代科技产业需要的。像苹果手机，就需要比汽车更短的迭代周期，更快的响应速度。要做到这一点，在美国不行，在世界其他地方都不行，只有在深圳才行，这才是真正的深圳奇迹。

但要知道，中国的传统文化是圈层社会，是农耕文明遗留的产物，是一种熟人信用体系。做生意的时候，往往对亲朋好友十分照顾，但对陌生人就不那么信任。这种文化的特点是具备长期信任，所以容易快速合作，但封闭性太强，无法强强联手。

　　而欧美基于海洋文明，形成了开放的信用体系，做生意和人际关系的远近无关，对待陌生人和熟人的行为准则都一样。这种文化的特点是开放性很好，强强协作容易，但要建立信任则需要时间，难以快速合作。

　　而从天南海北汇聚到深圳的创业者们，却在这两者中间巧妙地找到了平衡：他们继承了中国的圈层文化的特点，但不是以宗亲关系建立圈子，以宗族地位确立层次，而是以产业关系建立圈子，以经营实力建立层次。因为圈层不是以乡亲和血缘关系为基础的，而是以能力为基础，所以能力强的人会慢慢被接受、融入圈层，能力不够的人则会慢慢被淘汰。这种半开放的新文化，就同时具备了信用带来的深度协作和快速响应能力，也具备了开放带来的强强联手的竞争力。

　　王煜全把这种在中国传统圈层文化的基础上，为顺应科技创新的需求而建立起的新的基于产业和能力的圈层关系叫作"能力圈层"。这样的圈层，仍然继承了中国传统文化，却来自于全国各地，失去了传统亲缘关系羁绊，仅在以创业为导向的深圳这个独一无二的城市，才能成长起来。

　　他也强调，既然过去的40年里深圳已经这么成功，为什么还要有新的试点任务呢？这是因为，中国过去是跟随全球产业分工跑，深圳以往的试点是找到进入全球创新生态的路，找到自己的优势点，看别人的生态系统里有什么环节自己也可以做得好，找机会插入到它的生态系统里去，生存下来，并在这个生态里发展，而繁荣生态的责任则是别人的，自己不用操心。但到了新的时代，现在需要深圳领跑了，就不能只看局部优势，而要进行整体系统设计，要强调整体的系统性、健全性、均衡性。这次试点就是要找到培植以中国为引领的创新生态方法，甚至要培植全球生态的繁荣。这和以前的单点突破有很大差异。

　　对于深圳今后的示范带动作用，王煜全也有自己独特的观点。他认为以前全国各地学习深圳，就是照搬经验，深圳怎么搞，内地学会了回去也怎么搞。但今后深圳的任务是引领生态、繁荣生态，各地的学习，需要的是神似而不是形似。要学习的是融入深圳创新生态的方法，而不是让深圳找到一个具体领域或具体技术，然后让各地方来复制做同样的产业，这样就只能变成内耗和同质化竞争。

中国真正需要的是深圳找到一个繁荣创新生态、产业生态的方法，各地方学会这个方法，再与深圳的创新生态协同起来，去发展适合自己的产业，形成差异化竞争，共同形成整体繁荣。

在深圳引领中国创新及中国生态的基础上，深圳如何促进全球创新生态的繁荣？可能我们需要逐步建立起能为全世界所认同的创新文化。欧美的海洋文明创造了陌生人平等合作的场景，促成了全球大协作。但随着科技创新的发展，产业协作变得越来越复杂、越来越需要高效率和灵活性。而生产力的发展又带动生产关系发生变化，未来深圳的机会可能越来越大，深圳独特的"能力圈层"文化，就适应了这种需求。如果能把这种先进文化输出并贡献给全世界，深圳就能成为全世界的深圳。

从王煜全的观点我们可以看出，他对深圳的认识非常深，对创新生态和产业生态情有独钟。不过对于深圳如何才能实现新阶段的生态梦想，他还没有提出解决方案。

深圳是改革开放后中国独立缔造出来的崭新城市，也是中国特色社会主义在一张白纸上的精彩演绎。四十年来，深圳奋力解放和发展社会生产力，大力推进科技创新，实现了由一座落后的边陲小镇到具有全球影响力的国际化大都市的历史性跨越。站在这样的起点，我们已经有了足够的自信，这就是道路自信、理论自信、制度自信和文化自信。前文对社会发展阶段的分析告诉我们，深圳已经迎来了一个最大的机遇，即属于深圳及中国自己的创新阶段和创新模式。

在这么一个大的机遇面前，科技园区将勇担使命，成为深圳全新创新解决方案的核心内容。因为，产业生态模式的科技园区，就是王煜全所期待的深圳创新模式的核心体现。科技园区的产业资源平台，不就是深圳独有的"能力圈层"吗？科技园区本身就是一个关系密切的群体，但这个群体不是以人际关系为纽带，而是以大家在园区产业生态系统中的作用与价值为衡量标准。深圳在过去很好地融入了全球产业生态，但今后的任务是牵头引领、构建中国的创新生态，甚至要为全世界输出深圳的创新文化和创新生态。在这种要求下，科技园区无疑是最重要的阵地，因为科技园区是深圳产业资源最集聚的载体。在科技园区平台实现了这个目标，就可以说深圳的创新目标实现了。

第四节　产业生态园区模式的理论基础

虽然本书对一些西方经济理论会持一定的批判态度，但不会影响我们从西方理论中吸收有益的营养。从科技园区产业生态模式的探索来说，也离不开经济、产业发展理论的指导和支持。深圳国有科技园区的"圈层梯度、一区多园"基本战略及园区运营的产业生态商业模式也都是基于相关理论的创新探索。具体来说，主要包括以下理论：

一、发展经济学理论

发展经济学是 20 世纪 40 年代后期在西方国家逐步形成的一门综合性经济学分支学科，是主要研究贫困落后的农业国家或发展中国家如何实现工业化、摆脱贫困、走向富裕的经济学。

经济发展相对于经济增长而言，是发展经济学核心概念。经济发展指包括质量与数量在内的高质量发展，不仅仅是数量的增长。随着生产社会化、知识功能化与社会经济化，经济结构已经复杂化，经济增长与经济发展、经济发展与社会发展在内涵和外延两方面逐步趋同。GDP 增长已经不能真实反映经济增长。即使经济增长也离不开经济发展，当今时代经济增长只有抽象的意义；用 GDP 来计算经济增长、衡量经济发展已经落后于时代的要求。经济发展是价值的发展而不只是金钱的增长；是效益的发展而不只是效率的增长；是全面的发展而不只是片面的增长；是辨证的发展而不只是线性的增长。"经济发展"概念把发展经济学和增长经济学区别开来，把经济增长与经济发展、社会发展统一起来，把经济学定位为发展经济学，使发展经济学成为一门科学。

发展经济学是当代资本主义经济学的一个分支，它具有三个基本观点：

（1）认为发展是渐进的、连续的、累积的过程。这种过程是通过边际调节来实现的。价格机制是经济调节，从而也是经济发展的杠杆。用静态的局部均衡分析方法就足以论证经济发展问题。

（2）认为发展是和谐的、平稳的过程，是以自动的均衡机制为基础的。在发展过程中，冲突之间会出现秩序，私利角逐中会出现协调。

（3）认为继续发展是可能的，其前景是令人乐观的。随着经济的发展会出现横向的"扩散效应"和纵向的"涓流效应"，从而经济发展所得的利益会普及社会各个阶层。

总之，经济发展被认为是一个无冲突、无飞跃、无质变的过程，它所要求的仅止于创造适当的刺激、完善市场的机制和启动会自行运转的增长机器。新古典学派这种发展观点，显然不符合发展中国家的客观实际。事实上，市场机制起不了合理调节的作用，经济增长的利益并不能普及所有人群。贫困、失业、社会矛盾、资源不能充分利用等现象在一些发展中国家有增无减。除了前述对发展的基本看法外，发展经济学也承袭了新古典学派的研究方法，并有意或无意地忽视了经济发展的质的规定性。有一些发展经济学家，如以缪达尔为代表的结构主义者，在一定程度上摆脱了新古典学派观点的束缚，比较注意发展中国家的社会经济特点，从结构上、制度上进行分析，但他们所使用的基本概念和基本方法，同传统的以及当代的庸俗经济学并无根本的歧义。

其次，发展经济学是以资本主义发达国家的往日经验来规范发展中国家的经济发展。那些主张一般的、统一的发展理论的学者们自然认为各国的经济发展走的是一条共同的道路，发展中国家的发展模式和发达国家的发展模式并无不同。采用经验分析的学者也持有类似的看法，他们使用统计资料，把今日的发展中国家的情况和发展前期的发达国家相比。虽然发现两者是有差异的，但又找到一些"规范化的事实"，并推演出一个一般性结论。例如，在发展过程中首先要通过收入的不均分配以积累资本，促进增长，然后再实现公平分配。这无异于说，发展中国家应当而且必然走资本主义发达国家走过的老路。

再次，发展经济学会从发达国家的立场看待发展中国家面临的一些问题。在国际经济旧秩序之下，发展中国家在和发达国家的经济关系中处于不平等的、脆弱的地位，从而在贸易条件、商品出口、跨国公司投资各方面都遭遇着困难并蒙受损失。但一些发展经济学家却往往从发达国家的角度去解释和辩护，从而模糊了是非界限。

尽管发展经济学有上述庸俗的观点，但也有一些有益的成分。其所分析研究的发展中国家的发展经验和教训，本身是有参考价值的。发展经济理论中对一些局部的、具体的问题的分析，并非都是谬误。发展经济学对发展中国家经济的各个侧面如人口、工业、农业、贸易、财政、金融以及教育等，作了相当细致的研究，得到了一些值得注意的论点。如两缺口模式指出了一个开放经济利用外资的必要性和可能性；发展极的概念说明了中心城市对带动地区经济发展的巨大作用；投资项目估价分析使人们认识到，利用资源时应当把眼光从项目本身的经济效益扩大到社会经济效益。发展经济学中有一些学说和理论与新古典学派并不一致，对它们应当区别对待。尽管新古典学派是发展经济学的正统，但西方经济学界还是有人能以动态的观点从互相联系的因果关系中去研究经济发展问题，提出了比较切合实际的主张。在发展经济学的文献中，还可以看到激进学派的理论。激进学派是作为主流派的对立面而出现的，在有关经济发展的许多重要问题上，持有与新古典学派完全不同的观点。例如，关于发展中国家不发达的性质和根源，激进学派就提出了比较中肯的意见。

我们需要了解的是，研究发展中国家经济发展问题的发展经济学，并非诞生于发展中国家，而是在西方发达国家萌发、发展并逐渐走向成熟的。这一背景在很大程度上决定了发展经济学理论研究的基本取向：以发达国家为参照系，俯视发展中国家的经济现实，提出从落后走向发达的各种发展战略。早期的结构主义分析思路和后来的新古典主义分析思路都持这种研究心态。区别在于，前者基于发展中国家市场发育不完善的事实，强调以非常规的方式"追赶"发达国家，后者则强调"政府失灵"，主张遵循市场之道来向发达国家趋同。

然而，中国改革开放的巨大成功并非来自于对发达国家市场经济的模仿或趋同，而是基于本国国情，探索出了中国特色社会主义市场经济道路。这一事实促使发展经济学开始真正植根于发展中国家的经济实践，探讨以中国为代表的发展中国家的经济发展问题。这是发展经济学发展史上的重要转折。

从这个角度来说，发展经济学是我们必须借鉴的基础理论。因为中国本身就是一个发展中国家。在科技园区的创新发展模式之中，我们一方面要吸收发展经济学的一些有益理论，另一方面，我们也应该大胆探索、构建一些新的理论。比如，在一定的阶段，经济发展不会是一个无冲突、无飞跃、无质变的过程。当前的中美经济对抗就是一个典型的例子。中国希望更好地融入全球产业协同之中，但美国却认为这是一个不可接受的威胁。又如，中国认为应该基于中国国情来发展经济，但美国却只认同美国式的发展方式。这对于科技园区来说，就需要我们既要学习借鉴发展经济学的基础理论，又要勇于突破既有的思维，理直气壮地进行新的探索，并以产业生态新模式去验证我们的创新理论。

二、圈层结构理论

这是深圳国有科技园区"一区多园"战略的基础理论支撑之一。

圈层结构理论最早由德国农业经济学家冯·杜能提出。其主要观点是，城市在区域经济发展中起主导作用，城市对区域经济的促进作用与空间距离成反比。区域经济的发展应以城市为中心，以圈层状的空间分布为特点逐步向外发展。

圈层结构理论认为，工业化程度较高的城市和周围地区有密切的联系，城市对区域的作用受空间相互作用的"距离衰减律"法则的制约，这样必然导致区域形成以建成区为核心的集聚和扩散的圈层状的空间分布结构。

圈层结构反映着城市的社会经济由核心向外围呈规则性的向心空间层

次分化。典型的城市和周围地区由内到外可以分为内圈层、中圈层和外圈层。（1）内圈层：即中心城区或城市中心区，该层是完全城市化的地区，以第三产业为主，人口和建筑密度都较高，地价较贵，商业、金融、服务业高度密集；（2）中圈层：即城市边缘区，既有城市的某些特征，又还保留着乡村的某些景观，呈半城市、半农村状态，居民点密度较低，建筑密度较小，以二产为主，并积极发展城郊农业；（3）外圈层：即城市影响区，土地利用以农业为主，农业活动在经济中占主要位置，与城市景观有明显差别，居民点密度低，建筑密度小，是城市的水资源保护区、动力供应基地、假日休闲旅游之地。外圈层中也许会产生城市工业区、新居住区的"飞地"，并且一般在远郊区都有城市卫星镇或农村集镇或中小城市。

圈层理论总结了城市扩张和发展的一般规律，对发展城市经济、推动区域经济发展具有重大指导意义。圈层结构理论已被广泛地应用于不同类型、不同性质、不同层次的空间规划实践。圈层结构理论在日本已成为国土综合规划的重要指导思想，并且发展成为大城市经济圈构造理论。我国的大城市比较重视该理论的应用，注重研究城市发展和边缘区的关系，提出了城市经济圈的许多构想。卫星城镇的规划、建设也是该理论的应用之一。卫星城镇依托大城市进行圈层布局，既强化了大城市的经济中心地位，又充分利用大城市的辐射促进了卫星城镇的发展，进而在较大的范围内促进了经济增长。

深圳国有科技园区"一区多园"战略依托圈层结构理论，认为深圳这个科技产业的核心城市同样需要形成城市圈层发展格局。但科技园区的圈层布局有区别于城市大圈层的特点。在科技园区布局方面，首先是确定深圳湾7大园区为核心圈层，但这个圈层不是以第三产业为重点，而是以最高端科技产业资源为中心。因为科技园区不可能规划为纯粹的高端服务业集中园区。其次，在核心圈层外围的深圳其他各区，规划为基石圈层。基石圈层的含义其实主要不是核心圈层的配套，而是形成深圳不同区域之间合理的产业布局分工，使其与核心圈层共同夯实深圳科技产业发展的地位与价值。在深圳的外围，即珠三角地区，规划为"一区多园"的卫星圈层。这个圈层典型地体现出核心圈层及基石圈层做生产制造配套的特征。因此，"一区多园"的圈层结构虽然与城市整体的圈层结构有所不同，但逻辑关系是完全一致的。因此，可以借鉴圈层结构理论来指导深圳国有科技园区"一区多园"战略的发展。

三、梯度理论

在圈层结构理论的基础上，深圳国有科技园区"一区多园"战略还借鉴了梯度理论的指导。梯度理论是在国家或大地区经济开发中，按照各地区经济、技术发展水平，由高到低，依次分期逐步开发的理论，是制定国家或区域经济开发战略的基本理论之一，由中国学者夏禹龙等根据国外"适应理论"变异而成。

第二次世界大战后，发展中国家为争取早日实现现代化，极力推崇"起飞理论"，即尽量采用最先进的科学技术成就，使经济起飞，迎头赶上发达国家。但实践表明由于脱离国情，适得其反，收效甚微。而后在此基础上提出了区域经济发展的"适应理论"，认为经济发展步骤不可超越，应适应发展中国家薄弱的基础，首先采用"中间技术"，甚至发展"传统技术"，再逐步过渡到先进技术。夏禹龙等结合中国国情，反对"一刀切"地搬用"中间技术"，认为中国经济发展不平衡，实际上已形成了一种技术梯度，即"先进技术"地区、"中间技术"地区和"传统技术"地区。区域经济发展应承认历史形成的技术梯度，让一些有条件的地区首先掌握世界先进技术，然后逐步向"中间技术"地带、"传统技术"地带转移。随着经济的发展，通过加速转移，逐步缩小地区差距。另一些学者认为，梯度理论是一种静态定位理论，它力图将地区的经济发展固定在特殊的阶段之上，使"先进技术"地区永远"先进"，"传统技术"地区永远"传统"。在确定区域生产布局重点时，往往注重现状发展基础，只注意发挥发达地区的现实优势，忽略了待开发地区的潜在优势，致使在区域经济开发中一方面加大了地域经济开发差异程度，另一方面影响了整个国家地域经济的开发速度。

鉴于上述弊端，近年来梯度发展理论正由静态定位理论发展为动态理论。其中最有权威的是迈达尔理论。迈达尔认为：随着任何一个国家或地区的经济发展，在生产分布上必然会产生两种趋势，即生产向某些地区集中的极化趋势和生产向广大地区分散的扩展趋势；前者受极化效应支配，后者受扩展效应支配。根据这一原理，处在高梯度的地区，经济发展主要在于预防经济结构老化，行之有效的办法是不断创新，建立新行业、新企业，创造新产品，保持技术上的领先地位；处在低梯度的地区，经济发展首先应重点发展占有较大优势的初级产业、劳动密集型产业，尽快接过那些从高梯度地区淘汰或外溢出来的产业，发展地区经济，并尽量争取外援，从最低的发展梯度向上攀登，进入世界先进行列。

梯度理论其实还有一个局限性，即只对技术梯度（产业梯度）进行了分析，但并没有提出各梯度之间的协作关系解决方案。深圳国有科技园区"一区多园"在梯度理论的基础上，创造性地提出了梯度协同的理念，即"一区多园"的多梯度布局是基于不同技术梯度地区的产业链上下游协同协作关系的构建而形成的。这也使深圳国有园区"一区多园"在圈层结构理论的基础上进一步拓展了面向内地省市园区的"辐射圈层"和面向国外科技产业高地的"创新圈层"。前者在技术圈层和卫星圈层的基础上，通过产业链下游协同和区域市场布局来进一步完善以深圳高端产业为核心的完整产业链，不仅为深圳创新发展服务，同时也帮助内地省市与深圳形成良性产业协同关系，并共享深圳创新资源，达到共同发展的目的。后者主要是通过持续引进全球创新资源，支持深圳科技产业不断创新，不断建立新行业、新企业，创造新产品，以持续维持深圳朝更高阶的创新积极发展。在这个过程中，科技园区平台就会发挥出独特的作用。

四、雁行理论

雁行理论于 1935 年由日本学者赤松要提出，指某一产业在不同国家伴随着产业转移先后兴盛衰退，以及在其中一国中不同产业先后兴盛衰退的过程。

发展经济学学者研究战后东亚国家经济及产业结构变迁，认为东亚国家（地区）是雁行理论的经济发展形态：以日本为雁头，其次为亚洲四小龙（包含韩国、中国台湾地区、中国香港地区、新加坡），再之后是中国大陆与东盟各国（包含印度尼西亚、马来西亚、菲律宾、泰国等）。即日本先发展某一产业，当技术成熟，生产要素也产生变化时，这些产品在日本的竞争力转弱。接着亚洲四小龙自日本移转技术或产业转移，开始发展这一产业。在此同时，日本产业结构升级到另一个新的层次。同样地，当亚洲四小龙在该产业发展成熟后，这些产品的生产又转移到相对更落后的国家发展。亚洲四小龙的产业结构也相应升级，呈现出有先后秩序的发展。

雁行理论主要包括四个方面内容：（1）重视本地区生产力的发展，不断调整经济结构；重视教育和人力资本的投资，促进经济的持续增长。

（2）坚持出口导向战略，包括向海外提供商品，积极促进贸易、投资和金融自由化，努力发展外向型经济。（3）依靠本地区内部积累，适当控制外债规模和外债结构。（4）政府调控行为与市场机制紧密结合，相互交融。

很显然，雁行理论对中国产业发展具有较直接的指导作用。它揭示了产业转移发展的一个基本规律。对深圳国有科技园区"一区多园"战略实施来说，我们通过对产业转移规律的认识，可以将其进一步借鉴发展为主动协调不同圈层科技园区之间进行有机的分工协作。在同一个产业阶段，大家按照产业梯度分工协作，整合资源提高生产效率。在产业升级阶段，又有效依次实现各自产业的创新发展。这种自觉的分工协同，将比纯市场调节的方式更有效率，并避免资源浪费。

五、熊彼特创新理论

约瑟夫·熊彼特（1883—1950）是一位有深远影响的美籍奥地利政治经济学家。1912年，其发表《经济发展理论》一书，提出了"创新"及其在经济发展中的作用，轰动了当时的西方经济学界。熊彼特以"创新理论"解释资本主义的本质特征，解释资本主义发生、发展和趋于灭亡的结局，从而闻名于经济学界。"创新理论"的最大特色，就是强调生产技术的革新和生产方法的变革在经济发展过程中的至高无上的作用。

熊彼特进一步明确指出"创新"的五种情况，即产品创新、技术创新、市场创新、资源配置创新和组织创新。其中前两种创新以企业自身为主即可基本解决创新所需的资源条件；但对后三种创新来说，企业如果能更好地依托其所在的科技园区平台，则可以帮助自身有效提升资源获取能力，这也是园区平台所具备的创新价值。

熊彼特的创新理论主要有以下几个基本观点：

（1）创新是生产过程中内生的。尽管投入的资本和劳动力数量的变化能够导致经济生活的变化，但他更看重生产过程中内部自行发生的变化，即内部"创新"。科技园区平台也是内部创新的一种典型体现。园区在资源不变的情况下，通过资源整合来帮助企业提升创新能力，达到价值再造的目的。当然，园区平台也会持续引进生态资源，但它的目的还是帮助园区企业进行创新。

（2）创新是一种"革命性"变化。熊彼特曾作过这样一个形象的比喻：不管把多大数量的驿路马车或邮车连续相加，也决不能得到一条铁路。这个比喻在科技园区也恰好适用。把再多的传统园区集合在一起，它们也只是房子和资源的堆积，而不能产生化学反应。只有产业生态园区的出现，园区产业形态才会发生革命性变化，也是质的变化，即由驿路变成铁路。

（3）创新同时意味着毁灭。一般来说，"新组合并不一定要由控制创新过程所代替的生产或商业过程的同一批人去执行"，即并不是驿路马车的所有者去建筑铁路，而恰恰相反，铁路的建筑意味着对驿路马车的否定。所以，在竞争性的经济生活中，新组合意味着对旧组织通过竞争而加以消灭。如在完全竞争状态下的创新和毁灭往往发生在两个不同的经济实体之间；而随着经济的发展，经济实体的扩大，创新更多地转化为一种经济实体内部的自我更新。科技园区的创新就可以归属为一种内部的创新。但对于传统模式的园区来说，也可以说是一种毁灭。当然，这种毁灭也是重生，它们可以与深圳湾园区一起形成更创新的生态。

（4）创新必须能够创造出新的价值。熊彼特认为，先有发明，后有创新；发明是新工具或新方法的发现，而创新是新工具或新方法的应用。只要发明还没有得到实际上的应用，那么在经济上就是不起作用的。因为新工具或新方法的使用在经济发展中起到作用，最重要的含义就是能够创造出新的价值。创新是新工具或新方法的应用，必须产生出新的经济价值，这对于创新理论的研究具有重要的意义。深圳湾园区一直秉承价值创造、价值再造的原则实施创新生态构建，就是这个道理。

（5）创新是经济发展的本质规定。熊彼特力图引入创新概念，以便从机制上解释经济发展。他认为，可以把经济区分为"增长"与"发展"两种情况。所谓经济增长，如果是由人口和资本的增长所导致的，并不能称作发展，因为没有在质上产生新的现象，而只有同一种适应过程，像在自然数据中的变化一样。熊彼特所意指的发展是一种特殊的现象，与我们在循环流转中或走向均衡的趋势中可能观察到的完全不同。它是流转渠道中的自发的和间断的变化，是对均衡的干扰，它永远在改变和代替以前存在的均衡状态。发展理论就是对这种现象和伴随它的过程的论述。所以，发展可以定义为执行新的组合。这就是说，发展是经济循环流转过程的中断，也就是实现了创新，创新是发展的本质规定。深圳湾园区也是通过打破传统园区的增长式发展模式，走向创新式发展模式的。

（6）创新的主体是"企业家"。熊彼特把"新组合"的实现称为"企业"，那么以实现这种"新组合"为职业的人们便是"企业家"。因此，企业家的核心职能不是经营或管理，而是看其是否能够创造和执行这种"新组合"。这个核心职能又把真正的企业家活动与其他活动区别开来。每个企业家只有当其实际上实现了某种"新组合"时才是一个名副其实的企业家。这就使得企业家并不是一种职业，一般来说也不是一种持久的状况，所以企业家并不能形成一个专门意义上的社会阶级。熊彼特对企业家的这种独特的界定，其目的在于突出创新的特殊性，说明创新活动的特殊价值。我们将在后面章节专门论述科技园区与园区企业家的关系。

总的来说，熊彼特认为，所谓创新就是要"建立一种新的生产函数"，即"生产要素的重新组合"，就是要把一种从来没有过的关于生产要素和生产条件的"新组合"引进生产体系中去，以实现对生产要素或生产条件的"新组合"。"企业家"的职能就是实现"创新"，引进"新组合"。所谓"经济发展"就是指整个社会不断地实现这种"新组合"，或者说经济发展就是这种不断创新的结果。这也是熊彼特非常看重的企业家的创新精神。

同时，根据熊彼特的创新理论，改变社会面貌的经济创新是长期的、痛苦的"创造性破坏过程"，它将摧毁旧的产业，让新的产业有崛起的空间。然而，面对这个"创造性破坏过程"，熊彼特特别指出：试图无限期地维持过时的行业虽然没有必要，但试图设法避免它们一下子崩溃又是非常必要的，也有必要努力把一场混乱（可能变为加重萧条后果的中心）"变成有秩序的撤退"。这是一个很重要的观点。近年来，在我国存在一种自由追捧"新经济"的现象，有些人认为我国的传统产业已经毫无希望，应该把资源集中于"新经济"，集中于信息产业，跳过漫长的工业化阶段，这是一种片面的认识。诚然，在发达国家高科技创新浪潮的推动下，全球正在展开一轮长期的由机器经济转变为信息经济、工业经济转变为服务经济的产业变革。但是，应该清醒地认识到，即使在发达国家，仍有一批传统产业在蓬勃发展，并与新兴产业相互渗透、相得益彰。从大趋势看，"新经济"只有与"旧经济"融合才有坚实的基础和广阔的前景。在传统经济结构的困境中寻求突破，确实需要进行结构调整，但同时应该做到"有秩序的撤退"，注意利用信息技术，改造和提升国民经济不可或缺的那些传统产业的结构和素质，而不能顾此失彼，简单抛弃传统产业。如果进退失据，只是一窝蜂地关停，使所有传统产业一下子崩溃，那么，滚滚的下岗失业洪流，源源不断的低收入人群的涌现，供求总量、供求结构的严重失衡，必将背离"创造性破坏"的初衷，变成只有破坏而没有创造。

这就要求，国家应该有秩序地进行经济结构调整。科技园区所建立的创新生态体系，实际上就是这样一个具体体现。我们所倡导的"圈层梯度、一区多园"，其中的经济圈层和产业梯度，体现的就是"新经济"与"旧经济"的融合发展。为实现这种融合发展，我们通过科技园区构建完整的"创新链"。具体包括：孵化器、公共研发平台、风险投资，以及围绕创新形成的产业链、产权交易、市场中介、法律服务、物流平台等，逐步形成包括科技创新政策、创新链、创新人才、创新文化的完整创新生态。

六、熵增定律

熵增定律即热力学第二定律，最早在 1850 年由德国物理学家克劳修斯提出，指热量任何时候都是由高温自动向低温转移的，它在一个封闭系统中最终会达到热平衡，没有了温差，也再不能做功，这个过程就叫熵增。最后的状态就是熵死，也称热寂。这里面有三个词非常重要：孤立系统、无外力做功、总混乱度（熵）。

熵增定律从开始的物理学范畴，到后来在各领域的延伸应用，得到了前所未有的认可与重视。

清华大学科学史系主任吴国盛教授说，如果物理学只能留一条定律，他会留熵增定律。

量子物理学和现代生物学奠基人欧文·薛定谔 1943 年在三一学院的主题演讲《生命是什么》中也说：人活着就是在对抗熵增定律，生命以负熵为生。

英国天文学家、物理学家、数学家亚瑟·斯坦利·爱丁顿也曾说："我认为，熵增原则是自然界所有定律中至高无上的。如果你的理论违背了热力学第二定律，我就敢说你没有指望了，你的理论只有丢尽脸、垮台。"

而任正非也认为，自然科学与社会科学有着同样的规律。对于企业而言，企业发展的自然法则也是熵由低到高，逐步走向混乱并失去发展动力的。

熵增定律之所以受到如此推崇，是因为它揭示了宇宙演化的终极规律。但熵增定律也被称为最让人沮丧的定律。它预示了宇宙终将归于热寂，生命终将消失。从一个组织的发展来说，熵增会让大公司的组织架构变得臃肿，员工会变得官僚化，整体效率和创新能力也会下降；封闭的国家会被世界淘汰。从个人的发展来说，自律总是比懒散痛苦，放弃总是比坚持轻松，变坏总是比变好容易。只有少部分意志坚定的人能做到自我管理，大多数人都是作息不规律，饮食不规律，学习不规律。所以熵增让我们安于懒散、难以坚持、难以自律……因为所有事物都在向着无规律，向着无序和混乱发展。如果你要变得自律，你就得逆着熵增做功，这个过程会非常痛苦。

因为本书讨论的是科技园区，所以我们重点考虑的是企业及园区与熵增定律的关系。

对一个孤立的、不在产业生态园区的企业来说，除了像华为这样极度自律的企业，一般企业其实很难摆脱熵增的规律。其中的原因，在于一个孤立的企业往往不幸地、"完美"地符合了熵增的两个突出特点——封闭系统+无外力做功。任何一个系统，只要满足封闭系统，而且无外力维持，它就会趋于混乱和无序。随着企业的做大和成熟，员工就会慢慢懈怠下来，组织会变得臃肿，制度会腐旧脱节。而企业自身是很难打破这种格局的，因为一般的企业家无法具备像任正非这样的哲学家式的智慧、格局与视野。任正非说："我们一定要避免封闭系统，我们一定要建立一个开放的体系，特别是硬件体系更要开放，不开放就是死亡。"与此同时，华为每年淘汰干部10%，淘汰员工5%。每年从18万人中淘汰5000~9000人，来激活这个团队。而这些思想与管理方法，从普通人的思维来看，反而成了华为广受批评的苛政。普通人理解不了，熵减的过程是一个组织与个人的能力与价值提升的过程。而且从孤立的企业来看，很难指望天降外力学雷锋般地来帮个人及企业做功。没有外力做功，自己又没有能力或自律来做功，那结果就只有熵死、热寂。

而产业生态模式的科技园区，扮演的就是"活雷锋"的角色。

在科技园区的企业，会被园区平台推着主动做功。企业作为园区产业生态系统的一分子，会有一个非常清晰的定位，可以清楚地看到自己在整个生态体系中的地位、作用与价值。如果自律，企业在生态系统中就会提升；如果松散，企业会直观感觉到自己的退步；而在企业自身的孤立系统中，往往无法感觉到这种变化。等到由量变转为质变时，又为时已晚。在园区这么一个生态环境下，企业会有大量学习先进的机会和条件来提示、帮助自己主动做功。

热力学第二定律是封闭系统的规律，避免熵死的方法之一就是建立开放的系统，即耗散结构。诺贝尔奖得主普利高津认为，只有在非平衡系统中，在与外界有着物质与能量的交换的情况下，系统内各要素存在复杂的非线性相干效应时才可能产生自组织现象，并且把这种条件下生成的自组织有序状态称为耗散结构。他也因此于1977年获得诺贝尔化学奖。因此耗散结构就是一个远离平衡的开放系统。任正非说："华为长期推行的管理结构就是一个耗散结构，我们有能量一定要把它耗散掉，通过耗散，使自己获得一个新生。"而且任正非也认为，员工不需要对公司太忠诚，太忠诚就代表公司付的钱太多了。所以企业应该将员工对公司的忠诚耗散掉，用奋斗者、用流程来优化、来巩固。奋斗者是先付出再得到，它与先得到再忠诚有很大区别。任正非也一直批评华为的自主创新，认为过度强调自主创新就把华为变成了一个封闭系统，于是诞生了开放合作的华为理念。

任正非的这些理念有点石破天惊，但真理总是掌握在少数人手中。大部分的企业和人可能根本认识不到熵增定律，更无法摆脱熵增定律的影响。而产业生态模式的科技园区就是一个天生的开放系统，给园中的企业和人造福祉。

在开放性方面，园区生态系统会持续地把无用的熵排出去，然后不断吸收新的可用物质、能量和信息，即产业生态资源。对园区企业来说，你即使不特别主动，这些可用物质、能量和信息都会随时出现在你的面前，帮助企业提升自身的开放性。

当熵逐渐增大时，虽然系统会变得越来越混乱无序，但是这种结构却更稳定，这种稳定就是平衡态，而企业必须要远离这种平衡态。比如企业做大后所形成的官僚结构就是这样一种非常稳固的结构。这时候，园区生态系统会持续为园区企业提供新的理念、新的人才、新的信息，帮助企业打破这种平衡态，让系统内部流动起来。最后无能的员工（熵）被淘汰出局，剩下的精英继续流动、重组，变得更加强大。这也是为什么华为要推行部分员工 40 岁退休政策的原因。

还有一点是理解非线性。可以理解为，一个微小的变化也有可能导致一个巨大的突变。比如在一个标准大气压下，给一壶水加热，前面 99℃都没有沸腾，可是再加热 1℃它就沸腾了，这就是非线性。企业发展同样也如此，可能前面做了很多努力，效果甚微，但是不要气馁，打破熵增的要素是非线性的，总有一天，一个微小的投入就会带来巨大的突变。科技园区的产业生态系统也不是用一朝一夕的时间来赋能，而是每时每刻都在增添正能量、增添新资源，在这样一个体系中的企业，就可能朝着一个正确的方向去更好发展。任正非领导华为主动创新、主动变革，但一般企业难以做到，因为不是每个企业的创始人都是真正的企业家。真正的企业家必须是战略家、哲学家。但园区平台可以成为企业的源头活水，来帮助企业避免熵增、实现熵减。

深圳湾园区的创新发展，有效借鉴了多方的理论指导。但需要说明的是，任何理论都只适用于一定阶段、一定范畴。我们在科技园区的发展实践中，一方面积极学习相关理论中对园区创新有指导、有帮助的思想；另一方面，我们也希望积极进行探索，对相关理论进行力所能及的丰富与发展。

第五节　科技园区的价值格局

前面章节已经从产业生态及商业模式角度对科技园区作了较多的阐述，但主要还是基于产业规律及市场要求。在此基础上，我们可以进一步对科技园区的价值进行提升。这就是前一章中我们所阐述的科技园区的价值再造三个层次中的第三层——在直接经济价值和营商环境价值之上的创新发展价值。我们把这种价值目标称为价值格局。格局是对事物的认知范围。曾国藩说过："谋大事者，首重格局。"拥有大的格局，才能站得高、看得远、想得深。因此，挖掘科技园区的价值，离不开格局的进一步提升。

打开格局，我们需要更广阔的历史视野。

知名财经作家肖磊对中美发展模式有着自己独特的历史思考，他认为中美之争（主要是美国主动要争）源自各自迥异的历史传承。在西方历史上，对西方整个国家运行体系影响最深远的，其实是古罗马帝国模式。很多人可能会说，美国是继承了英国的历史文化。但如果研究英国的历史，无论英国如何标榜自己的文化独特性，但深究起来，英国历史当中最不能忽略的就是英国被罗马帝国征服和统治的400多年，接近英国历史的五分之一。而古罗马维持超大规模国家的最直接的策略，就是不断对外扩张和侵略，然后以至强的武力来保护自身的经济利益。

如今美国要建立全球超大规模帝国体系，也是同样的逻辑。如果无法对外扩张，无法将自己的法律凌驾于其他国家之上，美国就难以维持自己的帝国利益体系，就失去了安全感和维持内部共同体的合法性。

美国目前采取的针对中国的一系列政策，本质上来自历史文化方面的惯性。因为美国找不到有别于古罗马帝国维持超大规模帝国的方式，只有把难以征服的国家驱赶和封堵在一个狭小的空间内，使其自我削弱，美国才能完全控制全球利益分配体系，才能维持大帝国的统一市场。

从国家竞争的角度来说，美国在维持其建立的全球超大规模霸权体系时，发现中国并没有按照美国所预期的方式进行发展，反而形成了自身独特的发展模式，而且似乎越来越不容易掌控。因此，美国会视中国为核心"威胁"，然后想尽一切办法来进行打压。

这与中国的历史发展逻辑有根本的不同。历史上的中国大部分时间内对于自身影响力无法企及的圈层，只要你不来骚扰和侵犯，是特别愿意交往和贸易的。无论是张骞出塞，还是郑和下西洋，都不是为了对"陌生"圈层的封堵和驱赶，而是贸易和邦交，否则西方也就不会把中国这种输出叫"丝绸之路"了。

我们可能很难理解中华文明是如何用一套完整的治理体系去维持超大规模共同体的，但它的力量一直存在。这就是为什么无论是元还是清都融入和继承了中华文明的原因。因为无论谁入主中原，如果不继承中华文明，就难以维持大规模共同体。

以中国和日本的例子来看，就能明白这种影响有多大。除了忽必烈，中国历史上从未主动攻打过日本，并没有统治过日本一天，但中国尤其是唐朝时期对日本文化及社会的影响是巨大的。中国唐朝的历史只有不到300年，但唐朝对日本这个岛国是有间接影响的。通过对中国（唐朝）的学习，当时日本确立了以唐朝三省六部制和郡县制为蓝本的中央官制和国、郡、县三级地方行政体系；以均田制为蓝本的"班田收授法"；形成了以天皇为核心的中央集权的封建国家体制；礼仪、文字、建筑、艺术等方面的影响至今还随处可见。就算到了工业革命和商业文明极其发达的今天，中国古代哲学等体系依然深刻影响着日本的文化演变。比如被大家熟知的日本著名实业家、哲学家稻盛和夫主张的"君子爱财，取之有道"等商业理念，都来自中国文化。

因此，中国的复兴意志，本身就是对人类最大的贡献，而不是威胁。美国和西方至今都没有理解中国内部大一统体系是如何形成的，以及到底对世界格局意味着什么。新中国对中华文明的继承与发展，从来就不是用来迎合西方文明或如今的美国的，而是要给世界提供一种既古老又新颖的发展方式。

从宏观层面来说，中国如何持续提升自身的竞争力呢？大道至简，就是进一步打造中国大规模共同体市场，其实就是"双循环"。我们更进一步打造的内部统一市场体系，其实就是对美国封锁最大的回击。而且，如果市场进一步向"一带一路"及更多国家壮大，中国的外溢性影响力就更大，基础就更牢，生命力就更强。我们未来经历的，将是一个全新的周期，中国将成为全球最大的实体消费市场，同时成为诸多亚欧大陆国家的第一大贸易伙伴，亚欧大陆将成为全球经济最繁忙的地区。

之所以要剖析历史，也是为中国科技园区发展模式厘清发展逻辑及原则。

首先，科技园区所崇尚的产业生态构建，体现的就是合作共赢，而不是丛林竞争。我们所构建的科技园区产业资源平台本身就是一个合作平台、开放平台。如果把科技园区平台与互联网平台放在一起，就可以更好地理解。互联网平台只有第一，没有第二，第一不仅永远不会允许别的平台代替自己，甚至不会愿意、不会允许多个平台平等共存。20多年来，中国已经经历过的电商、打车、外卖、商旅等互联网平台无一例外都在遵循这个丛林规则，这是高度类似美国的规则。唯一例外的是支付宝与微信支付，看上去各据江山，相安无事，但核心是其母公司业务领地并不尽相同。类似于美国与欧洲的关系，暂时还无须撕破脸皮。当然，私下里战术范围的明争暗斗以及相互封锁等其实已不鲜见。而科技园区平台类似于中国发展模式。科技园区之间不是传统的招商竞争关系，而是资源共享关系，甚至将成为园区平台利益共同体。园区企业也不再是传统丛林竞争关系，而是生态竞争关系，基于生态资源的整合实现各自更大的价值。

其次，科技园区生态运营应该成为中国创新模式的实践范本。当前，国际社会对中国发展模式越来越关注与肯定，社会主义市场经济理论也在逐步建立过程之中。而理论的建立也离不开实践的验证以及实践的推动。科技园区对于中国创新模式的探索具有无限的拓展空间。在应对中美关系方面，中国企业以一己之力对抗美国几无胜算，科技园区则可以为企业正当竞争提供丰富的产业资源，使中国企业在国际竞争中永远都是抱团竞争，而不是孤军奋战，这将成为中国企业提升竞争力的一种创新模式。在各省市均衡发展方面，科技园区能有效破除同质化低效竞争及资源浪费，使各省市在产业规律、产业生态的支撑下形成良好的协同协作关系，也充分体现出深圳作为社会主义先行示范区的示范带动作用。在突破"中等收入陷阱"方面，科技园区集聚的创新资源及产业协同价值将有效突破自由市场经济的发展局限，成为各省市产业转型升级的重要平台及支撑。

总的来说，可能我们很难将博大精深的中华文明的魅力与力量用很简洁、通俗的语言归纳提炼出来，但科技园区平台可以成为它的具象体现。而这种中国创新模式，或许就是科技园区的终极格局。

第六节　科技园区助推城市协同发展

深圳湾园区的顾问咨询业务走入正轨之后，深圳湾科技在提供正常的咨询服务的同时，也在进一步思考深圳湾园区与其他省市政府部门及园区平台的合作如何进一步提升价值。科技园区开发运营在传统业务层面不可能成为完全市场化的项目，必须从一开始就全面考虑政府产业培育、产业导入需求，而完全市场化园区项目的地产化往往与政府产业导向存在矛盾。前文在商业模式方面已经论述了园区市场化运作的论题，因此有必要将深圳湾园区与其他省市政府部门及园区平台的合作价值予以探讨。总结来说，这种资源互补的合作至少有三个方面的独特价值：

一是有效带动合作园区品质与水平提升。深圳湾科技在与其他省市政府部门及国有园区平台交流过程中发现，大部分园区平台对于科技园区的专业开发运营基本没有经验。即使园区已经建设好，也基本是按照传统招商模式及物业管理要求在进行运营，而且开发运营团队的专业素质远远达不到应有要求，行业内运营人才也严重不足。民营园区则分为两种情况，一方面大型民营园区（如前文所列举的产业地产代表性企业）具备比较好的招商运营能力，但它们"以农村包围城市"的战略不符合产业发展规律，导致很难突破发展瓶颈；另一方面一些民营小园区实际在一、二线城市的特定区域及部分细分产业（如电子商务、生物医药、文化创意）方面运营出了一批精品园区，但园区规模及品牌影响力使其缺乏引领行业发展的资源能力，民营园区很难成为中国科技园区体系的核心和主流。但无论何种类型的园区，其与深圳湾园区的合作都将是一种双赢的结果。深圳湾园区强大的平台资源能力和日益专业化的运营体系都将成为赋能其他园区的坚实基础，其他园区一旦成为深圳湾合作园区，就相当于找到了一位好同学。利用好深圳湾园区现成的资源与经验，就能快速带动合作园区品质与水平的提升。而科技园区提升了，就直接带动了当地城市的产业发展。

二是有效推动当地产业生态圈创新发展。现代城市都非常关注产业生态圈的形成，但一个城市，尤其是二线以下城市，很难自身形成产业生态圈，因为不可能带动一线城市成为自身生态圈的一部分。但深圳这样的一线城市则不同，深圳本身虽然可能无法构成完整生态圈，但具备引领能力，产业链上的所有城市资源都可以成为深圳生态圈的一部分。二线以下城市产业发展其实本质上不是构建产业生态圈，而是提升自身在产业生态圈中的价值。其他城市园区一旦成为深圳湾合作园区，就相当于融入了一个广阔的产业生态圈，而无须自身一点点地去构建。所以对其他城市来说，园区合作不仅仅在于园区发展本身，更在于合作是为这座城市产业生态圈提供了一条创新发展路径，扩大了产业生态圈的发展格局。

三是有效突破当地产业发展的区域性资源局限。任何一个城市都是存在发展资源局限的，因为一座城市有特定的发展阶段和资源容量。即使是纽约这样的顶级城市，它也希望吸引、整合全世界的发展资源。当然因为它的引领能力，它整合资源的能力会体现得特别强。而中国二线以下城市，同质化竞争越来越严重，其本质就是区域性资源能力不够强，缺乏核心竞争力。其他城市园区一旦与深圳湾园区合作，其共享的资源、整合的资源就远远超过自身引进资源的效率与质量，能够帮助其园区企业获得更好的资源条件，更好地体现出园区平台的价值。对于城市来说，与深圳的园区合作比单一引进重点项目的价值和意义要大得多。因为有了高品质的科技园区，就一定会有高端的产业项目。而高端的产业项目，并不一定带来高品质科技园区。

接下来，我们继续阐述科技园区如何对产业发展阶段及产业链环节进行选择。这也是各地政府产业部门及园区平台特别关心的问题，但也是存在不少误区的问题。表现最突出的是很多城市的产业发展规划看起来很像是国家的五年规划，九大战略新兴产业本地至少要占到七八成以上才感觉没有落伍；在产业链环节方面也必须是以总部、研发为主，否则都不好意思往工作总结中写。而按照圈层梯度理论及产业规律，城市及科技园区最重要的是对本地产业作出最合理的定位。下面我们尝试按城市层级作一些基本分析：

一、一线城市

北上广深作为中国的顶级城市，其在中国产业链中居于最高端位置。因此，北上广深的科技园区都应该成为产业引领者和产业资源平台。在分析湾区经济优势时，我们认识到产业链的最高端是创新经济和现代服务业，而这就是中国一线城市的现在及未来。同时一线城市也不需要过于担心产业转移所带来的产业空心化问题。国家可能有产业空心化问题（如美国），但城市不会有这个问题。举两个典型的例子：一是北京疏解非首都功能，把大量的制造业等迁出了北京，落户到河北、天津等地。但北京经济并未有断崖式下降，其金融业产值再创新高，更多资源腾出来给了互联网科技、教育等高端产业和高端服务业。二是深圳从 20 世纪 90 年代即开始主动产业转移、腾笼换鸟，也一度被认为终将被抛弃。但 20 年过去，深圳创新一骑绝尘，成为名副其实的社会主义先行示范区。因此，由于知识密集、人口聚集、土地稀缺、高学历人才和国际化程度越来越高，未来一线城市都会逐步向高附加值产业和服务业主导型经济转变，也只有这样的产业形态才具备牵头引领产业发展的能力。

二、二线城市

二线城市的任务是牵头解决中国产业可能出现的空心化问题。现在的中国还是世界工厂，但已经出现了产业转移的趋势，这是应该关注的核心。美国因为非常彻底的产业转移，带来了空心化的反思，但为时已晚。中国幅员辽阔、市场巨大，一定不能走美国老路。未来中国最理想的制造业应该在长江中上游和黄河流域，以及渤海湾地区。这就好比美国制造业和经济最辉煌的时候，制造业是在中北部的五大湖地区（底特律、芝加哥一带）。然后五大湖地区的制造业对东海岸的纽约大湾区以西海岸的旧金山大湾区形成了巨大支撑，使得这两大湾区可以全力投入到高端研发和服务业资源的全球竞争中去。因此，二线城市需要起到重要的承前启后作用，而不是整天去争取成为一线城市。有时候，一线城市就像企业家一样，它是天生的而不是努力出来的。这些城市的科技园区需要遵循城市使命，成为这个作用发挥的平台。同时，二线城市在资源禀赋支持的条件下，可以积极发展具备自身特色的产业。比如，成都与深圳可以在电子信息产业方面形成承接、合作与互补。

三、三线及以下城市

一、二线城市合理分工后，三线及以下城市可以分为两种大的发展模式。一种是在交通良好、技工充足、具备良好产业基础的城市，重点做好二线城市重点产业的加工制造配套。这类城市不需要对产业做上层规划设计，可侧重研究配套规划，明确自身在细分产业体系中的定位与价值。剩余的城市应因地制宜，结合自身资源条件发展特色产业，比如特色农业、特色林业、特色旅游、中药材生产等。实在没有资源条件，则可重点成为生态保护区域，为国家作出应有贡献。

总的原则，应将所有的城市纳入中国整体产业生态规划蓝图之中，科学确定各类城市的产业定位，避免一刀切的政策，也避免同质化发展。在其中，要突出科技园区的平台作用，使科技园区成为推动城市协同发展的重要推手，使中国真正走出一条不同于西方产业文明的创新之路。

第五章

展望未来：科技园区的价值畅想

第一节　科技园区需要创新定义

中国哲学的特点是向内追求，以达到人性的完满为目的；而西方哲学则注重向外探寻，以认识自然、征服外在世界为最终目的。正是中西方哲学的不同理想和追求造成了中西文化的差异。

中国科技园区的发展实际上需要体现中西方哲学的交融发展。西方哲学批评中国哲学没有将中国带向科学创新之路。我们应该承认这个事实，中国错失了现代科学发展的时机。但孟子曰："王之不王者，非不能也，乃不为也。"冯友兰对中国缺乏科学发展也执同样的观点，认为中国哲学非不能也，乃不为也。当今中国的科学发展已经说明，我们已经在虚心向西方哲学学习，但虚心学习不等于抛弃中国哲学。而科技园区的发展，则更加需要吸收中西方哲学思想。

按照西方哲学认识自然、征服自然的特征，西方科学一直领先中国。但过于强调市场化的发展，直接的结果是会导致经济危机。马克思在《资本论》中写道：市场经济无法消除产生经济危机的根源，因而经济危机周期性爆发。经济危机的这种周期性使资本主义再生产也表现出周期性，这种周期包括四个阶段：危机、萧条、复苏和高涨。经济危机的根源在于自由市场经济是战术性经济，而非战略性经济。中国哲学说"人无远虑，必有近忧"，就是这个道理。

资本主义国家经济危机的周期大概是十年，每一次经济危机都会使整个社会经济陷入极端混乱和瘫痪之中。中国也会有经济周期，但表现与资本主义国家经济危机有很大不同。原深圳市副市长、哈工大深圳经管学院教授唐杰总结深圳的发展周期时认为，深圳的周期是一个创新的过程，而不同于自由市场经济的倒退过程。从20世纪80年代开始，每隔十年左右，深圳就会经历一次"产业危机"。但与自由市场经济的"经济危机"有本质不同，深圳每一次"产业危机"都是一次空间产业调整的过程，也就是一次产业转型升级的过程。所以唐杰教授认为深圳的产业周期是一个创新的过程，而不是真正的危机。这类似于人类感冒的抗体调节。

这是一个非常有意思的事情。为什么西方可怕的经济危机到了中国却从坏事变成了好事。很多西式专家学者说这是中国计划干预的后果，经济危机迟早还是要爆发，而且积累越多，泡沫越大。我们暂且不说深圳直到现在也还没有看到危机的迹象，即使有国家计划的干预，那为什么干预就一定是坏的干预呢？黑石集团总裁苏世民在他的自传中对2008年美国金融危机有着详细的描述。如果没有美国政府的干预，应该说那次金融危机可能带给美国经济的影响将是灾难性的。换一个角度理解，政府的适度干预恰好符合中国哲学向内追求的特点。因为追求人性的完满，其实是一种战略思维，就是要求人要站得高看得远。站得高看得远不仅带来的是自身的价值感、成就感，更重要的是它会为社会带来可贵的正能量，从而影响社会秩序和社会规则。

对科技园区来说，科技园区首先是带来科技产业的发展，这属于西方哲学的范畴。但中国的科技园区具有鲜明的中国特色，即政府对科技园区的规划、建设、运营具有非常强的导向性，并且将市场资源与政府资源融为一体，逐渐形成了一个庞大的科技园区体系，这在西方自由市场经济大国中是不存在的。而深圳湾园区的产业生态模式更加是中国特色的体现，不仅是两大资源的简单结合，而且通过园区平台，从产业规律的角度去集聚与配置资源。从中国哲学的角度，科技园区的完满就是产业生态的构建，并以产业生态的构建来推动园区科技产业的更快更好发展。产业发展好了，城市就发展好了；城市发展好了，国家就发展好了。

这其实与中国哲学对人性完满的追求完全一致，代表更高的境界。西方纯市场化的商业模式看似更加实用，更直接创造价值，但容易过时。不过，从另一个角度，我们应该认识到，社会主义市场经济模式为科技园区的创新发展奠定了基础与条件，但要使科技园区的发展真正体现出更大的价值，我们还需要从多个方面进行努力：

一、创新发展思维

在产业生态模式科技园区出现之前，科技园区的价值没有得到充分认识，基本还停留在科技园区能为产业解决载体的层面，也就是招商的层面，思维方式也基本如此。而且，完整的科技园区体系没有先例，也造成了大部分的行业人士缺乏突破思维的路径。即使在西方发达国家，也缺乏可深度借鉴的模本。从迷信西方经济理论的角度，西方市场经济体制中没有出现的事物，是不可能得到更多的重视的，因为一般会更习惯于学习与模仿，而不是创新。而且，科技园区的价值是在社会主义市场经济这个特殊的社会阶段与高阶的产业链环节相互结合下才能有效体现出来的。资本主义市场经济为什么不能充分体现科技园区价值？就在于它们属于单一的功利性经济体制。这种比较并不是要否定市场经济，而是通过科技园区可以提升市场经济的价值，弥补自由市场经济的缺陷。

二、提升园区服务专业性

因为都需要建房子，导致科技园区一直与房地产行业关联极大。隔行如隔山，房地产行业可以协助园区发展，但不应主导园区发展。记得2018年深圳湾科技曾去一家头部房地产企业学习交流，就有两点深刻体会：一是它们的总部展厅太欢乐了。因为园区平台类企业平时参观的都是科技企业展厅，到了房企展厅，就感觉是到了一个游乐园。后来转念一想这也是对的，因为这家房企主要是卖住宅，卖住宅不就是要把个人客户整欢乐吗！但这种风格确实与科技产业属性迥然不同。二是体会到了地产行业的专业性。在后半部分的业务交流中，其建筑设计的标准化、成本控制的体系化、招标采购的高效率以及内部监察体制的完善都远远超乎大家的想象，处处体现出行业的最高水准。因此，这里也可以为这个行业说几句话：房地产行业的兴盛虽然有其天时地利，但也不完全是依靠天时地利，其自身的专业性值得钦佩与学习。不过专业性就是这么一个很奇怪的东西，这方面太专业，往往就会影响其他方面专业性的发展，因为人的思维都有固化的特点。应该说，各大房企转型产业地产之心不可谓不诚，但地产思维一旦固化，商业模式就很难扭转，园区服务的专业性属性就很难形成。这也可以解释，那些立志转型到科技产业的房企，为什么大部分做着做着就慢慢地变了，最后项目还是沦为勾地服务。当然也不排除有例外，深圳湾科技本身也接触过这样的特别企业。它们的共同特点是有类似于社会主义"尚贤"

的追求实业的情怀，已经非常自觉地脱离了地产思维，具备这种跨界思维的企业是非常难得的。

三、推动科技园区真正成为资源配置平台

以市场化配置资源为主已经成为社会的共识，但如何才能将资源配置做到最优的市场化，却缺乏系统的研究。从政府角度来说，一方面在积极推动营商环境的提升，但另一方面很多部门并没有将资源权力释放给市场的动力。从营商环境角度，能创造一个为企业发展提供充分资源的渠道和平台，比自身想方设法去提供资源更加有效。从方法论的角度，能让别人帮自己把活干了远比自己能干活更高明。科技园区就是这么一个资源配置的绝佳平台，因为园区本身就集聚了大量的资源，而且这些资源与互联网的松散平台不一样，科技园区是一个联系紧密的线下平台。它也优于居住社区，社区看上去群体巨大，但社区有价值的共性需求并不是很大。这也可以解释为什么物业管理型平台的价值远远不如科技园区。同时，科技园区强调自身是一个"平台的平台"，而不仅仅是一个平台。"平台的平台"的概念核心体现在园区的资源整合能力上，园区平台要努力使各种类型的专业平台积聚在园区平台上为企业和员工服务，也就是在服务园区的同时，完美做到让"别人帮平台赚钱"。在前文对园区创新商业模式的阐述就是分析这个问题。而现在，这个有着巨大价值的平台并没有真正形成，所以这既是深圳湾园区的重要机遇，也是深圳湾科技要去努力解决的问题。

四、推动园区政策与产业政策的统一

目前国内各地的产业规划中存在一个大的问题，即均没有专门设计

通过科技园区来落地，最多规划几个产业集聚区。但产业集聚区是一个没有运营主体的区域，因此不能替代科技园区。而这几年政府对科技园区的重视程度有所提升，但一般只强调科技园区是产业培育与集聚的载体，并没有深入从产业资源配置角度理解科技园区的重要性，也没有将当地的产业规划政策与科技园区进行有机结合。在这方面，新加坡是专家，所以后面章节还会专门介绍新加坡经验。如果不将园区布局与产业规划真正融合，也不是说这个城市就一定发展不好产业，只不过会有点"事倍功半"了。

第二节　以色列科技创新秘籍

科技园区运营的目标是推动科技产业创新。而学习科技创新就不能忽略对以色列的研究借鉴。以色列自建国以来一直致力于科学和工程学的研究，其科学家在计算机科学、光学、工程学、遗传学和其他技术产业上的贡献都非常杰出。我们很难想象，一个人口仅900万的国家，又没有自然资源，为什么产生了那么多的科技创新公司，甚至比日本、英国、中国、印度都多。

耶路撒冷是犹太教、伊斯兰教和基督教的发源地。站在耶路撒冷的圣殿山，你会有一种这里是世界文明中心的特别感觉。在以色列，我们不仅可以见到多种宗教的并存，而且可以体验以色列人的多元文化。比如，在宗教场所甚至街头，我们到处可以见到严守教规的犹太教徒。他们留着长须，身穿黑色西装，戴着高高的黑色礼帽。而城市的另一面，则是拥有最现代生活的世俗以色列人，他们与教徒和谐并存。至于战争，虽然已经成为以色列人日常生活的一部分，街头也到处可见身穿军装、背着冲锋枪的青年男女，但真正的战争状态并不明显。那些年轻士兵似乎是在闲逛，而不是执勤。

越是这样一个多元而神秘的国度，我们就会越好奇它的创新精神来源于哪里。总结来说，以下几个因素可能比较重要。

一、持续的学习精神

以色列人具有极其强大的学习精神。除了可能存在一定的民族传承之外，应该与以色列国家长期处于一个高压环境有密切关系。以色列长期处于与周边众多阿拉伯国家的激烈冲突之中，如果不依靠持续的学习精神来增强自身实力，那可能早就有了非常严重的后果。

对于科技园区来说，持续的学习精神同样重要。一方面，产业生态运营能力对学习的要求非常高，要求具有知识复合与行业跨界的能力。只有具备这样的能力，才能对园区企业贡献更高的价值。另一方面，科技园区也将面临竞争甚至生存的压力。根据 2020 年 10 月第一太平戴维斯发布的深圳写字楼研究报告，深圳写字楼空置率在第三季度末达到 29.7%。同时，未来五年深圳将供应高达 800 万平方米的写字楼，接近现有存量。我们暂且不论这个数据是否完全客观，但今后市场的竞争压力会越来越大肯定是趋势。应对压力，什么最靠得住？一定是自身实力最可靠。因此，以学习、以创新来构建科技园区运营新模式就恰逢其时。

犹太家庭特别重视孩子教育问题，但他们重视的角度与中国家庭大不相同。他们鼓励孩子质疑权威，大大提高了孩子的思考、学习能力，提高了主观能动性。犹太家庭从来不觉得赚钱是一个需要到达一定年龄才能开展的活动，与中国的"教育从娃娃抓起"一样，他们始终觉得"赚钱从娃娃抓起"才是最好的教育方式。在犹太家庭里，孩子们没有免费的食物和照顾，任何东西都是有价格的、有代价的，每个孩子都必须从小学会赚钱，才能获得自己需要的一切。

在这种教育原则下，与中国大城市行色匆匆的上班打工族不同，以色列到处都洋溢着自主创业的个性。在犹太教的传统中有一种平行逻辑，其中一个重要的原则就是每个人自己承担起思考的责任，禁止别人替你思考。在平行逻辑下培养出来的人，首要追求是一份独立的事业，不会心甘情愿去替人打工。而且与中国的创业公司偏好商业模式的创新不同，以色列的公司骨子里专注于技术创新，而且多在某一领域占据全球领先位置。

在这种学习教育氛围下，以色列有着中东地区以及西亚最高的平均受教育年数，与日本并列为整个亚洲平均受教育年数最高的国家，并总计有十名以色列人和以色列裔人获得诺贝尔奖。

二、移民红利

前面章节介绍过美国与深圳的移民红利，但以色列的移民背景却大不相同。随着 1948 年的战争，西岸地区和加沙地带的犹太人口开始撤回以色列，大量来自阿拉伯国家的犹太难民使得以色列的人口剧增了两倍。在接下来几年里，将近 85 万名瑟法底犹太人从阿拉伯国家逃离或遭驱逐（其中约有 60 万人迁移至以色列，其他人则移民至欧洲和美国）。到了 20 世纪 90 年代前后，以色列又接纳了 100 万来自世界各地的犹太移民（包括苏联的大量犹太移民）。这些移民中大多是受教育程度甚高、充满创投精神的高科技人才。特别在这波科技和人才的充电带动之下，加上 2004 年以后的一系列市场改革，以色列经济一日千里，一举奠定了在全球的科技创新地位。

对科技园区来说，园区平台吸引人才也有这个特点。一方面科技园区能够吸引大量的人才进入园区企业，而这些人才都是具备相当高的教育程度的；另一方面，科技园区人才又具有一定的流动性，能够保持园区更好的活力。从这两方面来说，科技园区也具有移民红利的特点和优势。

三、独特的研发创新优势

在研究和开发（R&D）花费指数上，以色列是世界第三高的国家。以色列在美国纳斯达克上市的科技公司超过 80 家，仅次于美国和加拿大，居世界第三位。其中包括全球最大非专利药制药企业——TEVA、以色列最大企业——全球网络保全产品巨头 CheckPoint 软体科技公司和著名国防承包商 Elbit 系统等。而且世界顶级的科技公司，如英特尔、IBM、微软、惠普、Google 等都在以色列设立有研发中心。

前文已述，以色列人具有强烈的创新精神和独立意识。在以色列的组织，包括公司里面，较少有等级观念，下级能直接质疑上级的决定。以色列推崇个人思维，面临问题的时候重视自己判断而不是上级指示。以色列推崇下级跑到上级面前质疑你凭什么管我。

除了独特的创业文化之外，以色列的研发机构也极具特色。最有代表性的有世界领先的威兹曼研究院。该研究院成立于 1934 年，当时的领导人威兹曼教授后来成为以色列的第一位总统。威兹曼研究院主要从事数学、计算机、物理、化学和生物等专业的研究。2011 年，威兹曼研究院被 *SCIENCE* 杂志评选为世界排名第一的科研院所。1959 年，威兹曼教授在连任 10 年总统后，在威兹曼科学院成立了耶达技术转移公司，公司很快成为以色列乃至全世界技术转移的先锋。耶达公司继承了威兹曼研究院的传统，专门负责研究院研究成果的应用开发和技术转移，通过转让威兹曼的科研成果来获取转让费，从而支持威兹曼研究机构的继续办学研究和运作。同时，由耶达在国内外申请保护研究院获得的专利，并通过它寻找工业伙伴来开发研究院的发明成果。耶达公司是世界上唯一一家拥有三大最赚钱的药物专利的公司，每个专利每年都可获得超过 10 亿美元的收入。这三大药物就是以色列医药公司梯瓦（Teva）生产的多发性硬化症（MS）药物 Copaxone、雪兰诺公司（Serono）生产的 Rebif 和美国英克隆系统公司（ImClone Systems）生产的抗癌药 Erbitux。

风险投资也是支持以色列科技创新的重要经验做法。以色列风险投资经历了从"政府主导"到"官助民营"再到"百花齐放"的过程。以色列本土风险投资始于 20 世纪 80 年代，囿于以色列政府对经济干预较多、金融管制严格，风险投资发展缓慢。从 90 年代起，随着以色列政治和安全环境的改善，政府大力推动经济改革，并逐渐认识到发展风险投资的意义。

1992 年，政府投资 1 亿美元设立 YOZMA 风险投资基金，并建立国有独资的风险投资公司进行管理。为了发挥引导基金的作用，以色列政府引入国际知名的风险投资公司，采用有限合伙的形式设立了多个子基金。子基金规模为 2000 万美元，其中以色列持股 40%，来自欧美的投资方持股 60%。以色列政府承诺不干预基金运作，并与投资方共担风险。如投资失败，政府承担损失；如投资获益，政府将所持股份按原始价格出让给投资方，实现资金撤出。

通过有效的引导，以色列最初设立的 10 支风险投资基金全部获益。

政府也于 1998 年通过拍卖和转让股份的方式撤出全部国有资本，完成了 YOZMA 风险投资基金的私有化改革，政府则将重心转向政策支持和投资环境建设，建立了以色列风险投资市场开放竞争和法律保障的良性机制，逐渐形成了本土投资机构和境外投资机构"百花齐放"的局面。

对于深圳湾科技园区来说，股权投资资源也是园区生态必不可少的部分。不过，与深圳很多经验一样，深圳的风险投资借鉴了以色列经验，但并没有完全走"政府主导"到"官助民营"再到"百花齐放"的过程。甚至有点相反，深圳的风险投资更多是从市场化风险投资起步的。但到后来发现，天使、VC 阶段不能完全依赖市场的风险投资。为进一步完善深圳的创新生态，不断增强创新创业活力，2018 年 3 月 24 日，深圳市天使投资引导基金正式揭牌设立，而且与以色列的国有风险投资基金的风险承担机制完全一致。

四、军队成为创新孵化器

以色列由于特殊的国情，建立了一个极具特色的兵役制度。大多数以色列人（无论男女）都在 18 岁时被征召从军。男性服役期 3 年，女性 2 年。不过鉴于战争中的立场考虑，阿拉伯裔公民可以例外。但他们及其他移民也被允许自愿加入以色列国防军。

以色列兵役制度不是简单的从军，其实可以看作是一个年轻人的特殊选拔方式。在达到应征年龄的前一年，所有 17 岁的男孩和女孩都要到以色列国防军的征兵中心区报到。在基本的体能测试和心理测试之后，达到健康、能力和性格等各项要求的合格候选人，将有机会参加另外的资格测试，这是他们通往某个国防军精英部门的又一道关卡。在通过这个关卡后，合格者又有机会进入更精英的部门，开展强化训练与严格测试。最终的胜出者就会进入国防军最精英的部门服役。

在以色列国防军精英部门中，"8200 部队"是一个神一般的存在。它是以色列神秘的从事电子侦察活动的单位。该部队的正式名称为"中央情报搜集部队"，8200 是其番号。"8200 部队"人员是从以色列国防军中通过严格的智商测试与综合能力测试筛选出来的"精英中的精英"。"8200 部队"有多个基地，除了信号情报机构外，还负责搜集各种有关电子装备的信息，比如雷达。另外，"8200 部队"还专攻密码破译。"8200 部队"最成功的情报工作是在"六日战争"的第 1 天，成功截获时任埃及总统纳赛尔和时任约旦国王侯赛因的高保密专线电话。

2004 年 3 月，曾有建议将"8200 部队"改为文职的国家信号情报搜集机构，像英美等国那样，不再由军方管辖，但未被采纳。目前该部队由一名准将领导，其身份高度保密。

以色列高科技领域的精英大多曾服役于"8200 部队"。这些人要么是企业家，要么是公司的创立人或者中高级主管。以色列高科技领域的很多技术也来自这支神秘的部队。全球最大的支付平台——贝宝（PayPal）曾经以 1.69 亿美元收购了一个只有 50 人的以色列科技公司，用于解决在线支付存在的欺诈、电子身份被盗等问题。而该公司的核心技术，就是来源于创始人在军队服役中掌握的追踪恐怖分子在网络上的活动技术。

以色列国防军精英部门中，还有一个比"8200 部队"更精英的机构——专攻科技创新领域的 Talpiot。Talpiot 这个名字源自《旧约·雅歌》中的一首诗，意指城堡的塔楼，象征最高成就。每年以色列高中毕业生中最顶尖的 2% 可以参与选拔（主要是物理和数学测试），最后只有 1/10 的最顶尖学生通过测试。他们接下来会参加国防军最长时间——41 个月的专业训练。

而他们的训练远超常规大学的范围。尤其是他们要更深刻领悟科技与军队的需求，以及这两者之间的关系。所以，训练的真正目的在于将他们培养成为以任务为导向的领袖，培养成能解决问题的人。虽然 Talpiot 的首要目标是要维持以色列军队的科技优势，不过这种将领导经验和技术知识结合起来的训练，对于创造一个新的企业家来说也是最完美的了。这个项目 30 年里仅培养了 650 名毕业生，但后来他们都成了以色列顶级的学术专家，或者是最成功的企业创始人。

Talpiot 可能代表了以色列军队精英中的精英，但这个项目背后的战略意义——通过提供更广泛深入的培训，培养创新和解决问题的能力，看起来也已成为以色列创新精神的一部分：教人如何精通各个领域，而不仅仅在一个专业上追求极致。

因此，当其他国家的学生还在考虑考哪所大学的时候，以色列的年轻人却在衡量各个军事单位的优势和劣势；当其他地方的学生还在考虑该如何进入最好的学校时，许多以色列的年轻人却在准备随时听从国防军经营单位的召唤。以色列的顶级大学或许很难进，但在这个国家可以和哈佛、耶鲁、牛津、剑桥相媲美的是国防军精英部门。在以色列，从某种程度上说一个人的学术经历比不上其军队经历。如果离开部队后你想申请加入某个机构，那一定要向未来的雇主讲述你在国防军精英部门的筛选过程，以及你拥有的各项技能和相关经验。

军队是一个大熔炉。坚毅、执着、责任感、组织能力、团队精神等是无与伦比的品格，以色列军队严密、科学的组织管理已经充分体现了军队文化的精髓，但以色列竟然还将科技创新与军队文化完美地结合起来了，这样的经验不学，我们还学什么呢？

以上几个方面应该大致可以体现出以色列科技创新的文化特色。不过对于其他国家的创业者来说，却并不一定都有运气拥有这么好的条件。但是，拥有一个好的园区，其实就能为创业者乃至大企业提供类似的条件。一个不在科技园区的创新企业，就好比靠天收成的庄稼地，农民再努力，却不能保障收成。所以对企业来说，选择科技园区就是你创业决定的第一步。第二步就是要选择一个具有生态价值的园区，这就好比选择一个具备以色列这样创新条件的土壤。第三步，就是要充分认识园区产业生态体系，并与园区产业生态充分融合。以色列的创新不是简单源自个体的聪明与努力，而是整个国家体系形成了创新支撑与创新文化。因此，对一个园区企业来说，最聪明的做法就是与园区生态体系融为一体。独立企业的弱点是资源不足，但园区平台的优点便是资源充足，刚好可以弥补独立企业的不足。如果园区在生态机制、产业资源、创新人才等方方面面形成与以色列类似的创新环境，那么科技园区将逐步成为创新文化的重要熔炉。

第三节　新加坡科技园区的发展经验

前面章节对新加坡科技园区模式已经作了基本介绍，但仍有必要去更深入解析。新加坡对科技园区的重视是空前的，在科技园区方面的努力也是无与伦比的。完全可以说，这么一个国土面积非常小的国家，如果没有抓住科技园区，其经济与产业发展不可能有今天的成绩。新加坡科技园区模式有如下特点：

（1）**突出政府主导**。新加坡国土面积仅 720 平方公里，但 2019 年新加坡人均 GDP 超过 65 000 美元，世界排名第 8 位，超过深圳人均 GDP 的一倍以上。因土地资源极其紧张，工业园区、科技园区是新加坡产业的核心载体。从早期的裕廊工业区、裕廊化工岛、晶片区、罗央航空工业基地，到后来的新加坡科学园、纬壹科技园等，科技园区一直都由政府直接主导，达到集约使用土地资源的目的。但在具体园区开发上，从规划设计、开发建设和招商运营，主要由国有园区平台公司负责市场化实施。同时政府主导突出了政府统筹资源支持科技园区开发的特点，并不是园区平台独自在战斗。

（2）**实行市场化运作**。在政府主导园区资源的基础上，新加坡工业园区及科技园区均采用完全市场化的机制进行运作（市场化不等于民营化，而是基于淡马锡纯市场化运作的国有企业机制）。以纬壹科技园为例，新加坡政府统一委托新加坡的政府工业地产开发机构——裕廊集团为总体开发商，再由裕廊集团选择盛裕集团、腾飞集团、凯德集团等专业化公司针对具体地块开发进行社会招标，实行市场化开发。园区物业租售价格也是完全市场化的，政府并不进行干预或补贴。比如纬壹科技园研发办公用房价格达到300~400元人民币/平方米/月，处于一个较高的租金水平，但因为产业、生活配套条件好，常年处于满租状态。

（3）**重视专业规划**。新加坡政府非常重视园区规划，充分体现了规划先行、规划的科学性及规划的执行。在国家层面，新加坡科技园区规划都是配合国家不同时期重点产业规划而制定实施的。在明确产业方向的基础上，确定可行的科技园区片区规划。在纬壹科技园规划过程中，明确了融"工作、学习、生活、休闲"于一体的活力社群概念，以适应知识型新兴产业发展需要。在具体的园区功能规划中，又特别强调规划完善的产业配套功能。同时片区交通、教育、文化、居住等生活配套功能真正做到了与园区开发同步规划、同步实施、无缝协同。如纬壹科技园同步规划了两条地铁线路、3个地铁站，并与园区同步设计、建设，同步投入使用。

（4）**推动产业升级**。新加坡产业发展主要经历了三个重要阶段。20世纪60年代独立之后，新加坡从无到有，从生产加工开始，逐步建立自身的重点工业体系，裕廊工业区由此诞生并发展；从20世纪80年代开始，新加坡主动规划产业升级，重点发展石油化工、电子信息、航空工业等资金、技术密集型产业，裕廊化工岛、晶片区、罗央航空工业基地便是这个时期重点产业的主要承载园区。进入21世纪之前，新加坡意识到知识经济将产生变革性影响，迅速推出了纬壹科技园发展规划，以生物医药和信息传媒产业为重点，推动新加坡产业升级。因此，在新加坡的三个产业时代，工业园区、科技园区规划发展都是国家产业发展规划中的核心组成部分，并有机融合。

（5）**运营前重后轻**。在园区运营方面，纬壹科技园及新加坡其他园区都体现出了前重后轻的特点。即特别重视项目前期的规划设计、建设管理和招商运营，但在园区企业基本入驻满以后，后期运营不会像中国科技园区一样构建轻资产专业运营模式，而是将园区基本运营委托给物业公司进行管理。比如纬壹科技园目前已比较成熟，园区日常运营已调整为政府部门、开发单位及大的入驻企业分头管理的模式，基本运营调整为以物业管理为主。这种运营模式前后差异的原因在于新加坡是一个城市小国，不像中国自身内部市场就可以建立丰富的产业生态体系，从而也不太需要在运营后期通过专业的园区运营团队为园区企业提供更多的增值服务。

（6）**园区模式输出**。经过50余年的发展，裕廊集团通过参与制定国家总体规划和经济发展战略，在新加坡已牵头开发运营45个工业园区和科技园区项目，园区入驻企业超过7000家，成功探索出一整套片区及园区整体规划、开发建设、招商管理的全链条开发运营模式，并已在全球多个国家进行模式输出。其中在中国也已有多个重点合作项目，包括新加坡苏州工业园、天津中新生态城、广州中新知识城等。其中以苏州工业园最有代表性。在新加坡园区模式构建与输出的过程中，通过政企分开等改革，也整合形成了盛裕集团和腾飞集团两个主要的国有市场化园区专业公司。其中盛裕集团成为园区规划设计和建设服务的国际化专业机构，腾飞集团成为园区开发投资的专业机构。但在园区开发完成之后，它们都会在一定的期限内退出园区运营管理。

新加坡能取得翻天覆地的经济成就，新加坡经济发展局功不可没。作为新加坡经济发展的领导机构，它通过建立有竞争力的工业，在各个发展阶段带动全国经济增长。同时作为新加坡促进投资的支柱，它与其他部门一道为新加坡的商业和企业创造了世界一流的发展环境。

新加坡独立后，经济积弱不振，失业率高。为寻求帮助，新加坡恳请联合国派出一支专家团队来新加坡进行指导。1960 年 12 月，联合国工业调查团抵达新加坡，开始拟定新加坡工业化的蓝图。在这份蓝图中，一个重要的建议就是成立新加坡经济发展局，以吸引工业投资并解决失业问题。

当时的新加坡处于"低所得""低教育普及率""高出生率""高失业率"的状况，没有工业基础，没有自然资源，国家小人口少，也形成不了内需市场，工业化任务非常艰难。新加坡经济发展局承担的就是这个看起来几乎不可能完成的任务，但他们却开创性地做到了。而且，即使以现今的角度来看，他们的措施依然具备相当的借鉴价值。主要包括四个方面：

（1）**科学设计工业化路径。**新加坡工业化路径走过了从生存到发展的五个阶段：最早为解决就业不加选择地招商引资，大力吸引外资，发展多样化经济；20 世纪 80 年代开始，经济发展局适时引导，加速发展资本密集、高附加值的新兴工业，提升产业结构，并进一步加强基础设施建业，不断优化营商环境；进入 20 世纪 90 年代，经济发展局开始重视发展信息产业，并加速向海外投资；进入第五个十年，他们除建立起面向石油、石化工业的世界第三大炼油中心——裕廊化学岛之外，又全力推动生物医药和信息传媒产业等前沿产业发展。新加坡经济发展局特别重视产业转型升级。每个十年，他们都会组织世界顶级的产业研究机构及专家对新加坡产业转型升级提出专业意见，并以此制定产业规划。新加坡在专业性上的国际视野与政策魄力是值得深入学习的。

（2）全力推动招商引资。新加坡的招商引资分为两个阶段。前20年是解决工业化起步的资本积累问题。新加坡在当时一穷二白的状况下，自身无法投放资本，唯有打开大门招商引资。新加坡经济发展局在这方面更是一马当先，成为招商顶梁柱，而且是全民招商。新加坡前总理李光耀也回忆说，20世纪六七十年代时，只要他出访欧美国家时，经济发展局就会给他安排一些"任务"，请他拜访世界500强高管，以增进他们对新加坡投资的信心。但到了20世纪80年代以后，就基本不需要他出马了，因为经济发展局已经让全世界对投资新加坡有了足够的信心。所以，经济发展局在20年之后，转入招引创新资源的阶段，以帮助新加坡持续实现产业转型升级。新加坡经济发展局有太多的经典招商案例，充分体现了胜任招商工作不仅需要坚毅执着及可靠的人品，而且需要高度的专业性。如果大家想进一步学习，可以通过《心耘——一群经济精英打造新加坡成为第一的关键历程》一书来了解。

（3）建立科学的园区体系。前文对新加坡科技园区已经做了具体介绍。新加坡国土只有720平方千米，如果任凭市场支配，会浪费很多资源。因此通过政府对国土资源进行有效管理是发展现代工业的必然选择。在这样的条件下，建立完整的科技园区体系，并依托科技园区来发展重点产业就成为了最明智的选择。其中裕廊工业区是前期的典型代表，纬壹科技园则是当今现代产业的典型代表。深圳的资源条件与新加坡高度类似，因此，加快建立更完整的科技园区体系应成为深圳产业创新发展的重要路径。

（4）积极培养经济人才。新加坡经济发展局在推动产业发展方面不遗余力，其中一个重要的基础措施便是注重培养经济人才。他们千方百计寻找投资新加坡的跨国公司的支持，请他们设立奖学金，选送优秀学生到国外著名大学学习，学成之后回到新加坡并委以重任。他们也积极推动并帮助建设职业培训学院，训练现代工业所需的各种人才。今天有名的南洋理工大学就是那时在几所职业学院的基础上发展起来的。同时，新加坡政府本身也建立了精英化的公务员积极人才培养体系。一方面从中学毕业生中筛选优秀人才送到国外知名大学作定向培养，另一方面积极网罗全世界优秀的经济人才。尤其是经济发展局的团队，他们有的在国外已有很好的职业和职位，有的已有很好的视野和很高的收入，但他们在国家的召唤下，毅然投身到当时还是前途未卜的事业中来。同时还长期坚守创业，直到新加坡焕然一新。对这样的新加坡经济英才与功臣，我们应该致敬。对新加坡能够成就这些经济英才，我们也同样应该致敬。

正是通过不懈、专业的积极作为，新加坡从一穷二白、一无所有的小国，一举成为今天创新发展的一颗璀璨明珠。其中的产业规划、园区发展、招商经验等都值得我们深入学习和积极借鉴。

第四节　从亚当·斯密看科技园区的创新内涵

以色列和新加坡的创新经验和园区经验给了我们很好的启示，我们在学习借鉴的基础上，应有所创新和发展。前面章节一直在全力阐述科技园区所蕴含的无穷价值，由此，我们可以进一步考虑，科技园区应该成为一个全新的行业，赋予它独特的内涵和属性。我们应进一步思考科技园区的产业生态模式到底是否符合企业及社会的需求，以及其将为我们带来什么。为找到更正确的方向，我们在寻找能给我们帮助的思想家。亚当·斯密就是其中最重要的一位。

亚当·斯密（1723—1790），经济学之父，政治经济学的奠基人。他那本风靡全球的著作《国富论》被称为"西方经济界的圣经"，还有经典的比喻"看不见的手"，引发了革命性的思想震荡。诺贝尔经济学奖获得者乔治·斯蒂格勒写过：参加学术研讨会时，经常听到的两句话是"这个亚当·斯密早就说过"和"这个亚当·斯密没有说过"。亚当·斯密的《国富论》构建了现代经济学的基础，无论反对它还是发展它，都只能在这个基础之上。"现代经济学"这个定义我们更加认可，不要直接理解为"西方经济学"。

亚当·斯密除了是政治经济学的奠基人之外，他更认为自己是一位道德哲学家。他最经典的"看不见的手"首先是从利己出发，但不是单纯的利己，而是在充分竞争条件下的利己，也可以说是一种可以达到利他效果的利己。因此另一位诺贝尔经济学奖得主米尔顿·弗里德曼说：不读《国富论》，不知道应该怎样才叫利己，读了《道德情操论》才知道利他才是问心无愧的利己。至于后面各类经济学者自己所"发展"的不同含义的利己，可能与亚当·斯密的本意已经相距甚远。有那么多对"利己"的不同理解，可能亚当·斯密也不能给出一个明确的答案，他之所以有那么多的假设前提，是因为他也没有真正经历过，但他的伟大在于看到了方向。

科技园区的创新模式，也离不开对"利己"与"利他"的讨论。而科技园区作为自成体系的生态系统，我们可以更方便地观察到"利己"与"利他"在科技园区商业模式中的体现。与资本主义刚走入成熟时期更强调的"利己"不同，深圳湾园区作为国有园区平台，首先强调的是"利他"，即整合资源为园区企业服务。但当园区平台构建起符合园区企业和员工需要的生态系统之后，大量的生态资源自然就形成了一个庞大、丰富的资源平台。这个资源平台既然为园区企业和员工所认可并且他们愿意支付对等价格来接受平台的商品和服务，那这个平台就自然而然成为一个具备商业价值的平台，而且它的商业价值会随着平台规模的扩大而不断扩大。到了这个时候，科技园区的"利他"平台转变成一个"利他"与"利己"相融合的平台。完成了"利己"，或者叫作实现了"利己"之后，科技园区就有机会成为一个全新的行业。"行业"的定义，不仅仅是指从事国民经济中同性质的生产、服务经营者的组织结构体系，更有一个前提——具备独立的、独特的商业模式。而且对科技园区来说，不仅是可以建立全新的商业模式，而且这个商业模式还有着广阔的发展空间。这个商业模式同时就是最好的"利己"，因为科技园区平台本身就已具备巨大的商业价值。

亚当·斯密的思想非常强调"利己"与"利他"的关系，"利己"也是为了"利他"，所以才有问心无愧的"利己"。而科技园区从"利他"角度出发，又能实现很好的"利己"，因此与亚当·斯密的思想并不矛盾。

关注"利己"与"利他"的关系，而不仅仅是"利己"，这应该是亚当·斯密成为经济学历史上最伟大的思想家之一的核心原因，因为他关心的远超经济学本身。他希望理解金钱的系统关系，把国家富强和人民幸福作为自己根本的抱负，而不仅仅是挣钱。而在那个时代，这两个方面通常是不搭界的。但斯密坚持认为哲学家们真正应该关心的是经济：钱是怎么挣的，怎么花的，以及谁靠做什么能挣多少钱，挣钱的同时我们也应该考虑是为了什么。所以，对科技园区来说，我们的核心也是要处理好"利己"

与"利他"的关系。

亚当·斯密有四个重要观点，可以来帮助我们理解这个关系：

一、专业化

现代经济创造了史无前例的财富，但很多普通人觉得工作很无聊，主要的抱怨是工作没有意义。亚当·斯密用他的"专业化"理论去理解这两个现象，发现它们奇怪地紧密联系在一起。

亚当·斯密预言，劳动力如果更加专业化，国家经济就会变得远比现在更加富有。如果一个国家的人早上起来自己做早餐，接着自己造房子，中午抓鱼来做午饭，下午自己教育孩子，他们注定贫穷。一个好得多的方法是把每件事分到每个个体的专业领域，鼓励人们对他们的需求和才智进行交易。亚当·斯密如果来到当下，他会告诉我们，当今世界已经非常富裕的一个标志是，每次遇到陌生人，我们除了交换姓名之外，就是介绍自己的职业头衔，因为这个社会已经非常专业化了，都看不出对方是做什么的了。这也证明了亚当·斯密洞见的经济学逻辑的正确性。

专业化的同时会带来另一个问题——工作的意义在哪里。工作分得越细，每项工作就可能越不能感觉到意义所在。因为我们称作意义的东西，是当一个人做对别人的生活有很大影响的事情时自然感受到的。当生意不大又有各种流程的时候，帮助他人的意义感很容易获得，即使只是经营一家小服装店或者面包店。所以我们可以发现很多女性经常将开一家有品位的小店当作自己的人生追求，尽管它并不一定能带来财富。

当所有东西都工业化之后，每个人都是巨型机器上的一个小小螺丝钉。整体的逻辑虽然对管理层仍然存在，但在组织底层的人们头脑中很可能是缺失的。一个公司如果拥有 15 万名员工，分散在各大洲，做产品从概念到交付要用数年的时间，员工们要维持目标和整体感就非常难。一些思想家非常担心专业化的影响，他们主张我们回到工匠经济时代（19 世纪哲学家们的理想世界）。但是，历史是不可能回到过去的，我们也没有必要一味地怀念过去。今天一定比过去好，如果它还不够好，我们就应该想办法让它更好。

亚当·斯密的想法是从两方面改进。一方面，他认为先进经济体也不是一个完美的故事，所以人要降低预期，或者是人需要牺牲一部分东西来交换财富的增加；另一方面，他建议现代专业化公司的老板们承担一项额外的责任，告诉工人他们的个人努力是如何被安排到更大的社会结构中去的，他们的工作在如何帮助他人，如何服务社会。

以亚当·斯密当时所处的时代阶段，他的思想是非常伟大的。但在那个时代，可能他也无法预知当今的我们还可以想出多少提升工作意义的办法。我们也已经知道，工业化、标准化所带来的生产效率的提高不是社会进步的终极目标。但在工作意义这个终极问题的思索中，科技园区或许能带来一些惊喜。

产业生态模式的科技园区旨在创造一个丰富的产业生态系统，这是一个非常有趣的新生事物。首先，园区平台的专业运营会提供很多有趣的、有意义的工作。因为园区服务工作天生就是从服务客户中得到认同，所以很容易获得工作的意义。虽然园区运营也有具体的专业分工，但它很多时候需要工作人员独当一面，螺丝钉式的思维是做不好园区运营工作的。所以，园区运营看似很辛苦，但它能提供从其他工作中难以获取的工作意义。其次，对于接受园区服务的园区企业及其员工来说，园区生态本身就丰富多彩，所以他们能不断体验园区生态下的纷繁变化，不断获得新的资源，也能看到园区和企业日新月异的发展。而这些变化，就是园区能够带给园区企业普通员工的工作意义。如果园区只是单纯的房子，这些意义是很难获得的。工作的意义，或许就在于变化。据说福利丰厚的北欧国家精神抑郁的人特别多，就是因为生活缺乏变化。

二、消费资本主义

亚当·斯密的时代见证了我们现在称为消费资本主义的发展。制造商们开始生产面向日益壮大的中产阶层的奢侈品。应该说，当今时代对奢侈品的需求远远超越了亚当·斯密的时代。一个现代女性如果没有几个奢侈品手袋可能无法在朋友圈立足，这也引起了社会的强烈反思。一种观点是认为应该节制欲望；另一种观点认为这是社会进步、物质文明提升的必然。哲学家卢梭是前者的代表，他希望可以在他的家乡日内瓦禁止"奢侈品"，回归简朴生活。他特别着迷于古代斯巴达城邦，主张他的城市应该拷贝斯巴达朴素、尚武的生活方式。亚当·斯密算是后者的代表，他反对抑制奢侈品的观点，他向这位瑞士哲学家指出，奢侈品和消费沉迷事实上在一个好的社会中扮演着非常重要的角色，因为正是它们提供了财富盈余，社会从而得以有能力照顾弱者。他认为，消费社会可能没有斯巴达城邦表面的严谨道德，但在另一层面上它有资格被认为非常有道德：它不让孩子和老人挨饿，它能提供医院和贫困救助。很多奢侈品毫无疑问是不必要甚至是轻浮的，但它们在鼓励交易、创造就业并制造出巨大财富这点上应该得到社会的认可。

如果亚当·斯密止步于此，那么是选择消费资本主义还是选择斯巴达的艰苦朴素其实并不容易，因为天平并没有明显地偏向哪一方。但亚当·斯密对于未来还抱有美好的希望：消费不总是包含那些低俗轻浮的东西。他观察到人们有很多"更高级的"需要，这些需要很实用也很好，不过他所处时代的资本主义企业尚不能提供满足这些需要的产品和服务。其中包括我们对教育、对理解自身、对美好城市和对有益的社交生活的需要等。今日的资本主义也还没有很好的办法解决亚当·斯密和卢梭圈出的两难选择。不过亚当·斯密肯定期望我们不要一直只是通过满足那些低俗、肤浅的消费需求来赚钱，而是树立远大抱负，通过真正帮助人们来获得可观的利润。

科技园区可能能为亚当·斯密带来一些惊喜。因为科技园区的核心目标是培育产业、创造财富，我们以此为荣。但科技园区与独立的个体企业不同的是科技园区在商业化、市场化的同时，将坚守自己的规则与伦理。

首先，科技园区提供众多的高品质服务。科技园区为园区企业和员工在纷繁复杂甚至良莠不齐的商业环境中精选最优质的产品和服务，然后鼓励他们购买，以帮助企业发展及提升员工个人的生活品质。但科技园区并不是奢侈品模式，科技园区强调的是高品质和合理价格。因为园区平台的服务属性决定平台不能暴利，这是与纯商业属性平台的根本区别；园区平台的规模又决定了平台具有强大的议价能力；同时，园区平台可以真正地、最大限度地消灭中间层，以此大大降低产品的营销成本。所以，科技园区有足够的信心为高品质产品和服务提供最合理的价格，并以鼓励园区企业和员工购买来拉升消费，创造更多的社会财富。

其次，园区平台也不赞成互联网的免费模式。在产业生态园区，免费服务只限于公共服务，其他的服务都不会免费，但它是物有所值甚至是物超所值的。互联网模式的免费服务其实并不免费，它事实上采取的是两种收费策略。一种是空间转移策略，即羊毛出在猪身上，这里不收费，但那里一定会补回来；另一种是时间转移策略，即初期不收费或低收费，市场培育起来后再高收费，我们现在用得多的互联网平台基本都是这个模式。这两种策略的共同点就是到最后还是羊毛出在羊身上。科技园区平台不需要这么复杂的商业运作，我们强调的是公平与诚信。

2019 年深圳市消费者委员会授予深圳湾园区"品质消费示范基地"称号，就是对深圳湾园区的商业原则与伦理的认可。

三、如何对待富人

亚当·斯密非常关注这个问题。他那个年代已经出现了很多富裕起来的商人和企业家，社会贫富差距开始越来越大。所以，如何处理好富人与社会其他成员的关系变得越来越重要。在资本主义社会里，基督教的答案是：让他们感到有罪，把穷人的苦难展示给他们，诉诸他们的良知。与此同时，激进的左翼给出的答案是：提税。对这两种答案，亚当·斯密都不同意。前者他认为富人的心很可能还是同样冷漠，而后者的高税收可能只会让富人们离开这个国家。

对此，他基于对富人真正需要什么的研究，得出了更具独创性也更精妙的建议。他提议说，和大家想的正相反，富人真正关心的不是钱，而是荣誉和尊敬。富人们积累财富不是因为他们物质上贪婪，而是因为情感上需要。他们这么做主要是想要受人喜欢、被人赞同。所以，亚当·斯密建议政府的重点不是向富人收税，而是给他们足够的荣誉和地位——反过来再引导富人们做一些将会受人喜欢、被人赞同的事情，比如赞助学校和医院，给员工们更好的工资和待遇。亚当·斯密说："教育的秘诀是把虚荣心引向恰当的目标。"

科技园区作为一个商人、企业家集聚的区域，他们与社会其他成员的关系问题也需要纳入科技园区生态体系关系的范畴。本书后面会有专门章节来论述。其中一个基本思路是通过科技园区形成一个和谐、诚信、富有责任感的正能量社群社区，使商人、企业家与社会其他成员更加和谐共处。同时，通过合理的引导，使园区企业愿意承担更大的社会责任，甚至有一部分企业的使命就是将经营业绩、创造的财富转化为社会责任，以此实现企业家更高的精神追求。

四、教育消费者

在亚当·斯密的时代，一些大公司往往受到社会的批评，它们因为工作的低薪、滥用污染环境和害人原料等成为被批评的对象。但亚当·斯密认为，让世界变坏的主要不是公司，而是我们的欲望——公司的服务对象。这个欲望很多时候被称为品位。物质需求的提升实际上就是欲望的提升，然后我们以消费者的方式，对生产这些产品的公司提出了要求，并购买它。而且，我们还希望它越便宜越好（奢侈品除外），这种价格心理再加上市场竞争的残酷，就会逼迫生产这些产品的公司去干那些我们又认为是坏事的事。

所以，亚当·斯密提出了一项听起来有点怪但非常重要的工作——对消费者进行教育。他认为消费者需要被教育。我们可以追求质量更好的商品，但应该为此支付合理的价格，以反映它们对工人和环境产生的真实负担。

但消费者教育应该由谁来做呢？首先不能要求生产产品的企业自己来说："消费者，你应该付出更高的价格，否则你的人品就有问题。"其次，政府肯定是一个比较合理的角色，它本身承担公共服务职能，可以投入资源来引导消费者做最更符合社会文明的事。但政府的局限是它与市场之间还存在距离，可能会有心有余而力不足的感觉。

而科技园区平台可能在这方面能发挥更重要的作用，因为园区在自身的商业伦理中能有效起到教育、引导消费者的功能。园区平台强调一分钱一分货，同时又能通过扩大规模、缩减中间层以及减少推广成本来有效降低价格，而不是通过对供应商的压迫来降低价格。所以，园区平台能让园区的企业和员工以最合理的价格获取更高品质的产品，但同时并没有牺牲工人和环境的利益。

总的来说，亚当·斯密的观点是关于人的价值如何与商业需求相调和的思想。他感兴趣的问题已经成为我们这个时代的头等大事，即如何创造一个既有利可图又文明有礼的经济。从深圳湾科技园区的运营创新来看，生态模式的科技园区似乎与亚当·斯密的期盼高度一致。

首先，科技园区以客户为中心。企业管理的宗师德鲁克说过："企业存在的唯一目的就是创造顾客。"华为的管理精髓只有三句话——以客户为中心，以奋斗者为本，长期坚持艰苦奋斗。其中"以客户为中心"是摆在首位的。华为确定为客户服务是华为存在的唯一理由，并将客户满意度作为衡量一切工作的准绳。对于科技园区来说，园区平台并不直接提供产品，而只有服务。园区企业和员工如果不认可园区平台服务的价值，他们完全可以不选择平台的服务。所以，园区运营如果是奔着赚钱的目标而去，一定赚不到钱。我们要清楚，重要的不是园区平台想要什么，而是客户想要什么。只有客户认可服务的价值，客户能因此赚到更多的钱，园区平台的商业目标才能实现。《道德经》里有句话："天地所以能长且久者，以其不自生，故能长生。是以圣人后其身而身先，外其身而身存。非以其无私耶？故能成其私。"说的就是只有利他才有利己的道理。在深圳湾科技园区，园区平台的一切出发点便是整合最多、最好的资源，为客户创造出更大的价值。园区平台也要求团队，做每一件工作的时候都要想一想，如果这件工作是有利于客户的，是能创造出新的价值的就全力去做，否则，就一定不能做。

其次，园区平台还能实现超凡的商业目标。在利他的基础上，深圳湾园区对商业目标并不遮遮掩掩，我们的信心来自于我们的园区平台和园区客户。与互联网商业平台不同，园区平台的出发点是基于服务而不是利益，所以深圳湾园区找到了一个对参与园区生态平台各方均有利的解决方案。而且这个"利"还不是简单的利，而是一种"复利"形态，可以利加利，利滚利。不过深圳湾园区滚出来的不是坏的"利"，而是好的"利"，即价值再造。同时，深圳湾园区客户的质量又是最高的。企业是质量最好的企业，员工是最高端的员工，他们集合在一起，就构成了极具商业价值的平台。而且深圳湾园区与互联网平台不同，园区平台不需要额外花费巨额的获客成本，园区客户自然就是平台客户。因此这个平台能否最终实现商业价值，不在于平台本身，而在于园区团队能否将平台运营好。如果园区平台把这个目标实现了，那就是在利他基础上完美实现了利己。

在此书写作过程中，我们得到了一个令人兴奋的消息——国家主管部门计划对行业分类进行优化，将专门新增"园区运营"行业。这个政策正式公布后，深圳湾科技就可以不再纳入房地产业，而是定位为高端服务业的专业机构。而且，在所有将被列入"园区运营"行业的企业中，深圳湾科技一定是一个模式最创新的公司。这也可以说，深圳湾科技开创了一个新的行业。

第五节　如何把握园区产业选择

科技园区平台之所以能成为现代服务业，核心是在掌握园区产业资源的基础上，能够对资源进行组织、整合，以实现更大的价值。但价值的实现必须建立在对产业充分认识的基础之上。所以，不管是从园区招商的角度，还是从园区运营的角度，产业研究是招商运营队伍必不可少的基本功。功夫越深，意味着招商能力越强，洽谈项目时项目方就不会对牛弹琴，成功的概率就越大。

有人会问，产业那么多，我怎么研究得过来？又或者会问，我不是学理工的，又怎么能懂高科技产业？这些其实都不是问题，问题在于有没有真正钻研进去。

对前一个问题，既然产业那么多，你可以选一两个重点的产业先研究，但要真正做到研究透彻，重点包括产业发展史、行业发展方向、行业价值分析、产业链上下游及关系、各环节重点企业、核心技术发展方向、相关科研院所状况、行业人才状况、行业组织状况、行业媒体及行业活动状况，等等。当把这些问题都学明白了，你就基本成为理论专家了。而从理论走向实践的关键在于工作中的充分应用。科技园区运营平台又能为大家提供最好的培训与实操的机会。尤其对于年轻同志，园区平台就是一个最佳的产业学习与实践平台，也是个人价值的提升平台。对招商运营人员的要求后面章节会详述，这里需要强调的是大家要利用工作机会尽可能地将理论变成现实。你需要积极地拜访企业、专业机构、行业主管部门；你需要利用项目服务过程向专业人员学习，以验证你的理论研究成果；你需要积极参加行业的重点活动，甚至要争取演讲机会，扩大自己的影响和知名度。等你经过三年以上的积累和历练后，你就已经成为名副其实的行业专家。如果你还心有余力，你就可以开始涉猎其他的行业。因为你有了一整套的方法论及实践经验，触类旁通，你熟悉其他行业的时间会大大缩短，你就会成为越来越专业的专家。这个时候，就应该开始有各种论坛活动主动邀请你参加行业活动了，或者行业培训机构会开始邀请你做讲师了。

后一个问题就更加不是问题。当然，你如果有理工科背景会更好。但如果是文科背景，只要你有足够的学习能力也一样能解决所有问题。因为园区运营所需要研究的行业问题基本不涉及具体技术。比如最高精尖的芯片制造，你只需要知道 7 纳米、5 纳米是什么概念，而不需要你懂怎么才能解决 7 纳米、5 纳米的工艺技术。然后又知道 EUV 光刻机是 7 纳米、5 纳米芯片生产的必备设备。我们要思考的是如果荷兰 ASML 公司不卖给我们 EUV 光刻机，我们要打造完整产业链需要怎么通过招商和科研去解决光刻机的问题。在这个过程中，跟你懂不懂光刻机是怎么生产出来的基本没有关系。当然，你还是需要理解光学、材料、工艺是工业的基础。就是因为我们的国家在基础工业上有短板，所以才生产不出来高端光刻机。也就是说，理解一个行业，并不一定需要理工科背景，更重要的是要肯钻研，并努力去成为这个行业的一分子。

下面以几个重点产业为例，来谈谈园区运营对产业的认识及产业选择的基本考虑。

一、人工智能产业

之所以把人工智能产业列为第一项，是因为它特别适合深圳。首先，深圳是最著名的电子信息产业重镇，而电子信息产业与人工智能产业有着千丝万缕的联系，因此深圳具备良好的产业发展基础。其次，人工智能产业需要大量高端人才，深圳作为一线城市，既有人才集聚基础，又能为人才提供最高端的配套服务，如教育、医疗、文体等。此外，深圳作为自然资源匮乏的城市，特别适合发展这种不依赖自然资源的高端产业。因此，从深圳市投资推广署到深圳湾园区，都将人工智能产业作为重点的培育对象。深圳湾园区1000家科技企业中，有1/3可归属于人工智能行业，或者与人工智能行业密切关联，园区也很快成为广东省人工智能产业重点园区。

超级独角兽商汤科技是园区人工智能代表性企业，它的突出优势是核心算法。2015年商汤刚刚进入深圳时，就成为深圳重点跟踪服务的对象，那时它仅仅不到20名员工。深圳湾科技生态园建成之后，商汤义无反顾地举家迁入。至今，深圳商汤已发展到2000人规模，其中在科技生态园的3年时间里就完成了由1000人到2000人的跨越。这种跨越，就说明深圳是人工智能产业的沃土。虽然其他重点城市均对商汤全力进行招商，但深圳商汤无疑是业务最扎实的核心总部。深圳湾科技也不反对，甚至赞成其他省市来园区招商，这其实是产业链协同及市场布局的一种方式，对园区企业发展十分有益。商汤负责深圳业务的副总裁柳钢还在深圳完成了一个壮举——将全家的北京户口换成了深圳户口，这也证明了深圳的吸引力。他还将家安在了科技生态园对面的小区，特别适合加班。

园区另一个人工智能独角兽是深圳本土企业云天励飞。它是国内第一家兼具AI算法平台、AI芯片平台、大数据平台等AI关键技术平台的独角兽企业。它也是三年前入驻科技生态园并迅速发展的。其自主知识产权的人工智能芯片囊括国家科技部、发改委、工信部重大专项"大满贯"。2020

年初，云天励飞又完成了近 10 亿元人民币的 Pre-IPO 轮融资，领投方为粤财基金、光远资本以及老股东华登国际，即将走完上市之路的最后一步。

与一般相对完整的传统型产业不同，人工智能不是一个完整的产业，它与所有的产业都相互关联，所以它应该是人类文明在演进过程中必须拥抱的一个时代。这个时代不会像一些靠商业模式创新建立的行业那么短暂，所以我们必须要紧紧抓住。而且，无论是深圳政府行业主管部门，还是深圳湾园区，大家都坚守为企业提供发展资源及市场机会的招商原则。所以在深圳几乎没有其他省市那样的落地奖励、补贴政策，而是按照市场化原则进行招商。但深圳会为企业提供专业咨询意见，帮助企业完善投资项目规划，去更好地实现其投资目标。深圳的这种招商理念与园区的产业生态模式也是异曲同工。

二、鲲鹏产业

鲲鹏产业是一个比较特别的产业。人们一般都知道美国在手机高端芯片上卡中国及华为的脖子，却并不了解我国信息安全领域可能会面临更大的危机。而华为鲲鹏产业就是重要的应对战略之一。因为前文对鲲鹏产业已经做了比较详细的介绍，无须赘述。这里需要强调的是科技园区对产业生态的布局意识。对园区产业生态至关重要的项目，园区平台必须不遗余力地争取，鲲鹏产业源头创新中心项目就是属于这种类型。同时，深圳湾科技争取华为鲲鹏产业源头创新中心项目落户靠的不是优惠条件。如果以这种方式硬拼，深圳湾科技根本就不是竞争对手的对手，竞争对手给华为开出的优惠条件可以列出一个长长的单子。而深圳湾园区不拼优惠条件，但能做到三个"好"。第一个好是对华为好，与顶级的科技园区合作能最快最好地帮助华为构建鲲鹏生态；第二个好是对园区企业好，园区企业既能成为华为的生态伙伴，又能在与华为的合作中找到更多的发展商机；第三个好是对园区平台自己好，华为好了，园区企业好了，园区平台能不好吗？这也充分体现了前文所探讨的"利他"与"利己"的融合问题，也更加体现"利他"就是"利己"。在亚当·斯密那个社会和时代，他可能只能先"利己"，同时也"利他"，而无法做到"利他"也能"利己"，因为亚当·斯密时代还没有科技园区。

鲲鹏产业的价值更在于市场化。国家信息安全战略的布局由来已久，但始终无法替代美国系统，其中一个至关重要的原因是美国企业经过了几十年的积累。他们在别人没有替代产品的时候就用"又贵又好"的策略，迫使对方不得不接受；在别人有替代产品的时候，就马上改用"又便宜又好"的策略，让国内厂商无力竞争。所以，鲲鹏产业就是要借助华为的市场化能力，尽快使国产信息系统"又便宜又好"。在此，要特别"表扬"那位别具一格的美国总统，没有他的"协助"，鲲鹏产业不可能获得"第二计算平面"这么一个千载难逢的市场机遇。而既然是千载难逢的市场机遇，那就是深圳湾园区必须要全力参与的大事。这也是深圳湾园区之所以全力布局鲲鹏产业的核心逻辑。

化危为机，是更高要求的战略。既然中美对抗成就了鲲鹏产业，那么中美对抗也将给其他国家带来启示。中国信息安全可能存在风险，其他国家也同样可能存在风险，即使从企业供应链的角度，也不能将核心采购建立在单一渠道上。因此，在鲲鹏产业走向成熟后，在可以预见的将来，"一带一路"沿线国家乃至西方国家也将会接受"第二计算平面"的概念。到那时，鲲鹏产业的市场空间又将大幅扩大，这又是一个更大的逻辑。

三、集成电路产业

集成电路产业应该是互联网之后目前最热门的风口。继 5G 之后，国民几乎都可以言必称集成电路。深圳市投资推广署接触过集成电路产业很多的实际案例。比较失败的是若干个美国及台湾的芯片设计项目，看上去都是很高端的核心研发团队，也有很强的项目研发能力，但最后都是无疾而终。失败原因主要是两点：一是芯片设计的高投入、高风险，一次流片有可能就是几十上百万打水漂，所以没有足够的资金实力根本研发不下去；二是即使研发来了，是否具有足够的成本优势去拓展市场？所以经验告诉我们，芯片设计不是一个可以随便进入的行业。

在芯片制造环节，深圳市投资推广署曾经服务过台积电 12 寸晶圆厂项目选址。2015 年底，台积电决定在大陆设立最先进的 12 寸晶圆厂。当时的各种信息表明，台积电最有意愿将项目落在深圳，因为深圳是上游芯片设计行业排名第一的城市。深圳市投资推广署当时带着台积电项目团队实地考察了深圳三处选址，但最后都无法满足台积电项目的进度安排。因为台积电要求工厂在半年内必须动工建设，但深圳缺乏足够大的连片净地（1.5 平方公里），三个选址也都需要拆迁整备，无法满足台积电的开工时间要求。最后，台积电 12 寸晶圆厂项目落户南京了。

不过，从一系列集成电路项目服务中，深圳市投资推广署也总结出这个产业独有的特性。它与一般产业链上下游协同不同，由于芯片本身的高价值与小体积，所以它对生产制造环节并没有严格的服务半径要求。即使是流片环节，影响也不是很大。所以，芯片生产环节深圳自身或周边城市能配套固然方便，但实在没有也影响不大。这种认识对于城市产业政策及园区产业布局都非常重要，产业链条有时候也不一定要贪大求全。

　　一个基本的原则是，应该按照产业发展的客观规律来发展半导体产业。全球半导体行业历经 60 年时间和数十万亿美元的投入，已经形成全球化布局最为彻底的供应链。尽管国际环境在发生变化，但开放合作仍是主流，在全球产业链中不要尝试什么都自己做，不要以落后来替代先进，更不能把自己封闭起来。各省市也不能一讲芯片受制于人，就全民一窝蜂地大搞芯片，产业发展有其客观规律，各地禀赋条件并不都适合。而且，传统的招商引资方式并不一定适合这一产业，各地不能以招商引资的路径来发展半导体产业，这样不仅会浪费巨大的人才、物力和财力，而且可能容易上当。

　　在地方招商引资圈，最为人津津乐道的是"合肥模式"。2007 年合肥市拿出巨额财政投资京东方，2017 年合肥市又出资 75% 与兆易创新成立合资公司合肥长鑫，专攻 DRAM 芯片，这些投资相继大获成功，合肥市政府因此也被冠以"中国最牛风险投资机构"的名号。地方政府变身风险投资人，其本质是一种升级版的招商竞争。为吸引企业落地，地方政府通过地方融资平台、产业引导基金等方式入股企业，以利益互绑的方式招徕企业入驻。

　　但地方政府是否应成为"风险投资者"也备受争议。支持者认为，在半导体等重投资、长周期、高壁垒行业，由于社会资本对高风险的规避，政府需要承担起引导作用，通过直接投资与企业形成利益共同体，这一模式也是不少后发地区追赶的一条捷径。反对者则质疑，上述领域投资规模巨大，市场风险很高，如果引资失败，由地方政府投资是否能够持续。此外，风险投资失败概率较大，如果投资失败，用纳税人的钱埋单是否合适。

　　2020 年以来，从中国的一线城市到二、三线城市都掀起了芯片制造的

热潮。据不完全统计，2020 年上半年，江苏、安徽、浙江、山东的 24 个
非一线城市已签约超过 20 个半导体项目，签约金额达到了 1600 亿元。但
与此同时，各地芯片制造项目开始不断出现"暴雷"。其中，最典型的是
投资 1280 亿元的武汉弘芯半导体项目。弘芯半导体分为两期建设，一期
工程于 2018 年初开工，总共投资 520 亿元，二期工程于 2018 年 9 月开
工，投资额 760 亿元，2019 年 7 月厂房主体结构封顶。在项目刚刚启动之
时，该项目便称将主攻 14 纳米工艺，项目启动一年后将拿下 7 纳米工艺，
产能将达到每月 3 万片。但 2020 年 7 月 30 日，弘芯被曝出"存在较大资
金缺口，面临项目停滞的风险"，弘芯刚刚进场一个多月的大陆唯一一台 7
纳米光刻机尚未开封即被抵押。弘芯半导体事件成为中国芯片史上最惨烈
的翻车事件。

　　《21 世纪经济报道》通过启信宝统计发现，截至 2020 年 9 月 1 日，全
国已新设半导体企业 7021 家，去年新设半导体企业也超过了 1 万家。当
前，中国多地正在掀起一场轰轰烈烈的造"芯"运动。目前已有安徽、江
苏、上海、浙江、北京、福建、湖北、湖南、陕西、重庆等十余省市制订
了集成电路产业规划或行动计划，并明确了相关目标。动辄千亿目标的集
成电路产业规划、遍地开花的半导体产业园区、各地政府设立的产业投资
基金、纷纷上马的半导体项目、名目繁多的补贴与奖励是这场运动中各地
的标配动作。但事实是，并非每个地方政府都能成为合肥，近年来在半导
体领域接连传出项目烂尾或破产的消息，不少地方政府损失惨重。这些负
面案例都说明，专业的产业研究对政府招商及园区专业运营来说都是重要
的基本功。光靠热情不仅无法达到理想的工作目标，而且可能带来惨痛的
教训。对于一个园区来说，一次教训可能就是致命性的。

四、数字经济产业

第二次世界大战之后，科学技术与经济活动的关系开始发生根本性转变，二者之间的距离不仅相互逼近，而且频繁相交。熊彼特作为一位系统探讨经济活动与科学技术之间关系的经济学家，他所提出的"创新"理论，揭示了经济活动与科学技术加速融合的趋势。过去的几十年里，因为 IT 革命成功，互联网和移动互联网成为全球经济的新基础结构，人类经济生态发生了前所未有的改变。与此同时，大数据、云计算、人工智能、区块链、数字货币等新技术、新业态层出不穷。因为现在经济活动与科学技术都在加速数字化的过程，所以大家将这些新技术、新业态相互影响形成的新经济称为"数字经济"。

科技园区一定要成为新技术、新业态的前沿阵地，如果园区不能在方向上领先，就无法成为真正的产业生态园区。因为产业生态形成的前提是高端引领中低端，所以必须成为高端。这也相当于科技园区平台的技术门槛。2020 年 10 月，深圳湾科技接待内地省会城市一位领导参观深圳湾园区，深圳湾科技直言不讳地说这个城市不可能引领产业生态，最佳的选择是与深圳湾园区形成产业生态的深度合作。这位领导还有点不服气，深圳湾科技说不是服不服气的问题，这是我们要尊重的产业发展规律。这也是前文中阐述过的深圳湾园区平台之所以具备打造产业生态核心园区的条件，是基于深圳已经是中国产业发展的最高阶段。而许多城市与深圳相比，目前还不是在同一个产业阶段。

为保持科技园区的思维领先，我们必须加强对"数字经济"的理解，尤其是对最前沿的"数字经济"的理解。这个学习过程会遇到两大障碍：

一是知识跨界的障碍，二是思维突破的障碍。

"数字经济"从字面上来理解就体现了跨界，既包括技术，又包括经济。但我们的传统专业是相对专一的专业。"书到用时方恨少"就是很贴切的表达。比如区块链就是比较难理解的跨界技术行业。首先需要理解"中心化"与"去中心化"的区别，以及在重点领域"去中心化"的好处。这两点都还比较好理解，但区块链技术及它将形成的新的利益分配机制是比较难理解的。尤其是前期对比特币的投机行为也影响了大家全面地去认识区块链。直到后来区块链分为币圈、链圈两大阵营，以及后来关于公链、联合链、私链的划分等，终于使大家开始有了拨云见日的感觉。

区块链起源于比特币。2008 年 11 月 1 日，一位自称中本聪的人发表了《比特币：一种点对点的电子现金系统》一文，阐述了基于 P2P 网络技术、加密技术、时间戳技术、区块链技术等的电子现金系统的构架理念，这标志着比特币的诞生。两个月后理论步入实践，2009 年 1 月 3 日第一个序号为 0 的创世区块诞生。几天后，2009 年 1 月 9 日出现了序号为 1 的区块，并与序号为 0 的创世区块相连接形成了链，标志着区块链的诞生。在比特币形成过程中，区块是一个一个的存储单元，记录了一定时间内各个区块节点全部的交流信息。各个区块之间通过随机散列（也称哈希算法）实现链接，后一个区块包含前一个区块的哈希值，随着信息交流的扩大，一个区块与一个区块相继接续，形成的结果就叫区块链。

近年来，世界对比特币的态度起起落落，但作为比特币底层技术之一的区块链技术日益受到重视。从科技层面来看，区块链涉及数学、密码学、互联网和计算机编程等很多科学技术问题。从应用视角来看，简单来说，区块链是一个分布式的共享账本和数据库，具有去中心化、不可篡改、全程留痕、可以追溯、集体维护、公开透明等特点。这些特点保证了区块链的"诚实"与"透明"，为区块链创造信任奠定了基础。而区块链丰富的应用场景，基本上都基于区块链能够解决信息不对称问题，实现多个主体之间的协作信任与一致行动。基于区块链的技术特点，区块链在金融领域、物联网及物流领域、数字版权领域、公共服务领域、公益领域等率先应用。

"去中心化"有两个层面的含义：一是行业应用的"去中心化"。通过对行业数据库"去中心化"，以信息的不可篡改来保障数据的安全，形成牢固的诚信机制。二是国家层面的"去中心化"。这对于发展中国家更具有战略性意义，因为原来的"中心"都掌握在发达国家手中，区块链技术的应用可能会打破这一局面。

但是，也不一定任何领域都需要"去中心化"。全面的"去中心化"也将带来资源的浪费。由于区块链需要承载复制之前产生的全部信息，下一个区块信息量要大于之前的区块信息量。这样传递下去，区块写入信息会无限增大，带来的信息存储、验证、容量问题有待解决。科技园区平台或许在这方面可以多做探索，能够靠传统诚信方式解决的问题，不一定都需要"去中心化"。

总的来说，科技园区产业生态构建需要掌握最前沿的信息与知识，这是创新的基础。所以，作为园区运营者，一定不能局限于自己的专业教育背景及以往的工作经历，必须保持不断学习的状态。

五、量子信息技术

量子信息技术是量子物理与信息技术相结合发展起来的新学科，主要包括量子通信和量子计算两个领域。量子通信主要研究量子密码、量子隐形传态、远距离量子通信的技术等；量子计算主要研究量子计算机和适合于量子计算机的量子算法。虽然现在量子信息技术还未达到商业化应用阶段，但我们从学习的角度，可以开始给予积极关注，并与园区产业中将与量子信息技术产生关联的企业多多交流。

量子计算对应着摩尔定律的终结。1965 年，英特尔公司创始人之一的戈登·摩尔针对电子计算机技术的发展提出了"每18 个月计算能力翻倍"的摩尔定律。然而，由于传统技术的物理局限性，这一能力或将在未来 10~20 年之内达到极限。当芯片的制程小于 20 纳米之后，量子效应就将严重影响芯片的设计和生产，单纯通过减小制程将无法继续遵循摩尔定律，而突破的希望恰在于量子计算。从理论上讲，一个 250 量子比特（由 250 个原子构成）的存储器，可能存储的数达 2 的 250 次方，比现有已知的宇宙中全部原子数目还要多。无论在基础理论还是在具体算法上，量子计算都是超越性的。因此，对量子计算的相关研究及量子计算机的具体研制已成为世界科学领域最闪亮的"明珠"之一。

至于了解量子密码，首先要了解"量子算法"。它通过利用量子计算的并行性，使传统的密码体系在量子计算机面前不堪一击。与此同时，量子计算机的出现虽然会对传统密码产生颠覆，但是量子信息同时也提供了一种理论上无法破解的密码——量子密码。由于采用量子态作为密钥，具有不可复制性，因而无破译的可能，量子密码的出现也因此被视为"绝对安全"的回归。

量子通信则与量子纠缠关系密切。通俗地说，两个相距遥远的陌生人不约而同地想做同一件事，好像有一根无形的线绳牵着他们，这种神奇现象可谓"心灵感应"。与此类似，所谓量子纠缠，是指在微观世界里，有共同来源的两个微观粒子之间存在着纠缠关系，不管它们距离多远，只要一个粒子状态发生变化，就能立即使另一个粒子状态发生相应变化。量子通信正是利用量子纠缠效应进行信息传递的一种新型通信方式。此种通信技术若能得以实现，其影响将是划时代的。这个世界上真的存在"超时空隧道"吗？对此，科学家给出的答案是，伴随着量子信息科技的持续发展，未来这一幻想不是没有实现的可能。当然，这一说法今天看来依然不无夸张，但很有可能会变为现实。在时空方面，由于量子通信属于超光速通信，不仅是"最快的通信"，而且有穿越大气层的可能，从而为基于卫星量子中继的全球化通信网奠定了可靠基础。而量子通信实现之后，其将改变无限的市场应用领域。就好似我们现在正在经历的5G，5G的意义不在于技术本身，而在于5G所带来的广阔市场应用。

第六节　科技园区需要的人才

深圳市投资推广署在成立之初，业务处室的划分以区域为基础，将处室划为亚太、欧美及国内三个处。经过一段时间运作之后，发现按区域划分开展招商工作存在一个严重的问题，即招商人员很难与项目企业专业人员对话。因为按区域划分的话，招商人员需要应对各行各业的项目，但他们不可能具备涵盖各行各业的专业知识。不具备相应的专业能力，就很难与项目企业同频共振，也将直接影响招商质量和成果。道理很简单，合作双方的沟通都不在一个频道，很难建立信任和认可。于是，市投资推广署及时调整策略，将按区域划分处室调整为按产业划分，确定了高新技术产业、现代服务业及战略新兴产业三大重点方向。虽然这三个方向可能会有一定的交叉，但这不是问题。相反，交叉可能还能带来好处——使各处室之间形成适度的竞争，避免楚河汉界，泾渭分明，反而缺少了可对比性。

在处室调整的同时，市投资推广署制订了队伍专业化建设计划，要求每一位招商专员都必须成为某一领域的战略规划专家。为培养一支新型的招商队伍，市投资推广署采取了一系列的措施：包括开展有针对性的产业研究培训；要求每个招商专员都要撰写对接项目产业及项目分析建议书；组织多层次的脱稿演讲训练；每周安排署内业务学习成果交流；鼓励参加行业重点活动等。经过全面培训最后也无法成为产业专家的，必须转岗成为辅助人员。

专业化建设很快取得了成效，最显著的有三点：（1）跨国公司高管拜访深圳市领导时，办公厅都会要求市外办事先为市领导准备一份会见企业的《谈话参考》，介绍企业背景情况、项目分析和项目建议，而这份《谈话参考》实际上是投资推广署准备的。由于专业水平的不断提高，市外办受到市领导表扬的次数也越来越多。（2）投资推广署的招商专员经过长期训练，任何一个专员都可以轻松驾驭几百人场面的招商推广演讲，这是体现招商专员专业能力的重要依据，由此也可以推断出人的潜力是无限的。（3）这些招商专员独当一面的职业特质及独特的专业能力，使他们拥有了多元化的职业发展机会。新加坡经济发展局《心耕》一书的那群作者，最后也都成为各行各业的佼佼者。

市投资推广署对员工的要求还有一个细节，即必须着正装上班。这不是接待客人和参加活动时的要求，而是 8 小时内的全程要求。衬衣必须是长袖且必须是商务款而不能是休闲款。制定这个要求的理由是招商专员代表深圳，招商专员接待的都是全世界最优秀的企业和人才，而着正装就是对客户一个最基本的尊重。对每年夏天超过半年的深圳来说，坚持这个要求并不容易，但大家都坚持下来了，也为投资推广署赢得了一个良好的精神风貌。即使大家离开了投资推广署，也都一直保留着这个良好的习惯，并充分认同这是一个好的习惯。这也说明，要求不在于高低，而在于你能不能适应要求。

黑石集团总裁苏世民在《我的经验与教训》中提到，如果黑石要进入一个新的行业，他首先考虑的不是这个行业的投资前景，而是他能不能先找到一个"十分人才"来负责新的事业部。这个"十分人才"策略应该对黑石的成功起到了重大的作用，因为投资行业的核心是人才而不是资金。2018年，黑石的初级分析师岗位收到了14 906份申请，但最终录取率只有0.6%，远低于世界上最难进的大学的录取率。苏世民也开玩笑说，如果他自己现在给黑石投简历，很可能无法被录取。

科技园区平台可能无法达到黑石的用人标准，但科技园区平台今后的核心竞争力也同样是人才，而且对人才基本标准的方向应该与黑石是一致的。在专业性方面，前一节已做过探讨，本节更多的是从个人品质性格方面进行阐述。

首先，科技园区平台需要积极乐观的人。在深圳湾园区，我们特别强调服务精神。运营园区不等于管理园区，深圳湾科技认为没有管理、只有服务，服务就是最好的管理。字节跳动在正式与深圳湾园区签署租赁合同时，他们特别表达了对深圳湾运营团队的感谢。他们说这份租赁合同是他们迄今为止签署的最大面积的合同，他们感受到的深圳湾团队的服务也是他们所遇到的业主单位中最好的。这是非常值得欣慰的，这体现出来的就是服务意识。园区平台的服务不仅仅是物业服务，更应该是专业生态服务。而做好专业服务，园区平台需要积极乐观的性格。如果自己都无法积极乐观，又怎么能使客户感受到阳光和温暖？

积极乐观其实代表的是正能量。深圳湾园区平台既是一个资源平台，也是一个正能量平台。只有正能量才能使资源平台发挥出最大的作用。大家从一些互联网平台的发展过程中也可以得到验证，看似一马平川、一帆风顺、一骑绝尘，却不知道什么时候将会遭遇滑铁卢，问题的核心就是平台的正能量还不足够。科技园区平台的正能量，除需要正能量的顶层设计外，也同样需要在运营过程中落实、执行正能量准则。在这个过程中，运营人才就是保障平台正能量的关键。而不具备积极乐观性格的人，是无法做到这一点的。

其次，科技园区平台需要独当一面的人。园区的专业运营岗位与一般的工作有很大不同，它不能按部就班，也不能程序化工作。园区平台更需要运营团队具备解决问题的能力，而不仅是执行能力。一方面是要求团队思想独立，园区平台面对的是千变万化的需求，而不是程序化需求，团队需要能够独立思考问题、研判问题。比如，面对园区纷繁复杂的企业需求，如何能归纳出需求的本质和共性，再结合园区的平台资源，提炼出解决方案。深圳湾园区拓展出的顾问咨询、园区培训、园区售电、MyBay 平台等创新业务，不仅是运营创收的创新，同时还都能更好地满足园区企业的发展需求。另一方面是思维创新。园区运营服务工作分为传统运营和创新运营两种，尤其是创新运营需要思维创新。传统运营很多是标准化工作，比如物业管理；但创新运营绝大部分是非标准化工作，园区企业和员工的很多核心需求其实都没有标准答案，这就需要运营团队具备独当一面的工作能力，能创造性地为客户解决问题。比如对接上下游产业资源、对接科技金融资源、与客户洽谈项目合作等。完成这些工作任务，都需要具备复合型的知识结构及独当一面的工作能力。

同时，深圳湾科技一直对团队强调，运营团队的价值在于你能否帮助园区企业更好地发展。通俗地说，就是园区企业和商家在我们的服务之下能不能用道德的方式赚到更多的钱，能不能实现更大的发展。如果园区企业都觉得深圳湾园区"风水"好，其实就是说明园区平台的服务具有独特的价值。而如果园区企业和商家都越来越没落，或者纷纷搬离，那就一定是园区平台运营团队的问题。所以，深圳湾科技要求每一位运营人员在干每一件事时都要去思考你的服务工作是否符合这个准则。符合就可以干，不符合就坚决不能干，不符合的还干那叫干多错多。当然，当已习惯于用价值准则进行思考时，其实就不需要思考了，因为它已成为每个人脑海中的行事准则。

最后，科技园区平台需要真正聪明的人。创造园区服务价值需要聪明人，这也是深圳湾园区运营团队招聘的核心标准之一。"聪明"的标准首先是体现在学习能力强，这一点对园区运营人员非常重要。因为现在的大学教育根本没有园区运营专业，而园区运营又是一个对知识跨界要求很高的职业，所以对加入这个行业的有志之士的基础要求就是更高的学习能力。可以不懂，但要能快速学习。同时，园区运营又是纷繁复杂、日新月异的行业，每天都会有新的需求、新的问题，这就要求运营人员需保持持续不断的学习精神，这样才能适应工作的创新发展。

在学习能力基础上，"聪明"的更高标准是认知能力。对认知能力，本书前文中已有过介绍，对于园区运营人员来说，必须具备更高的认知能力。首先是高认知才能具备战略思维和创新思维。园区资源整合配置刚好就是要求具备战略能力和创新能力，科技园区每一项的创新业务其实都体现了这一点。比如 MyBay 平台的办公集采业务，它的目的不只是实现交易，提取分成，它对园区企业来说又是园区平台帮助它降低企业运营成本；它成本降低后可以发展得更好，园区平台对它的投资收益又会更大。同时，别的园区加盟 MyBay 平台，一方面是扩大了办公集采的业务规模，但同时那些园区又成为了深圳湾园区的生态合作伙伴，这些园区的企业又能得到更好的发展资源，深圳湾园区又可以扩大投资业务中优质投资标的数量…… 如此循环往复，好处无穷无尽。但这些好处实现的前提就是科技园区的运营人员有足够高的认知，能够将这个良好的生态循环充分理解清晰，然后他做的每一项运营工作才会围绕这个战略和目标去努力。一线的运营人员最怕因为低认知而贪图蝇头小利，因为蝇头小利都是眼前利益。这种眼前利益不仅会使自己失去成长与提升的机会，更会拖累园区平台价值的实现。深圳湾园区是一个充满无限价值的平台，因为蝇头小利而放弃自己的长远的价值提升与发展，那是典型的捡了芝麻丢了西瓜，说明认知能力不合格。

认知能力对于园区运营人员还有一个更重要的要求，就是运营人员应该领悟付出就是收获的道理。园区运营服务，看上去是工作、是付出，但实际上是做好事，这是一个人难得的机会。在吴了凡所著的《了凡四训》中，详细介绍了云谷禅师传授改变自己命运的道理以及自己命运改变的例子。云谷禅师的办法很简单，就是让他准备一本功过记录本，善言善行记为"功"，恶言恶行记为"过"。每天将"功""过"都详细记录下来，要求"功"要越来越多，"过"要越来越少。吴了凡就此一直坚持，以前是悠游放任的生活，现在却是心存敬畏地生活，命运也在逐步发生变化…… 但从第二年开始，吴了凡发现自己的命运越来越发生了神奇显著的变化，生活和事业都变得越来越顺。讲这个故事主要是让园区运营人员明白，对园区企业的付出不仅仅是付出，也是自己的收获。付出的能力越强、价值越大，得到的收获也会越大。

在华为的管理哲学中，也深刻体现出了这一点。"以奋斗者为本"是华为管理哲学的核心内容之一。2017 年在网上曾有过一个小风波，华为员工"34 岁退休"的传言闹得沸沸扬扬（华为退休年龄版本有好几个，引用时都是遵照原文，但其实哪个年龄退休性质都是一样，并无本质区别）。对此，任正非有过一个表态："网上传有员工 34 岁要退休，不知谁来给他们支付退休金？……当然你们也可以问西藏、玻利维亚、战乱、瘟疫……地区的英勇奋斗员工，征集他们的意见，愿不愿意为你们提供养老金，因为这些地区的奖金高。他们爬冰卧雪、含辛茹苦，可否分点给你。"所以任正非对员工强调："华为是没有钱的，大家不奋斗就垮了，不可能为不奋斗者支付什么。30 多岁年轻力壮，不努力，光想躺在床上数钱，可能吗？还是要艰苦奋斗，不奋斗就不能为客户创造价值，而不能为客户创造价值，企业就自然完蛋了。"

另外，员工的奋斗还有个功劳和苦劳的问题，华为是不承认"苦劳"的：为客户创造价值的任何微小活动，在劳动的准备过程中为充实提高自己而做的努力均叫奋斗，否则，再苦再累也不叫奋斗。这其实说明了两点：一是 30 多岁就需要退休的华为员工，其本质是不努力、不学习、不奋斗的员工。叫你退休那叫言辞委婉，留了面子，实际本质是被淘汰。二是苦劳的本质大部分不是能力低，而是方向错了、价值观错了，所以你永远都体现不出价值。

对园区运营人才来说，还有一个特别重要的定律需要重视，即"二八"定律。它又叫帕累托法则、关键少数法则、最省力法则等。1897 年，意大利经济学者巴莱多偶然注意到 19 世纪英国人的财富和收益模式。在调查取样中，发现大部分的财富流向了少数人手里。同时，他还从早期的资料中发现，在其他的国家，都有这种微妙关系一再出现，而且在数学上呈现出一种稳定的关系。意大利经济学家帕累托进一步从大量具体的事实中发现：社会上 20% 的人占有 80% 的社会财富，即：财富在人口中的分配是不平衡的。"二八"定律后来被广泛应用于经济学、社会学及企业管理学等。在这里，我们主要从人力资源及园区运营需求角度进行分析。

从人力资源角度来看，园区运营人员尤其是核心骨干人员，应该属于员工中 20% 最优秀的人。前文对他们的品质性格的要求就说明了这一点。为什么需要强调这一点呢？这是由园区运营需求决定的。如果是传统园区运营，可能不用达到这个标准，因为你做的大部分是事务性工作。但如果用生态园区运营标准来衡量，这就是一个基本标准。因为生态园区运营的核心是整合资源，创造新的价值，而这种新的价值都是属于园区运营服务中 20% 最重要的服务。也只有 20% 的聪明人才懂得用 80% 的精力去抓住和创造这 20% 最有价值的园区服务工作。生态园区运营与传统园区运营在质的区别上就在于这两个 20%。由 20% 的聪明人构成的团队才是真正的专业运营核心团队；他们所抓住的 20% 的专业服务，将为生态运营模式园区带来 80% 的收益。也正因为如此，我们才能定义生态运营模式是一种全新的模式。

奉献永无止境，奋斗永无止境，成长也永无止境。但从另一个角度，又需要我们遵从"二八"定律，发现最聪明的人，抓住 20% 最有价值的事，这就是对园区运营人员的要求。从另一个角度说，具备积极乐观品质，又能独当一面，还具有高认知的运营人才，一定是干什么都能干好的优秀人才。他们一方面是稀缺人才，另一方面也特别希望政府部门从更加重视挖掘科技园区价值出发，给予园区运营人才的培养与引进更多、更大的人才政策支持。

第七节　国有园区平台与民企的融合发展

一段时间以来，是否存在"国进民退"成为广受关注的话题。但在深圳湾园区，民营科技创新企业对国有园区平台却给予了高度认同。一方面，在深圳湾园区，国有企业的资源优势不是为国有企业本身服务，而是代表所有园区企业，尤其是民营创新企业去获取发展所必需的优质产业资源，而且园区平台为企业提供资源的服务方式，又借鉴、学习民营企业的优势，提供符合园区企业需求的高度市场化和专业化服务；另一方面，深圳湾科技在支持企业业务发展的同时，又肩负着引导园区企业增强社会责任的使命。深圳湾科技园区平台充分发挥资源配置及引导作用，引导民营企业在发展壮大的同时，更多更好地履行社会责任，包括为上下游企业提供产业协同资源、积极投身园区公共服务等，使深圳湾园区成为具有中国特色社会主义市场经济理论与实践特色的产业高地。也可以说，园区运营及园区服务的过程就是一个国企与民企融合发展的过程。但如何融合得更好，除具有运营价值意义外，或许还具有中国特色社会主义市场经济理论探索的意义。

《资本论》是马克思一生最伟大的理论著作，剩余价值学说是《资本论》的核心理论。马克思认为，资本主义最主要的不公平在于对劳动者的剥削，劳动者得到的报酬要低于他们所生产的价值，其剩余价值被拥有生产资料的所有者获得，生产资料的个人占有与生产产品的社会化矛盾必然会导致周期性的经济危机发生。

基于剩余价值学说，在资本主义市场经济中，企业家与员工之间存在不可调和的矛盾，其本质就是资本需要获取最大利益。因此，在中国特色社会主义市场经济中，我们需要有效地去解决这个矛盾。解决的路径有很多，包括以公有制为主体、混合所有制改革等。在这个过程中，科技园区可以发挥出重要的作用，因为科技园区就是企业的集聚平台，也是企业家群体最集中的地方。

熊彼特在他的创新理论中，对"企业家"有着独特的论述。在他看来，创新活动之所以发生，是因为企业家的创新精神。企业家与只想赚钱的普通商人和投机者不同，个人致富充其量只是他的部分动机，而最突出的动机是"个人实现"，即"企业家精神"。熊彼特认为这种"企业家精神"包括：（1）建立私人王国；（2）对胜利的热情；（3）创造的喜悦；（4）坚强的意志。这种精神是成就优秀企业家的动力源泉，也是实现经济发展中创造性突破的智力基础。企业家已经成为市场经济的最稀缺资源，是社会的宝贵财富，它的多少是衡量一个国家、一个地区经济发展程度的重要指标。

在熊彼特的理论中，他其实把企业分为了两类：一类是具有企业家精神的企业；另一类是不具备企业家精神的企业。在现实中，我们一般不会采用这种分类方式，但企业发展的好坏，尤其是否具备长远可持续发展条件，实际上很大程度取决于企业创始人是否具备企业家精神。

我们不能寄望所有的企业创始人都是企业家，但科技园区内具有企业家精神的企业创始人的比例应该大大高于园区外的企业。因为科技园区的特点及要求就是创新，如果园区内的企业创始人不具备创新能力和创新精神，则他与科技园区的产业属性就存在差异。从另一个角度，为了将科技园区运营好，我们也应该有意识地去引导、形成科技园区企业家精神的氛围与导向。

剩余价值学说的前提是资本家追求资本利益的最大化，但熊彼特认为对真正的企业家来说，致富只是他的部分动机，其更突出的动机是个人的精神实现，而且越是创新的行业越需要这种企业家精神，这就为解决剩余价值问题提供了一个路径。

首先可以看到，对国有企业来说，剩余价值本来就属于国家全民所有，理论上也就不存在剩余价值问题。对民营企业来说，一部分的剩余价值已经通过税收、公益行为等以再分配方式等转换为社会福利、国防开支等，成为保持社会稳定、维护社会公正的基本保障。

其次，对于民企剩余的那部分剩余价值，可以进一步做一个分析。员工的剩余价值也存在三种情况，第一种是个人剩余价值大于公司员工平均剩余价值；第二种是个人剩余价值等于公司员工平均剩余价值；第三种是个人剩余价值小于公司员工平均剩余价值。前两种情况才是我们需要考虑以更合理的分配方式进行改进的，因为他们创造了剩余价值。尤其是第一种，创造了超额的剩余价值；第三种情况其实不存在剩余价值，反而他们是属于剥削了先进员工剩余价值的群体。

此外，企业创始人对企业的投入，其实不止资本与生产资料这么简单。尤其是具备企业家素质的企业创始人，他的劳动价值可能远远大于其他员工所创造的价值。有一个关于袁了凡的故事说：袁了凡做了知县之后，因公务繁忙，感觉答应云谷禅师要做的三千件善事无法按期完成。有一天他做了一个梦，梦见了一位高人，他就问这位高人怎么解决这个问题。结果高人说他的善事任务其实早已经完成了，因为他当年的公务中，其中一件就是减免了全县百姓的赋税，高人说这一件善事其实可以折抵一万件善事。这个故事也正好可以用来解释企业家的劳动价值。所以，对具备企业家素质的企业创始人来说，我们不能简单套用剩余价值，他所获得的财富中，其实有相当一部分不是依托资本的剥削而来的，而是靠自身的智力及劳动得来的。同时，我们还应该鼓励企业家的这一部分智力及劳动所得不能按照普通员工的标准来确定，而应该按照"袁了凡减免百姓赋税"的标准来确定。因为如果没有企业家的创造力，就没有员工的就业与发展机会。

分析到这里，我们再回到科技园区。可以这么理解，科技园区本身就是一个企业家集聚的区域。在这个区域，对剩余价值的理解应该与一般的区域有所不同。同时，作为国有园区平台，园区有责任引导园区民营企业去建立一种更合理的分配方式，这既是园区科技产业创新属性的要求，也是产业生态体系的要求，以更合理的分配方式来推动实现科技园区更和谐的生态发展。

华为是一个绝佳的样板，任正非持有华为不到 2% 的股份，却成为华为的精神领袖。在华为的管理结构中，就有效体现了一种全新的、科学的分配方式——全员持股。首先，任正非作为一个真正的企业家，他追求的不仅仅是财富，更是自我价值及爱国情怀的实现。他只持有华为不到 2% 的股份，正好说明了他的追求。物质不是我们终极的追求，很多企业创始人持有企业的股份远远超过任正非 2% 的比重，财富也可能远远比任正非的多，但他能得到的尊重却远远小于任正非。大家都可以理解财富超过一定的数额它就成为一个数字，但能真正能把它当成一个数字的却少之又少。

对于科技园区来说，我们希望建立的产业生态系统，不仅仅是帮助企业业务的发展，更应该形成一个统一的、良性的价值导向，引导园区企业和员工去实现更高的价值追求。物以类聚、人以群分，环境、氛围非常重要。当前，有很多企业创始人自发地在朝这方面努力，比如发动全公司学习国学，或者承担更大的社会责任等。在这种越来越多的自发追求的基础上，倡导园区企业采取全员持股以及类似的方式，或许可以为这种价值导向带来更重要的帮助，而科技园区平台所倡导的价值导向也将更深入地影响园区企业。我们相信，如果园区企业与园区平台携起手来，在建立一个充满生机活力的产业生态系统基础上，可以进一步构建起一个能代表文明进步的文化系统，这将是科技园区平台更大的社会价值。当然，可能还不能完全依赖科技园区来提供一个彻底解决剩余价值问题的方案，但科技园区可以走向一个更合理、更先进的方向。

在深圳湾园区，还有一个非常重要的理念——跟党一起创业。这是深圳湾创业广场党委提出的口号，也得到了园区企业与人才的高度认可。我们认为，经济最活跃的地方，应当是党建最有力的阵地；经济发展如果没有灵魂，就会失去可持续发展的动力。而这个灵魂，应该是社会文明追求，而不仅仅是经济利益追求。科技园区党建原本具有分散性强、流动性大、非公企业为主的特点，但在深圳湾园区，却有效发挥出了党组织对企业发展的政治引领作用，使党建成为深圳湾科技园区的核心要素。

有的人对党建工作不能正确认识。我们可以换个角度来分析中国共产党及园区党建工作。从历史来看，中国共产党可以被誉为最成功的"创业机构"。按照西方自由市场经济学说，无法解释中国共产党所带来的一种新的发展模式是如何成功的。但从管理学、社会学的角度，我们看到了中国共产党所带来的独特的组织管理模式及对社会发展、社会文明的更高追求与要求。对深圳湾园区来说，随着深圳经济社会的发展和文明程度的提高，中国共产党对事业更高境界的追求、党员自我管理的高标准与创新创业对公司与团队发展的要求越来越契合。因此，中国共产党完全应该成为创业企业与精英人才的榜样。向榜样学习，"跟党一起创业"，我们认为没有任何违和感。

在2020年这次新冠疫情之中，中国的防控组织与防控成果全世界有目共睹。而且，不能以个案去说明中国的不足，这叫以偏概全，这个世界也没有十全十美。我们更应该看到的，是中国在成为全球第二大经济体过程中所发生的翻天覆地的变化，以及我们中的绝大多数人所获得的实实在在的利益。在最近国外的一次调查中，中国民众对政府的认可度远远高于西方国家民众对其政府的认可度。正是这种民意基础，让我们对未来更有信心。

在深圳湾园区，党建工作不是空洞的。园区用党建来统筹所有的园区运营服务。园区运营服务产品的设计都必须基于中国共产党对事业更高境界的追求的标准。比如，园区任何的服务，都必须实现生态各方的共赢，而不是仅仅体现园区平台的利益，这种共赢追求已经超越了西方经济学理论的出发点及它们的价值追求。

而且，深圳湾园区的党建实践也证明了党建越来越得到园区企业及员工的认同。创业广场党委十名党委委员中，有七位为民营创业企业、创投机构及孵化机构的优秀党员代表。他们不仅十分支持党建工作，而且认为党建工作为他们创造了大量的信息交流机会和企业发展机会。每一次的党委会也同时成为信息交流会、项目对接会。短短 3 年时间，园区已孵化出企业党组织 60 多个，成立 100 余个创新创业项目党小组；发展预备党员 40 名，提交入党申请书的积极分子有 75 名。

第八节　科技园区不是万能的

科技园区是丰富多彩的，科技园区的发展是无限的，但科技园区也不是万能的。产业生态模式的科技园区是一个新生事物，它更加需要全社会

的支持。而这种支持，既需要真金白银式的资源，更需要真情实意的共识
与携手。

一、我们需要共同认识时代的潮流

当前，世界正处于一个重大的变革时代——第四次工业革命。第四次
工业革命是继蒸汽技术革命（第一次工业革命）、电力技术革命（第二次
工业革命）、计算机及信息技术革命（第三次工业革命）之后的又一次科
技革命。第四次工业革命是以人工智能、石墨烯、基因、虚拟现实、量子
信息技术、可控核聚变、清洁能源以及生物技术等为技术突破口的工业革
命。第四次工业革命基于网络物理系统的出现，网络物理系统将通信的数
字技术与软件、传感器和纳米技术相结合。与此同时，生物、物理和数字
技术的融合将改变我们今天所知的世界。

之所以要介绍第四次工业革命，在于本书序言的第一句话就是"这是
一个变革的时代"。我们有幸经历这个丰富多彩的时代，但同时我们又将
面临更大的压力。尤其对于一般企业来说，这个时代将是一个接受考验的
时代。优秀企业的标志包括先人一步的战略和广阔的视野，但孤立的企业
其视野经常是有局限的，而且思维容易被传统行业的经营带入惯性的轨道，
容易在不知不觉中走向落后。尤其是在第四次工业革命来临之际，变化让
人眼花缭乱，一般的企业很难独自应对。因此，作为企业，需要及时看到
社会及产业变革的趋势，并积极寻找应对与发展的路径。毫无疑问，产业
生态模式的科技园区是一个可以依靠的平台。园区平台既是资源平台，又
是信息平台，还是价值优化的多维平台，它的丰富性与第四次工业革命的
跨界要求非常契合，所以广大企业应该积极加入园区生态系统，这是自我

赋能的一条捷径。而科技园区，则需要以完善的产业生态及越来越强的生态服务能力来吸引优质企业加入园区产业生态。

对于中国来说，科技园区将成为中国创新的重要路径。目前，西方经济学理论，尤其是宏观经济理论的发展遇到了越来越多的瓶颈，而中国经济发展模式越来越受到关注和肯定。中国科技园区的发展实际就是这种转变的重要体现。同时，在当前阶段的经济对抗中，也需要科技园区来帮助中国企业获得更高的竞争力，因此，科技园区需要国家给予更大的关注与支持。当前，在区域经济发展中，科技园区已经开始获得更多的肯定，但在国家的宏观层面，还需要将科技园区的主要作用予以明确，需要将它变成国家创新战略的重要组成部分。

二、我们需要共同形成创新的园区路径

也正因为在宏观层面尚未对科技园区给予一个战略性的定位，所以当前政府关于科技园区的政策尚有两个可以提升的方面。一方面未完全将科技园区政策纳入产业政策的统一体系，这在前面章节中已有阐述，这里不再重复；另一方面是对科技园区的属性及发展模式还比较模糊，不利于科技园区发挥最大价值。

在房地产的黄金白银时代，很多科技园区都是与房地产项目混为一体，也成就出了产业地产模式。在土地资源收紧之后，现在很多省市政府又趋向于将科技园区视为一个纯粹的公共产品，于是各地国有园区平台如雨后春笋，对市场化科技园区项目也越来越多地要求全自持。但是，因为专业人才缺乏，各地国有园区平台的运作模式除资金国有外，实际上还是产业地产开发模式；而要求全自持方式开发市场化科技园区项目，则实际

上是断了园区市场化运营的路径，因为任何的市场化主体都不可能接受全自持条件。于是它们肯定以脚投票，不再参与新的科技园区项目。当然有一种例外，即将科技园区项目与房地产项目打包开发。不过在这种项目中，房地产商及部分实业龙头企业基本是醉翁之意不在酒，心里念想的还是房地产。

新加坡为我们提供了非常好的模式。新加坡模式既不是公共产品模式，也不是产业地产模式，而是政府主导、政府支持之下的市场化运作模式。政府主导是指规划主导，将科技园区规划提升到与产业规划同等重要的高度；政府支持是指土地支持与园区配套资源支持。土地支持是指将科技园区用地规划等同于产业用地规划，而不是将两者割裂。这也相当于有效地将产业用地的配置权转移到产业主管部门之下，毕竟产业主管部门更懂产业需求。而中国的产业用地、科技园区用地配置权一般还在规土部门的主导之下。园区配套资源支持是指政府在确定科技园区的片区规划之后，主动根据园区产业发展、人才需求配置最完善的政府服务、公共技术服务、交通、医疗、学校、安居、文体等全方位的资源。这部分资源配置需要政府更主动作为，而无法由园区开发主体独立提供或由它来向政府部门被动申请。在政府主导、政府支持的基础上，新加坡园区的具体开发运营又确定以市场化运作为基本原则。虽然主要是以新加坡国有企业园区公司为主体承担开发任务，但新加坡国有企业均采用纯市场化机制，不存在财政投资、政府补贴等非市场化行为，最后园区物业的租售价格也采取完全市场化的价格。新加坡的理念是政府可以为园区及企业配置最好的公共资源（这是企业发展所必需的资源），但租售价格必须市场化，以维护市场公平，这也是企业维持市场竞争力的基本要求。总之，新加坡模式与深圳湾园区的产业生态模式在理念上有着高度的一致。

对于产业地产商来说，目前是一个比较痛苦的转型期。但有一点应该可以明确，即产业地产时代已经过去，即使它还会存在一段时间，产业地产模式科技园区需要做的也是未雨绸缪，转变思维，寻找新的方向。而最好的捷径，是与产业生态模式的核心科技园区平台形成更深度的合作关系，使园区及园区企业融入更优质的园区产业生态圈，同时帮助自身形成更多元化的运营、投资收入，也同步提升园区的资源服务能力，这样就能使产业地产模式园区逐步向产业生态模式园区转型，并在转型之中寻找新的市场机会。

三、我们需要共同创造公平市场环境

当前科技园区存在的一个实际问题是不同属性产业用房差异化的租售价格体系及资源配置对园区发展带来不利影响。以租赁价格为例，在国有园区、国企园区、民营园区共存的情况下，不同的价格体系将给科技园区市场带来困惑。目前，政府以直接支持科技企业发展为出发点，开发和掌握的产业用房规模越来越大。比如在深圳高新区北侧的留仙洞片区，政府新投入使用的产业用房超过50万平方米。因属于财政资金投资建设的园区，园区租赁价格确定在60元/平方米/月，甚至更低。但企业投资建设的园区因为成本关系，不可能提供如此低的租赁价格。这在事实上形成了一个不公平的科技园区竞争环境，也不利于调动各方的积极性参与科技园区开发建设。一些城市的部分区域因开发强度过高过快，产业发展又难以达到预期，区域整体出租率很低，只有采用政府统一补贴的方式进行招商，但并不能取得实质效果。这也说明，解决空置率问题光靠补贴解决不了根本问题，核心是能吸引产业、发展产业。

具体来分析，政府投资的科技园区与企业市场化的科技园区的定位应该截然不同。政府科技园区应该定位为基础科学研究机构、公共技术服务机构等不能为完全市场化运作的机构提供产业用房，以及为少数特别需要政府扶持的产业链空白、缺失而且暂时无法完全市场化运作的企业提供产业用房。这样的低房租价格不会影响公平竞争的市场环境。而且，政府支持的基础研究机构、公共技术平台等又能为市场化园区产业发展提供有效的公共服务。如果政府产业用房有空余，也可以面向其他企业，但应该以市场化租金标准提供。至于普遍性科技企业的房租补贴，行业主管部门应该面对所有类型的科技园区制定统一的标准和条件。这样，既能使基础研究及重大项目得到政府的最大支持和保障，又能构建更好的市场化公平竞争环境。

事实证明，企业发展的核心因素不是房租成本，而是产业发展环境与综合营商环境，用通俗的话来讲就是企业在你这里能不能赚钱、能不能发展壮大。这也是经济学几百年来研究的终极问题。所以科技园区运营是一个经济、产业专业工作，而不是房地产工作。如果房租低就能吸引产业、发展产业，那么任何一个地区都能建设成产业高地。房租成本的高低取决于产业发展阶段而不是我们的想象，应主要通过市场化方式进行调节。

四、我们需要鼓励专业化统筹运营

正是因为科技园区运营是一项专业工作，所以需要从更宏观的角度考虑园区专业运营需要采用的模式。目前，园区运营基本采取独立园区运营或同一园区平台园区统一运营两种模式。但从产业生态及园区生态角度来看，当前的运营模式存在资源不足而又发生资源浪费的问题。一方面园区资源远远满足不了入园企业需要，产业生态的构建需要纵向产业链上下游及横向服务配套的大量优质资源，单个园区或多个园区的资源远远达不到这个要求，需要一个完整的园区生态体系才有可能实现；另一方面资源又严重浪费，因为资源在单个园区或多个园区中可以对接合作的机会并不充分，极有可能会失去最有价值的市场机会，或者市场机会的数量被大大限制。

本书论述的中心就是提供科技园区专业运营的解决方案。有效组织资源配置必须以高端科技园区为核心，建立科技园区产业生态合作体系。不一定只能由深圳湾园区来牵头建立一个园区生态体系，理论上北上广深这样的一线城市都具备牵头建立园区生态体系的资源条件。但如果建立起了这样的平行生态系统，则这几个系统之间应该建立起充分合作的机制，使园区生态体系具备升级为中国产业生态体系的条件。而对于其他城市的科技园区平台来说，需要做的就是选择好应该充分融入的一线城市园区生态体系，并以专业产业运营的理念来不断提升自身专业能力，通过这个宏大的园区生态体系去积极获取更多更好的创新资源，也帮助自身园区企业在这个生态体系中获得更多市场机会，发挥出更大价值。

从操作层面，科技园区生态体系可分步推进。以深圳湾园区为例，在深圳湾核心园区基础上已经建立起来生态体系的基本框架，也持有了深圳的核心高端产业资源。下一步，应该是分两方面推进：一是加快与内地省市科技园区的合作，构建起细分重点产业产业链上下游的完整生态；二是推动深圳国有园区加快统筹运营的步伐，以及吸引深圳优秀的民营园区加盟深圳湾园区生态体系，做大做强高端产业资源规模。再下一步，应该加强与北上广科技园区的联盟，实现中国科技园区整体生态系统的构建。

第九节 深圳的创新未来：高质量发展

2020 年是深圳经济特区成立 40 周年，深圳的创新发展得到了全社会的肯定。一年多来，深圳已经收到了系列的"期权大礼"。这份大礼，便是社会主义先行示范区给深圳带来的更高质量发展的强烈预期，也将带给深圳一个更创新的未来。

这份大礼从 2019 年正式启动。是年 8 月，党中央、国务院作出支持深圳建设中国特色社会主义先行示范区的重大决策，要求坚持新发展理念，坚持以供给侧结构性改革为主线，坚持全面深化改革，坚持全面扩大开放，坚持以人民为中心，践行高质量发展要求，深入实施创新驱动发展战略，建设好中国特色社会主义先行示范区，创建社会主义现代化强国的城市范例。

2020 年 10 月，在深圳经济特区 40 周年纪念大会前夕，中共中央办公厅、国务院办公厅又印发了《深圳建设中国特色社会主义先行示范区综合改革试点实施方案 (2020—2025 年)》，围绕中国特色社会主义先行示范区的战略定位和战略目标，赋予深圳在重点领域和关键环节改革上更多自主权，支持深圳在更高起点、更高层次、更高目标上推进改革开放，率先完善各方面制度，构建高质量发展体制机制，推进治理体系和治理能力现代化，加快形成全面深化改革、全面扩大开放新格局。其中特别强调要完善要素市场化配置体制机制；打造市场化法治化国际化营商环境；完善科技创新环境制度；完善高水平开放型经济体制。

新形势需要新担当、呼唤新作为，党中央对深圳改革开放、创新发展寄予厚望。从政策方面，党中央已经给予了深厚的期望和实实在在的支持，但这种支持不同于传统"送礼"式的支持。授人以鱼不如授人以渔，党中央对深圳的要求就是倒逼深圳更高质量发展，这才能体现出社会主义先行示范区的示范作用。从熵增定律来看，如果以传统方式来实现增长，实际上是一种熵增模式；如果倒逼深圳以现有条件实现更大增长，虽然不会那么舒服，甚至还很痛苦，但它却是帮深圳做最有价值的熵减。没有熵减，深圳怎么能实现继续创新发展、高质量发展？

在党中央、国务院《关于支持深圳建设中国特色社会主义先行示范区的意见》中，对深圳的发展目标要求非常明确：到 2025 年，深圳经济实力、发展质量跻身全球城市前列，研发投入强度、产业创新能力世界一流，文化软实力大幅提升，公共服务水平和生态环境质量达到国际先进水平，建成现代化国际化创新型城市。到 2035 年，深圳高质量发展成为全国典范，城市综合经济竞争力世界领先，建成具有全球影响力的创新创业创意之都，成为我国建设社会主义现代化强国的城市范例。到 21 世纪中叶，深圳以更加昂扬的姿态屹立于世界先进城市之林，成为竞争力、创新力、影响力卓著的全球标杆城市。

总的理解，党中央就是要求深圳作出高质量发展的先行示范。但什么才是高质量发展，除以上具体目标之外，可以从产业发展阶段角度来理解。在前文对湾区经济发展阶段的分析中我们知道，深圳目前主要处于科技产业发展阶段，更高的阶段为现代服务业阶段和创新经济阶段。现代服务业阶段比较好理解，创新经济阶段可能将更加成为深圳高质量发展的核心体现，因为在以金融为核心代表的现代服务业方面，上海显然代表性更强、地位更加重要。但在科技产业创新方面，创新经济是产业发展的最高阶段。

如果要比照标杆，新加坡是一个非常好的范例。首先，新加坡是一个城市小国，只能以高质量方式求发展；其次，新加坡的高质量发展指标，本身就可以成为深圳的榜样。这从一个数据可以体现出来，2019 年新加坡人均 GDP 超过 65 000 美元，世界排名第 8 位。按照 2019 年人民币和美元的平均汇率 6.8985 计算，新加坡人均 GDP 为人民币 44.84 万元。而 2019 年深圳人均 GDP 为人民币 22.04 万元，新加坡人均 GDP 已超过深圳人均 GDP 一倍。即使与香港对比，2019 年香港人均 GDP 为人民币 33.51 万元，也超过深圳近 50%。这就带来一个启示，新加坡作为一个 700 平方公里的城市国家，资源禀赋与深圳类似，但发展质量已经是深圳的两倍，这就足以成为深圳的标杆。如果希望深圳以高质量发展体现先行示范作用，那就应该以人均 GDP 这样的核心指标来倒逼深圳朝更高质量方向发展。虽然深圳人均 GDP 已经是全国第一，但要实现成为竞争力、创新力、影响力卓著的全球标杆城市，更多应该依靠创新发展，而不是依托资源发展。

同时，新加坡也是创新经济与现代服务业发展的典范。新加坡第二产业占国内生产总值的 25% 左右，与德国的比重类似。制造业主要包括电子信息、石油化工、生物医药、精密机械、航空航天等重点领域。而且，在前文对新加坡创新的介绍中也特别强调了新加坡非常重视第二产业的高质量发展，不断推动产业转型升级。在现代服务业方面，新加坡是亚洲重要的金融、服务和航运中心。根据 2018 年的全球金融中心指数（GFCI）排名报告，新加坡是继伦敦、纽约、香港之后的第四大国际金融中心，也被全球化与世界城市研究机构（GAWC）评为世界一线城市。

在本书完稿之前，中共深圳市委六届十七次全会通过决议，正式为深圳提出了一个历史性的发展目标——到 2035 年，深圳人均 GDP 要在 2020 年基础上翻一番。翻一番之后，深圳不就成了新加坡吗！

目标与标杆都有了，但如何才能实现更高质量的发展，不仅成为深圳要思考的问题，更应该成为城市发展策略与资源配置的指南。可以从以下方向考虑：

一、积极为科技产业升级赋能

科技产业创新是深圳的优势，但这种优势还停留在相对优势，即相对于内地省市的优势。如果从全球产业竞争力格局来看，深圳并不具备太强的核心竞争力，尤其是原始技术创新方面还存在短板。在前文湾区经济特点的论述中我们看到，深圳尚处于"第三＋"的阶段，高质量发展的空间还相当大。当然，经过多年的努力，深圳在知识创新与技术创新方面均有不小的进步。目前，深圳已累计建成各类创新载体超过 2600 家，其中国家级超过 110 家，省部级超过 600 家。建设基础研究机构 12 家，诺贝尔奖科学家实验室 11 家。但今后应从高质量发展标准方面再深挖潜力，支持深圳企业创新发展，朝创新经济阶段迈进。比如在积极发展基础研究机构、诺贝尔奖科学家实验室等高端科研机构的基础上，可通过以市场化方式建立类似于以色列维兹曼研究院的技术许可机构——耶达技术转移公司这样的专业机构，使研发机构的核心技术、专利成果能与深圳科技企业的技术攻关和许可使用建立有效、有机的融合，帮助科技企业提升核心技术竞争力；又如可在支持深圳企业提升技术竞争力的同时，以建立更紧密地区协同的方式帮助深圳企业克服以往单打独斗的不足，使企业能更快更好地进行全国乃至全球业务与市场的布局，加快实现做大做强等。总的来说，在新的高质量发展阶段，深圳经济、产业发展除良好的产业导向外，支持发展的模式、重点、政策都应该根据高质量发展的要求作出及时的调整和优化，而不能固守已有的模式。此外，在科技产业支持政策方面，应作出较大的调整，重点支持核心技术创新及非共识创新；在支持方式方面，引入更多的竞争机制，减少普惠方式，提升产业政策的成效等。

二、进一步发展现代服务业

从深圳的产业发展阶段来看，深圳应该处于工业化后期与后工业化之间的阶段，也因此带来了产业空心化的担忧。可以认为这种担忧有一定的道理，但不应该成为深圳现代服务业发展的障碍。现代服务业的发展本质来自于社会进步、经济发展、社会分工的专业化等需求，具有智力要素密集度高、产出附加值高、资源消耗少、环境污染少等特点，是地区综合竞争力和现代化水平的重要标志。尤其在后工业化社会时代，金融、保险、商务服务业等进一步发展，科研、信息、教育等现代知识型服务业崛起为主流业态，发展前景广阔、潜力巨大。而且，现代服务业中的生产性服务业本身就是为先进制造业的发展服务的。现代服务业与先进制造业融合的三种形态——结合型融合、绑定型融合和延伸型融合就充分说明了这一点。这也是说，现代服务业与先进制造业并不矛盾，而应融合发展。在深圳的高质量发展阶段，制造业也不再是以往意义上的制造业，而应是以创新驱动发展为根本路径的制造业，努力实现从数量扩张向质量提高的转变。而这种创新驱动，离不开现代服务业的支撑。同时，在粤港澳大湾区这个更大的格局中，深圳还应该将服务大湾区制造业发展作为自身现代服务业发展的坚实依托，实现深圳竞争力和现代化水平的跨越式提升，亦即更高质量的发展。从湾区产业发展阶段的规律来看，这也是一条必经之路。因此，一定要积极处理好二、三产业的发展关系，不能失去深圳现代服务业做强做大的良机。

三、支持企业家引进与培育

按照熊彼特的创新理论，创新的主体是企业家，但企业家又无法靠培训获得。但越是这样，越要重视企业家的引进与培育。首先是要在深圳、中国为企业家创造更好的创新环境，同时需要改变思维，变想要支持企业家创新为理解企业家创新需要什么样的支持，并去实现它。华为实际上为全社会上了生动的一课，让大家都知道了什么样的企业才是真正的企业家创办的企业，真正的企业家又能为我们的城市和国家带来多么巨大的价值。其次，应该制定专门的企业家支持政策，将企业家作为单独的特殊人才予以特别的保护和特别的支持。同时，深圳应该吸引更多真正的企业家来深圳创业和发展，而不是简单地招引企业落户深圳。企业家是高质量发展的核心推动力，企业家的集聚性也代表了深圳是否能够跨入一个更高的产业发展阶段。

四、推动人才政策创新

人才永远是创新的核心，深圳吸引人才、引进人才力度很大，成效显著。不过，随着深圳向创新经济方向迈进，带来了对人才的更高要求，人才政策也应该进一步优化。有企业家提出，应该对人才的认定标准及支持政策进行调整，不应局限在传统的条条框框之内。比如，对企业来说，年薪100万元以上的员工，政府主管部门都应该认定为人才。因为企业愿意给出百万元以上年薪，就证明了这类员工具备超出普通员工的价值，而创造价值的能力应该成为人才认定的核心标准。这对于目前的人才政策提出了相当的挑战。首先，深圳应率先建立一套区别于机关事业单位及科研机构的企业人才认定和支持专门标准；将人才政策更精准地向创造价值的企业员工倾斜；其次，要将人才政策从对人才的学历、学术条件和以往成绩的认定转向对人才现在和未来给深圳创造的价值的鼓励与肯定，使人才政策发挥出更大价值；同时，应进一步将人才资源配置权力下放给企业，比如对经认定的深圳核心企业，可以将深圳户口入户、国外境外人才引进审批、出入境手续办理等权限有条件地委托企业自主行使，充分体现深圳广纳海内外英才的胸襟与魄力等。

五、支持科技园区创新发展

本书已经对产业生态模式的科技园区作了比较深入的分析，上述四点建议，依托科技园区平台落实都能起到事半功倍的效果。同时，科技园区的创新发展，对深圳至少还有三个方面的价值：首先是集约化利用土地的价值，这一点与新加坡高度类似，深圳如果在人均 GDP 上要追赶新加坡，必须在土地的集约利用上下大功夫，而深圳高新区及深圳湾科技园区的经验已经证明了集约利用土地的潜力；其次，科技园区所形成的产业资源平台是支持企业创新发展的重要手段，过去政府部门非常愿意支持企业发展，但无法将服务及资源有效全面覆盖到个体的企业，而个体的企业又苦于自身资源渠道限制，使企业发展受到局限，因此科技园区所形成的产业资源平台完全可以作为政府产业政策与市场化产业资源结合起来共同支持科技企业发展的平台，成为深圳高质量发展的重要推手；最后，科技园区产业资源平台又将形成创新的商业模式，当前主要的互联网平台都是民营企业主导的平台，商业化属性过强导致问题层出不穷，也无法完全吻合社会主义市场经济的发展理念及方向，如果支持建立起国有科技园区平台的全新商业模式，将对深圳的创新示范具有重要的价值。总的来说，支持科技园区的创新发展，对深圳的高质量发展将起到积极的支撑作用。

深圳 40 年的发展史就是一部创新发展的历史，创新是深植于深圳血液的基因，但深圳新阶段的高质量发展，却需要我们进一步明确方向，以更大的努力去实现。这份大礼，既是党中央送给深圳的，也是我们每一个深圳人送给自己的。或许，又一个全新的深圳已经开始精彩呈现。

本书已经全部完成，科技园区生态体系、资源平台的构建将成为让我们兴奋的事业。在这个时代的大变局中，机会与压力并存，机会也来自于持续的学习与创新，不可能有天上掉下来的馅饼。创新的科技园区平台，将为园区高新技术企业的发展直接提供优质发展资源与发展机会，而产业生态的各参与者，包括团队与员工个体，也都可以从科技园区的创新理念与创新发展中获得启发，甚至是更大的收获。

无论如何，我们相信：

科技园区将让深圳和中国的未来更加充满希望！

附　录

"深圳湾创新指数"与"深圳湾全球创新论坛"
可行性研究报告（简版）

"深圳湾创新指数"和"深圳湾全球创新论坛"是在全球新一轮贸易投资秩序重构、新一轮科技革命加速拓展的背景下，深圳更紧密对接国家和广东省创新驱动战略与高质量发展战略、在更高水平推进深圳创新发展的重要举措。当创新指数形成国内外引领传播效应、创新论坛初步具备全球影响力时，建议深圳市委和市政府在恰当时点争取将"深圳湾创新指数"和"深圳湾全球创新论坛"进一步上升为"粤港澳大湾区创新指数"和"粤港澳大湾区全球创新论坛"，更好地体现深圳在"粤港澳大湾区"协同创新中的核心引擎作用和在中国经济创新发展中的引领示范作用。

第一章 研究背景

一、彰显深圳创新发展模式应当树立高质量发展深圳标杆

习近平总书记在党的十九大报告中做出了"我国经济已由高速增长阶段转向高质量发展阶段"这一历史性论断。当前，国家有关部门和全国各省市都在努力破题高质量发展和创新驱动发展。尽管深圳在创新驱动高质

量发展方面成就斐然，较早进入了质量导向的发展轨道，但总结工作和宣传工作与实际成就不匹配，并未充分彰显深圳创新发展的成功经验与卓越成就。北京、上海等国内兄弟城市早已推出并持续发布反映本市或园区创新特色与创新成果的创新指数，出版发布指数报告并举办高端创新会议。但是，至今为止，深圳还没有类似的举措，致使国内外对深圳创新发展特色的理解停留在"市场化"这一总体特征上，深圳创新发展模式的真实内涵及其支持高质量发展的战略价值缺乏有效的总结和广泛的传播。应当通过举办具有全球影响力的高端创新会议、推出具有国内外引领传播效应的创新指数，打造深圳创新标杆，使深圳在国家创新驱动战略和高质量发展战略中承担更加重要的使命。

二、争创国际科技和产业创新中心需要打造高端展示平台

在 2018 年两院院士大会上，习近平总书记进一步提出："中国要强盛、要复兴，就一定要大力发展科学技术，努力成为世界主要科学中心和创新高地。"当前，北京、上海和深圳三地争创全球科技、产业创新中心的格局日渐明朗。加快深圳国际科技、产业创新中心建设，尽快将其正式上升为国家战略，在与兄弟省市的创新竞争中重获主动，要求深圳打造能够彰显自身创新成就的高端展示平台。目前，北京积极利用科学基础优势，上海凭借国际化都市优势，都已经在对接国家创新驱动发展战略方面占得先机。相比之下，虽然深圳的原始创新、市场化创新、产业化创新和全球化创新都走在全国前列，但深圳建设国际科技、产业创新中心的部署至今仍然没有正式上升到国家战略层面。通过举办具有全球影响力的高端创新会议、推出具有国内外引领传播效应的创新指数，提高深圳创新工作的"显示度"，应当成为深圳继深化十大创新工程之外，另一项推进深圳全球创

新中心建设的重要工作内容。深圳虽然成功举办了一系列具有重大影响力
的国际、国内会议，但在最能体现深圳城市的基因——创新方面，无论是
区域指数还是会议都仍是空白。**将深圳国际科技、产业创新中心建设尽快
正式上升为国家战略，要求深圳在打造能够彰显深圳创新成就的展示平台
方面有所作为。**

第二章　"深圳湾创新指数"与"深圳湾全球创新论坛"
的战略意义

一、在全球竞争中争取中国话语权和主动权

"深圳湾创新指数"和"深圳湾全球创新论坛"要站在全球新一轮产业
和科技竞争的高度，向世界展示中国创新发展道路，为中国争取主动权和话
语权。在 **2018** 年以来日益严峻的国际贸易摩擦的背景下，**构建和发布"深
圳湾创新指数"，举办"深圳湾全球创新论坛"，打造基于市场化力量进行原
始创新的中国创新形象，具有尤其特殊的意义。**近年来，欧美国家抛出了一
系列不利于中国参与全球贸易和投资的言论和政策。其攻击中国的论据主要
集中于两个方面，一是拒绝承认中国的市场地位，二是指责中国企业进行大
规模的技术剽窃。而从全球范围看，深圳模式的两个标签，一是具有卓越原
始创新能力的城市，二是市场化的、开放的城市。**深圳的城市基因能够有力
地回击部分国家对中国自主创新能力和市场经济地位的无端质疑和攻击。**"深
圳湾创新指数"和"深圳湾全球创新论坛"的首要意义是以国际社会能够理
解的语言和方式，打造全球创新议题的对话平台，塑造中国和深圳更加市场
化、更加开放、更具创新活力的世界形象。

二、打造国家科技和产业创新的标杆与高地

凝炼和展示深圳创新发展模式的"深圳湾创新指数"与"深圳湾全球创新论坛"应成为新时期中国和深圳主动参与和积极引领全球新一轮科技革命和产业革命，打造科技革命策源地和产业革命高地的重要抓手。编制和发布"深圳湾创新指数"的一项重要意义，就是把深圳的成功经验和做法指标化、显性化、可视化，为全国各省市转变经济发展方式、实现创新发展提供符合中国国情的标杆性引导体系。"深圳湾全球创新论坛"将向全球展示中国引领新一轮科技革命和产业革命的信心和能力。"深圳湾全球创新论坛"不仅要集聚全球智慧探讨新一轮科技革命的关键技术突破问题，展示深圳在新一轮科技革命浪潮中的技术突破和贡献，同时也要探讨技术革命对政府功能、产业组织、社会文化甚至人文伦理的深刻影响，推动建设中国和深圳参与全球技术合作的组织机制，促使中国和深圳在科技和产业革命中赢得更多的国际社会尊重和主导权。

三、推进粤港澳大湾区协同创新的重要平台

建设粤港澳大湾区，是习近平总书记亲自谋划、亲自部署、亲自推动的国家战略，是新时代推动形成全面开放新格局的新举措。"深圳湾创新指数"应充分体现粤港澳大湾区一体化和创新生态区域协调的内容，以及深圳对于粤港澳大湾区创新发展的核心引领作用，成为反映粤港澳地区深层次、全方位创新合作活动与创新合作成果的风向标。"深圳湾全球创新论坛"应成为深圳打造粤港澳大湾区创新引擎城市的宣言，发挥深圳在粤港澳大湾区核心引擎作用的重要抓手，以及粤港澳大湾区主要城市间创新对话和交流合作的重要平台。

四、为深圳在更高水平的创新发展凝聚合力

当前，深圳创新发展面临的三大突出挑战是空间约束对高端要素集聚的挑战、要素成本对制造业集聚的挑战、原始创新对能力转换的挑战。**"深圳湾全球创新论坛"应为全球高端人才和金融资本汇聚深圳打造平台，发动全球精英共同针对上述关键问题出谋划策，思想激荡，为深圳在更高水平创新发展指明方向。**同时，借助论坛，特别是论坛第三方专家的立场和观点，呼吁国家发改、科技等部门根据国家战略需求和市场导向，通过在深圳布局重大科技基础设施等方式支持深圳提升原始创新能力，并支持深圳在营造创新创业法治环境上先行先试。

第三章 "深圳湾创新指数"与"深圳湾全球创新论坛"的基本构想

一、"深圳湾创新指数"的基本构想

1. 指数构建

根据当前具有全球影响力的创新指数在指标选取和模块调整上的成熟经验和最新做法，**"深圳湾创新指数"的指标体系应跳出传统的"投入—产出"体系框架，建立一个"投入—产出"和"创新生态"并重、凸显深圳企业创新特色和创新发展生态化特色的指标体系。**因此，"深圳湾创新指数"拟设置以下指标：

"深圳湾创新指数"指标体系构想

一级指标	二级指标	典型三级指标
创新投入	研发经费投入	研发经费投入总额（人均） 研发经费投入强度
	研发人力资源投入	研发人力资源投入总量 研发人力资源投入强度
	本地科技人力资源培养水平	本地高校STEM毕业生数量 本地工程师培养数量
	高层次科技人力资源引入水平	国家级引进人才数量（每十万人）
	居民科学素质与受教育水平	居民平均受教育年限 大专及以上学历劳动力人数
	人口流动与人口多样性	人口净迁入/迁出率 非母语人口比重
	信息化与其他科技基础设施	互联网接入比率
创新效益	社会经济贡献	劳动生产率 科技进步贡献率 单位能源消耗的经济产出
	制造业创新产出	高技术产品销售额占制造业企业销售总额的比重 高技术产品出口额占制造业货物出口额的比重
	创意产出层级	创意产品产出 创意服务产出 网络创意
	就业层级	高技术就业人口比重
	新创企业	新创企业数量 新创企业存活年限 新创企业活力
知识创造	科学知识创造	科技论文数密度 科技论文引证数密度
	技术知识创造	知识服务业增加值占GDP比重 发明专利申请数密度 发明专利授权数密度 三方专利总量占世界三方专利的比重

续表

一级指标	二级指标	典型三级指标
知识创造	知识产权交易与运用情况	技术合同成交金额 高校与科研机构衍生企业
创新生态	风险资本支持	风险资本投资总额 风险资本投资产业分布
	公共服务水平	公务员密度（每10万人） 公司注册平均花费时间
	政府治理水平	政府规章对企业负担的影响
	创业创新网络	全球化企业（500强企业）设立创新中心和研发中心数量 高校与科研机构国内外合作
	人才流动环境	户口获取门槛条件 国际学校建设
	第三方服务平台	专业培训机构与平台 创业服务机构与平台
	创新文化	企业家精神 政产学研创新协作
	知识产权保护	知识产权法规 知识产权诉讼
	产业链和产业集群	产业结构高度 产业链完整性 区域内产业配套率
	城市安全、绿色发展和居民健康水平	暴力犯罪与严重犯罪 空气质量合格天数 公共绿地 居民超重与肥胖比率
企业创新	高技术企业的数量和密度	高技术企业数量 高技术企业密度
	企业研发经费投入	企业研发经费投入总额 企业研发经费投入强度
	企业研发人力资源投入	企业R&D研究人员占全部R&D研究人员比重

一级指标	二级指标	典型三级指标
企业创新	企业创新产出	PCT专利授权数量（每万名企业研究人员） 新产品销售收入占主营业务收入的比重 综合技术自主率
	国内和国际科技合作	活跃的国内企业科技联盟 活跃的国外企业科技联盟

"深圳湾创新指数"应根据指标体系中的各项指标，选择最权威、最具公信力的数据来源，同时注重数据来源的多样性、实时性和开放性，发挥深圳信息通信与互联网产业发达的优势，适当引入并创新利用新兴的互联网大数据。从提高指数含金量的角度出发，"深圳湾创新指数"至少应包括以下来源的数据：（1）国内外公开统计数据。（2）已纳入统计但并未公开的官方统计数据。（3）抽样调查和访谈数据。（4）互联网大数据等新兴数据来源。"深圳湾创新指数"应成为国内首个应用互联网数据、大数据等新兴数据来源的创新指数。这不仅有助于降低数据收集成本，而且能够扩大数据覆盖面，提高整个指标体系的横向可比性。

由于"深圳湾创新指数"将包括很多探索性设计的新指标，运用许多来自非官方抽样调查和互联网大数据的新兴数据源，部分指标必须从新数据中"分离"或"归并"，没有成熟模板能够套用，因此"深圳湾创新指数"可以考虑借鉴硅谷指数、中关村指数等的做法，发布初期暂不合成，待对指标体系、指标测算、新兴数据来源较有把握之时，再选择最恰当的合成方法进行指数合成。

2. 运营模式

当前全球主要创新指数主要有三种运营模式。一是政府部门或非营利组织主导的运营模式，由政府部门或非营利组织全额出资支持指数开发。二是非营利组织主导、吸收多元化商业赞助的运营模式。三是企业主导的全市场化运营模式。

考虑"深圳湾创新指数"发布的主要受益对象，建议"深圳湾创新指数"在发布初期参照国内外创新指数的主流运营模式，由政府和企业合作运营。在"深圳湾创新指数"发展较为成熟、获得各界广泛认可之后，再充分利用指数自身的商业价值，吸引更加多元化、更具实力的长期合作伙伴，引入更加市场化的运营模式，降低指数研发、发布、运营的难度和成本压力。

二、"深圳湾全球创新论坛"的基本构想

1. 论坛议题与规格

"深圳湾全球创新论坛"拟设置以下 5 个相互关联的创新议题。

（1）议题一："深圳湾创新指数"发布

本议题的核心内容是围绕"深圳湾创新指数"发布，引起各界对创新问题和城市创新发展问题的关注和讨论。与会人员应包括深圳市市委市政府主要领导、共同参与指数研究和编制的国外城市市长或科技管理部门的官员（如果指数采取同国内外主要创新型城市联合研究和发布的形式）和国内城市的领导或科技管理部门负责人、指数研究和编制单位以及其他论坛议题所有与会人员。

除发布《深圳湾创新指数报告》外，会后可以形成中英文版本的《创新型城市的繁荣：各国的探索》，采取线上线下方式同时发布。中文版报告可以考虑与市场化运作能力较强的中信出版社合作，英文版报告可以考虑与德国施普林格（Springer Group）或哈佛商学院出版社合作。

（2）议题二：全球创新政策的创新与协调

本议题的核心内容是以圆桌的形式，从各国共同关心的创新政策问题出发，围绕政府作用和创新政策的调整和协调展开对话。与会人员应包括OECD主要成员国的科技管理部门、经济管理部门的负责人或者政府咨询委员会的负责人，综合国力较强的发展中国家的相关政界要员和全球主要智库的负责人。

会后可以形成《全球创新深圳共识》，为全球创新政策的改进和实现更加包容性的创新政策提供指南，以增加深圳在推进全球创新政策实践方面的贡献，扩大深圳创新发展模式的影响力。

（3）议题三：新一轮科技革命的机遇与挑战

本议题的核心内容是由科学界和商界领袖共同讨论新一轮科技革命的趋势和应对策略。与会人员应包括诺贝尔奖科学家、国家实验室和共性技术研发机构的首席科学家，《财富》杂志世界500强中的科技型企业的主要负责人和核心技术人才，《财富》杂志中国企业500强中的科技型企业的主要负责人，国内外独角兽企业主要负责人，以及国内外主要科技、工程类大学的校长或院长。

会后可以结集出版《应对新一轮科技革命：全球声音》，反映企业家和科技领袖对新一轮科技革命的深度解读和前沿观点，扩大深圳在智能化、数字化、网络化技术浪潮中的话语权。

（4）议题四：聚焦深圳创新和粤港澳大湾区协同创新

本议题核心内容是集聚全球智慧，围绕深圳建设世界科技、产业创新中心以及将粤港澳大湾区建设成为世界级创新湾区面临的机遇与挑战，共同讨论深圳和粤港澳大湾区创新发展面临的挑战和短板。与会人员应包括深圳创新型企业的企业家，前来深圳和粤港澳大湾区创业的外籍专家，国内外创新经济学的顶尖专家。

会后可以结集出版《全球聚焦深圳：迈向全球创新中心》，并通过形式多样的新媒体和主流媒体加大推送和宣传。

（5）议题五：全球十大突破性技术发布

本议题核心内容是与 *MIT Technology Review*（《麻省理工科技评论》）联合发布"全球十大突破性技术"塑造深圳打造全球原始创新和突破性技术创新高地的形象。**主办方将与腾讯、Facebook 等新媒体合作，向全球同步网络直播。**

在本议题下，主办方和 *MIT Technology Review*（《麻省理工科技评论》）将发布每年评估得出的"全球十大突破性技术"；"十大突破性技术"的评委将介绍突破性技术的预测和评价方法，介绍全球突破性技术发展的总体趋势；"十大突破性技术"的核心成员将介绍其技术的最新进展及其对科技发展的潜在影响。

该议题还可以考虑同华为、Google、苹果等公司合作，设立全球最具创新性公司的新产品发布平台。

2. 运营模式

"深圳湾全球创新论坛"拟针对上述五个议题，设置以下三类运营模式：

（1）政府主办、深圳国有科技园区运营公司及其他公共性组织协办。对"深圳湾创新指数"发布议题与相关模块采取此种方式运营，既便于政府名义邀请和汇聚国内外合作城市政府官员，又有利于增强指数发布的关注度和公信力。

（2）深圳国有科技园区运营公司或公共性组织主办、国际知名咨询公司协办。对"全球创新政策的创新与协调""新一轮科技革命的机遇与挑

战""聚焦深圳创新"等三个议题采取此种方式运营。**借鉴 G20 的运营模式，由深圳国有科技园区运营公司等主办机构秉承精简、高效的原则组建组委会与秘书处，部分议题与模块则分由擅长该领域的麦肯锡、埃森哲、IBM 咨询、普华永道等国际知名咨询公司具体组织推进。这一模式已由 G20 会议证实可行。虽然主办单位不向咨询公司支持任何费用，但咨询公司出于业务考虑积极投入会议组织与推进工作之中。**

（3）深圳国有科技园区运营公司与美国《麻省理工科技评论》共同主办。针对"全球十大突破性技术发布"议题与相关模块（以及其他涉及清晰知识产权与合作伙伴的议题）采取此种方式运营，建立长期合作伙伴关系。

第四章　结论与建议

一、"深圳湾创新指数"和"深圳湾全球创新论坛"应成为深圳抢占全球创新中心建设主动权的重大举措

通过发布具有国内外引领传播效应的"深圳湾创新指数"、举办具有全球影响力的"深圳湾全球创新论坛"，提高深圳创新工作的"显示度"，应当成为深圳市委市政府推进深圳全球创新中心建设并推动其上升为国家战略的重大举措。当创新指数形成国内外引领传播效应、创新论坛初步具备全球影响力时，建议深圳市委和市政府在恰当时点争取将"深圳湾创新指数"和"深圳湾全球创新论坛"进一步上升为"粤港澳大湾区创新指数"和"粤港澳大湾区全球创新论坛"，更好地体现深圳在"粤港澳大湾区"协同创新中的核心引擎作用和在中国经济创新发展中的引领示范作用。

二、"深圳湾创新指数"和"深圳湾全球创新论坛"应从全球视野和紧密对接国家战略出发进行战略定位

从中国创新道路的整体模式相比照，深圳创新的四个独特特征在于：产业化创新、市场化创新、原始创新和开放式创新。"深圳湾创新指数"和"深圳湾全球创新论坛"要从全球视角和国家战略出发进行定位，以国际社会可以接受和理解的语言阐释中国道路和深圳模式的成就。

三、"深圳湾创新指数"指标构建与数据采集应采用融合深圳特色的前沿方法

"深圳湾创新指数"的指标体系的构建理念：一是以世界各国能够共同理解和信服的语言科学展示深圳的创新发展经验与模式；二是准确总结深圳近年来最新、最高水平的创新发展成就；三是便于横向比较深圳与国内兄弟省市以及国外重要创新中心的创新发展水平与动态变化情况；四是有利于对深圳的创新发展情况实现系统监测和动态预警，引导深圳实现更高水平的创新发展与高质量发展。

四、"深圳湾全球创新论坛"应汇聚全球科技精英围绕五大创新议题展开对话

"深圳湾全球创新论坛"拟设置五大议题：一是由深圳和合作城市共同发布"深圳湾创新指数"；二是以政界官员为主体的全球创新政策的创新与协调议题；三是以商界和科技界精英为主体的新一轮科技革命机遇与挑战

议题；四是以深圳企业家和国内外顶尖创新经济学家为主体的聚焦深圳创新议题；五是"全球十大突破性技术"发布议题。

五、"深圳湾创新指数"和"深圳湾全球创新论坛"应采取"政府启动、市场接续"的"政企合作"运营模式

"深圳湾全球创新论坛"根据议题特点设计差异化、模块化的"政企合作"运营模式：（1）政府主办、深圳国有企业及其他公共性组织协办。对"深圳湾创新指数"发布议题与相关模块采取此种方式运营，既便于政府名义邀请和汇聚国内外合作城市政府官员，又有利于增强指数发布的关注度和公信力。（2）深圳国有企业或公共性组织主办、国际知名咨询公司协办。对"全球创新政策的创新与协调""新一轮科技革命的机遇与挑战""聚焦深圳创新"等三个议题与相关模块（以及其他涉及政、产、学各界共研的议题）采取此种方式运营，既便于政府名义邀请和汇聚各方专家与有识之士，又便于降低主办机构的资源压力。（3）深圳国有企业与知识产权所有者共同主办。针对"全球十大突破性技术发布"议题与未来可能增加的类似议题（涉及清晰知识产权与合作伙伴的议题）采取此种方式运营，建立长期合作伙伴关系。

六、在"深圳湾创新指数"和"深圳湾全球创新论坛"启动初期，建议由深圳湾科技发展有限公司承担"政企合作"模式下企业主办方和实际工作组织方的角色

这项建议主要出于以下两方面考虑：（1）深圳湾科技园区是深圳最具代表性的高新园区，反映了深圳未来创新发展的方向。深圳湾科技发展有

限公司深耕深圳湾核心科技园区，深谙深圳创新发展模式的特色、问题与核心主体，在打造产业创新生态、解决深圳产业空间不足和高成本问题、提升全球科技创新资源配置能力等方面积累了丰富经验，完全有能力组织启动"深圳湾创新指数"和"深圳湾全球创新论坛"。（2）从全球经验来看，运营方无法从创新指数的编制发布和创新论坛的组织举办中直接获利，二者在启动初期都具有很强的公益性和外部性，因此只能由以公共利益为重的政府部门或国有企业为主要出资方和运营方，深圳湾科技公司能够最好地发挥社会责任和运营效率的最佳结合。

参考文献

[1] 冯友兰:《中国哲学简史》,北京,北京大学出版社,2013。

[2] 罗素:《西方哲学史》,北京,商务印书馆,2018。

[3] 卡尔·马克思:《资本论》,北京,人民出版社,2004。

[4] 约瑟夫·熊彼特:《经济发展理论》,北京,商务印书馆,2019。

[5] 德布拉吉·瑞:《发展经济学》,北京,北京大学出版社,2002。

[6] 叶初升:《中国的发展实践与发展经济学的理论创新》,《光明日报》,2019 年 11
     月 1 日。

[7] 缪一德、杨海涛主编:《当代西方经济学流派》,成都,西南财经大学出版社,
     2007。

[8] 威廉·格兰普:《亚当·斯密的"看不见的手"究竟意所何指?》,《当代》,2002
     年 8 月 180 期、9 月 181 期。

[9] 苏世民:《苏世民:我的经验与教训》,北京,中信出版社,2020。

[10] 黄卫伟主编:《以奋斗者为本》,北京,中信出版社,2014。

[11] 黄卫伟主编:《以客户为中心》,北京,中信出版社,2016。

[12] 丁伟、陈海燕主编:《华为之熵 光明之矢》,北京,华为大学。

[13] 弗雷德里克·皮耶鲁齐、马修·阿伦:《美国陷阱》,北京,中信出版社,2019。

[14] 曾振木等:《心耘》,戴至中译,上海,上海教育出版社,2008。

[15] 吴军:《全球科技通史》,北京,中信出版社,2019。

[16] 李光耀:《李光耀观天下》,新加坡,海峡时报出版社,2014。

[17] 丹·塞诺、索尔·辛格:《创业的国度:以色列经济奇迹的启示》,北京,中信出版社,
     2010。

[18] 维克多·黄、格雷格·霍洛维茨:《硅谷生态圈:创新的雨林法则》,北京,机械
     工业出版社,2015。

[19] 陈宪：《创业创新：中国经济转型之路》，上海，上海人民出版社，2017。

[20] 龙白滔：《数字货币：从石板经济到数字经济的传承与创新》，北京，东方出版社，2020。

[21] 吴了凡：《了凡四训》，西安，三秦出版社，2017。

[22] 葛培建、宋振庆、沈斌：《园区中国 7：产业地产操盘实录》，上海，上海人民出版社，2019。